D1723921

Johannes Springer, Christian Steinbrink, Christian Werthschulte (Hrsg.):

ECHT! POP-PROTOKOLLE AUS DEM RUHRGEBIET

Johannes Springer, Christian Steinbrink, Christian Werthschulte (Hrsg.):
ECHT! Pop-Protokolle aus dem Ruhrgebiet

www.popruhr.de

ISBN 978-3-940349-05-7
1. Auflage 2008
Druck: FVA

Salon Alter Hammer
Verlag für Ton und Text
S. Müller und Max Nuscheler GbR
Düsseldorfer Straße 130, 47051 Duisburg
www.salonalterhammer.de

Dieses Buch entstand mit freundlicher Unterstützung von:

Für die Menschen.
        Für Westfalen-Lippe.

Zu Protokoll gegeben – was soll das eigentlich?

> »Also, ich spiele in ner Band und bin Sänger. Ich muß
> zusehen, daß ich immer meine Texte, innerhalb von
> einer Woche muß ich 2 bis 3 Texte lernen, ich finde
> das ist auch irgendwie ne Arbeit. Und für die muß
> man sich sozusagen wirklich auf den Hintern setzen.«

Irgendwann in den Jahren 1967 oder '68 spricht der 21-jährige Jens S., ein »Beat-Sänger«, diese Sätze in das Diktiergerät einer politisch engagierten Journalistin. Sie war in seine Heimatstadt gekommen, um die Lebensbedingungen des Proletariats zu dokumentieren. Ihr Name war Erika Runge, damals Redakteurin beim NDR und Mitglied im SDS. Was ihr die Bewohner und Bewohnerinnen einer Stadt im nördlichen Ruhrgebiet über Alltag und Arbeit, Zukunft und Angst erzählten, sollte später als *Bottroper Protokolle* Grundstein einer politisch engagierten Dokumentarliteratur werden – inklusive einer Wiederveröffentlichung im Jubiläumsjahr 2008 mit DVD für den authentisch-proletarischen Ruhrpottabend.

Was Runge damals nicht protokollierte, waren die Aktivitäten eines anderen Bottropers. Er hieß Josef Wintjes, programmierte hauptberuflich Computer bei Krupp und war mit seinem *Ulcus Molle Szeneinfo* ab 1969 ein Dreh- und Angelpunkt der sich gerade entwickelnden Alternativszene, die kurz zuvor auf den Essener Songtagen sehr zum Missfallen der ML-Kaderfraktion ihre Attraktivität für die Jugend der Ruhrgebietsstadt bewiesen hatte. Eben K-Gruppen waren es denn konsequenterweise auch, die zehn Jahre später in den Dortmunder Westfalenhallen einen Wettbewerb zur Reanimierung von Arbeiterliedkultur mit Albanien-Tournee als Siegprämie auslobten. Leicht hatte es Pop hier nie.

Die Spuren dieser Darstellung halten bis heute an. Denn nicht nur für Runge war klar – im Ruhrgebiet wird hart und ehrlich gearbeitet, für die Experimente mit Subjektentwürfen und politischen Identitäten, die Pop als Kunstform bis heute interessant machen, scheint nur wenig Platz zu sein. Zumindest wenn man den Geschichtsschreibungen glauben darf, mit denen sich die BRD seit der Jahrtausendwende gerne ihres popkulturellen Kapitals versichert. Danach lernte Pop in Hamburg den Beat, politisierte sich in Berlin, experimentierte in München, um im Glam von Disco zu enden und im Rheinland, um die Klangwelt der internationalen Popmusik auf Jahrzehnte zu verändern. Seit Punk wurde es ein wenig unübersichtlich – hatten House und Techno jetzt in Frankfurt, Berlin oder Köln ihren Höhepunkt? Klar ist jedoch: Die nach Dortmund umgezogene ›Mayday‹ war es sicherlich nicht.

Was also macht Pop im Ruhrgebiet aus? Eine mögliche Antwort findet man in der spezifischen Sozialstruktur des Reviers. Die Probleme und speziellen Auseinandersetzungen mit dem weitgehenden Fehlen bohemistisch-hedonistischer Milieus und einem oftmals ausbleibenden Verständnis für künstlerisch-alternative, studentisch-intellektuelle, halt ›brotlose‹ Lebensentwürfe bilden eine Folie, vor der Pop einen eigenen Dreh bekommt. Denn Spuren der politischen Motivationen, die Erika Runge auf ihre dokumentarische Reise führten, finden sich auch bei Mitgliedern der Gelsenkirchener Artpunk-Szene oder der beat-inspirierten Gegenkultur, die auf die technokratische Variante sozialdemokratischer Hegemonie, wie sie im Ruhrgebiet heimisch ist, reagierten. Popkultur im Ruhrgebiet kann nicht ohne die Arbeiterkultur verstanden werden, die diese Region geprägt hat und die auch den biographischen Hintergrund vieler AutorInnen bildet. Somit sind auch die Entwicklungspfade andere als in Regionen, in denen Pop und politischer Protest von Kindern einer bürgerlich geprägten urbanen Mittelschicht getragen wurden. Schon alleine deshalb, weil sich die Mitglieder einer Subkultur aufgrund der Polyzentralität der Region nur begrenzt in bestimmten Stadtvierteln angesiedelt haben.

Mit *ECHT! Pop-Protokolle aus dem Ruhrgebiet* wollen wir diese Geschichten an die Öffentlichkeit bringen – bevorzugt erzählt von ihren Protagonisten, die berichten, wie sich Punk, Heavy Metal, Fußballfantum oder Bottrop als Zentrum der deutschen Underground-Presse in der dem Ruhrgebiet so eigenen direkten Konfrontation und dem Nebeneinander von Urbanität und Provinzialität ausgeprägt haben. Doch auch der Beobachterposition haben wir Platz eingeräumt, das Ruhrgebiet durch kulturelle Repräsentationen betrachtet und gefragt, welche Erkenntnisse man aus diesen Verarbeitungen über die mentale und kulturelle Konstitution der Region ziehen kann. Dabei wird Vergangenes aufgerollt, Zeitgenössisches analytisch in den Blick genommen und es werden Prognosen gewagt, wie es weitergehen könnte mit Pop im Ruhrgebiet. In der medialen Euphorie um die Ernennung des Ruhrgebiets zur europäischen Kulturhauptstadt 2010 hat Pop seinen festen Platz als Teil kreativwirtschaftlicher Verwertungsketten, die seine lebensweltliche Dimension, in der sich Konflikte und Widersprüche artikulieren, weitgehend negieren.

Warum uns das stören könnte? Weil wir hier aufgewachsen sind und wohnen, in Plattenkisten stöbern und uns gerne an den Sonnenaufgang nach dem Clubbesuch erinnern, der immer mehr war als der Austausch von Taschengeld gegen Bier. Und wir genau deshalb dieses Buch gemacht haben.

Die Herausgeber
Johannes Springer, Christian Steinbrink, Christian Werthschulte
Bremen, Duisburg, Dortmund
November 2008

Liner Notes

Dieses Buch wäre als Kopfgeburt geendet, wenn nicht viele Menschen unentgeltlich dafür Zeit und Mühe aufgewandt hätten. Wir bedanken uns bei allen Autorinnen und Autoren für ihre Beiträge und ihre Geduld mit unserer Redaktionstätigkeit; bei Max und Sabine vom ›Salon Alter Hammer‹ für das Interesse und die tatkräftige Unterstützung, mit der sie unser Projekt von einem Textkonvolut zu einem Buch geformt haben; bei unserem Coverfotografen Reinhard Krause für seine unkomplizierte Bereitschaft zur Nutzung seines Archivs; bei Christian Heinz für die Gestaltung des wundervollen Buchcovers; bei Patrick Presch für seine akribische Arbeit bei der Reproduktion von Fotografien sowie beim Landschaftsverband Westfalen-Lippe für die Unterstützung bei der Drucklegung. Unseren Freunden und Familien danken wir sowieso – tut uns leid, dass Ihr gegenüber »ECHT!« manchmal den Kürzeren ziehen musstet.

Marc Degens

Mein Poppott
Über das Abweichen von der Norm

Letztes Jahr im Mai fuhr ich mit der Bahn von Berlin nach Dorsten In Wanne-Eickel musste ich zum zweiten Mal umsteigen. Ich verpasste den Anschluss, der Intercity, mit dem ich aus Münster kam, hatte über zehn Minuten Verspätung. Die nächste Bahn nach Dorsten fuhr erst in knapp einer Stunde. Ich schlenderte durch das Bahnhofsgebäude, betrat den Vorplatz, es war ein sonniger Tag, die Bahnhofskneipe hatte ein paar Tische und Plastikstühle vor die Tür gestellt, ich nahm Platz, direkt neben einer Werbetafel mit der Kreideaufschrift »Frisch gezapfter Jägermeister -20°«. Die Bedienung kam, ich gab meine Bestellung auf – kurze Zeit später brachte sie mir ein großes Pils. Ich schaute mich um: Die große leere Kreuzung, das überdimensionierte Postamt, die Wartenden an der Bushaltestelle, der unzerstörbare Bunkerturm, das Hinweisschild: Heinz-Rühmann-Platz... Sogleich erfasste mich eine Art Schreibzwang, so wie fast immer, wenn ich in meiner alten Heimat bin. Ich zückte das Notizbuch und einen Stift und notierte eine Gedichtzeile, skizzierte ein irrwitziges Piktogramm oder hielt die Ideen für eine neue Erzählung fest.

Ich wurde 1971 geboren, wuchs in Essen auf, Anfang der achtziger Jahre zog ich mit meinen Eltern an den Rand des Ruhrgebiets, nach Dorsten, »das Tor zum Münsterland«. Nach dem Abitur studierte ich an der Ruhr-Universität in Bochum, ich zog zurück nach Essen, schrieb literarische und journalistische Texte, gab ein Literaturfanzine heraus, spielte in einer Band, trat auf... Im Un- und Hintergrund. 1999 dann, direkt nach meinem Universitätsabschluss, übersiedelte ich nach Berlin. Immer wieder, wenn ich im Ruhrgebiet bin, ganz gleich ob in Essen, in Dorsten oder in Bochum, spüre ich es: Mein Schriftstellertum ist eine Art Flucht. Keine Flucht vor der Arbeitswelt, denn Literaturmachen ist Arbeit, sondern eine Flucht vor der Welt der Angestellten.

Peter Handke hat es so ausgedrückt: »Eigentlich seit ich angefangen habe zu denken, wollte ich immer Literatur machen. Oder besser: nicht Literatur machen, sondern als Schriftsteller leben.« Oft male ich mir in Gedanken mein Alternativleben aus, mal sehnsuchtsvoll, mal gruselnd, was wäre gewesen, wenn alles seinen gewohnten Gang genommen hätte? Ich würde heute im öffentlichen Dienst arbeiten, in demselben Verwaltungsorgan wie meine Mutter, mein Stiefvater, meine Tante und zwischenzeitlich auch mein Onkel, ich hätte mich hochgedient, vom Ferienjob zur Festanstellung, von der Poststelle über die Datenerfassung hin zur Datenkontrolle. Meine Frau arbeitet eine Etage unter mir, dreimal im Jahr fahren wir in den Urlaub, immer *ultra all inclusive*, einmal in die Türkei, zweimal nach Ägypten – und alle paar Jahre ganz weit weg. Wir haben eine Eigentumswohnung im Essener Süden, ganz in der Nähe von Jens Lehmanns Elternhaus, samstags filmen wir mit der Digitalkamera Amateurpornos auf dem Cordsofa unter der Dachschräge. Meine Frau liest Taschenbücher, die auch an Autobahnraststätten verkauft werden, ich lese gar nicht, in Multiplexkinos schauen wir uns deutsche Komödien an. Oder ich bin Lehrer. Diese Vorstellungen verbinde ich mit dem Ruhrgebiet.

All das sind Klischees, ich weiß. Aber sie fühlten sich so real an, damals, nachmittags, während meiner Schul- und Semesterferienjobs. Wenn es in der Poststelle nichts mehr zu tun gab, verschwand ich auf der Toilette, schloss mich ein, las Enzensberger-Gedichte und bastelte an meinen Versen. Urs Widmer definiert Dichtung als »Abweichen von der Norm«: »Du musst dich, möglichst klarsehend, der Abweichung stellen, der Differenz, du musst sie aushalten und ihr die geeignetste Form geben und darfst dennoch nicht an jenen Ort abgetrieben werden, an dem die Kommunikation aufhört und der vereinzelte Wahnsinn anfängt.« Widmer bezieht sich auf die Sprache, doch das Gesagte reicht natürlich weiter: Sprache ist Denken ist Leben – und Schriftstellertum gerade auch gesellschaftliches »Abweichen von der Norm«.

Was hat das alles mit dem Ruhrgebiet zu tun? Angestellter oder Lehrer kann man doch auch in Osnabrück, in Augsburg, Köln oder Schwerin sein. Stimmt, allerdings glaube ich, dass die Angestelltenkultur das Ruhrgebiet in den letzten zwei Jahrzehnten in einem entscheidenden Maße geprägt hat, viel stärker als anderswo. Das fing schon beim Studium an. An den Massenuniversitäten in Bochum, Essen, Duisburg oder Dortmund traf man keine Studenten, sondern Studierende: Junge Menschen, die wie Angestellte studierten. Die Kultur der Angestellten klassifizierte Siegfried Kracauer folgendermaßen: Massenmediale Öffentlichkeit, inszenierte Zerstreuungskultur, ein Boom an »freizeitkulturellen Obdachlosenasylen«, Rationalisierung des Sport- und Kulturbetriebs, Uniformierung. Diese Merkmale kennzeichneten in meinen Augen sehr genau das kulturelle Klima im Ruhrgebiet der neunziger Jahre – trotz aller Pluralität der Lebensstile, die oft genug in einem »Mainstream der Minderheiten« mündete. Naturgemäß empfindet der Schriftsteller in solch einem Umfeld die eigene »Abweichung von der Norm« als sehr groß – und so erkläre ich mir die inspirierende, schöpferische Kraft, die das Ruhrgebiet bis heute auf mich ausübt. Man kann im Ruhrgebiet prima Literatur machen, ich zumindest. Aber als Schriftsteller hier leben und die Abweichung aushalten? Das ist etwas anderes und das empfinde ich als schwierig, oft sogar als unmöglich. Ich kenne jedenfalls kaum einen anderen Landstrich in Deutschland, in dem so wenige Schriftsteller leben wie hier.

Ich will nicht falsch verstanden werden: Kultur konsumieren – lesen, hören, sehen – kann man überall in Deutschland, dank Internet und Email heute noch viel mehr und wesentlich bequemer als früher. Und natürlich gab und gibt es im Ruhrgebiet viele großartige Kulturangebote: Spektakuläre Events, ein einzigartiges Literaturcafé wie das ›Taranta Babu‹ in Dortmund, außergewöhnliche Initiativen wie das ›Zinefest‹ in Mülheim oder das aus Leipzig importierte ›Turboprop‹-Lesungsformat in

Essen, ein Theaterfestival mit Weltruf... Und ohne Zweifel ist das Ruhrgebiet auch als kultureller Produktionsstandort ertragreich. Aus Essen kommt das *Schreibheft*, die in meinen Augen beste Literaturzeitschrift Deutschlands. In Mülheim lebt Helge Schneider, der nicht nur ein begnadeter Musiker ist, sondern auch ein großartiger Filmemacher und Schriftsteller. Aus Duisburg stammen die wunderbaren ›Flowerpornoes‹ um Tom Liwa, die die avancierte deutschsprachige Popmusik bis heute inspirieren. In Bochum entwickelte Wolfgang Welt seine schnörkellose Tagebuchprosa als eigenwillige Spielart der Popliteratur. Und gewiss entsteht auch gerade in diesem Augenblick im Ruhrgebiet wieder etwas ganz Eigenes und Unverwechselbares. Allerdings sind die aufgezählten Beispiele meines Erachtens nicht die Aushängeschilder einer lebendigen Kunst- und Kulturszene, sondern Ausnahmeerscheinungen: Solitäre, die deshalb auch etwas so Eigenständiges und Unverwechselbares schaffen konnten, weil eine Szene fehlte und es so viele Anstrengungen kostet, die extreme »Abweichung von der Norm« vor Ort auszuhalten. Das prägt – den Schöpfer und das Schaffen.

Als Kulturschaffender hatte man es seinerzeit im Ruhrgebiet besonders schwer. Es herrschte ein kräftiger Gegenwind, in der Bevölkerung war eine antiintellektuelle und kunstfeindliche Stimmung weit verbreitet, sozialgeschichtlich kann man sie gewiss mit dem Fehlen einer selbstbewusst auftretenden Bildungsbürgerschicht erklären. Meine Startbedingungen als Literaturmacher waren widrig, vielleicht aber gerade deshalb ideal. Michael Rutschky schreibt: »Wahrscheinlich ist das eine Voraussetzung des Schreibens, daß, wer sich daran macht, am Rande, in einiger Entfernung vom gesellschaftlichen Zentrum, in Abwesenheit eines Publikums zu schreiben anfängt.« Nicht nur das Publikum, die Literatur insgesamt war im Ruhrgebiet relativ abwesend, zumindest abwesender als anderswo. Freunde, Bekannte und Verwandte konnte man nicht mit dem Abdruck einer Erzählung im *Alltag* oder in *ndl* beeindrucken, sondern damit, dass man behauptete, einer »Ultimate Frisbee«-Bundesligamannschaft anzugehören. In solch einem Umfeld wird Literatur lebenswichtig und das eigene Schreiben existentiell bedeutsam: ein Rückzugsort, ein Rettungsanker. Im Mittelpunkt steht die Literatur – und nicht das Prestige des Literaturmachers.

Da vorgefertigte Strukturen fehlten, wurde man zur Selbstorganisation gezwungen. Meine ersten Lesungen habe ich selbst organisiert, die meisten meiner Texte erschienen in den von mir herausgegebenen Literaturfanzines, ich debütierte in einer Art Selbstverlag, besprochen wurde das Buch von meinem besten Freund in meiner eigenen Zeitschrift. Das ist durchaus eine sinnvolle Berufsvorbereitung, denn den Löwenanteil ihrer Arbeitszeit verbringen die meisten Berufsschriftsteller mit Büroarbeiten, Kontaktpflege und Reklame für das eigene Werk. Man bewirbt sich um Preise und Stipendien, schlägt Verlagen Buchprojekte vor, lässt sich zu Lesungen einladen ... Nur wenige Autoren können sich den Luxus leisten, diesen Aspekt der Arbeit zu vernachlässigen: Auf der einen Seite die sehr erfolgreichen, auf der anderen Seite die sehr erfolglosen Autoren.

Im Ruhrgebiet kenne ich auffallend viele vermeintlich verkannte, größtenteils sogar unveröffentlichte Privatschriftsteller. Wenngleich die Isolation des Schreibers anfänglich schreibförderlich ist, kann sie auf Dauer zu bleibenden Schäden führen, zu Allüren, Kritikresistenz, seichten oder privatreligiösen Texten. Nicht selten auch zur Aufgabe. Das Risiko, an den Ort abgetrieben zu werden, »an dem die Kommunikation aufhört und der vereinzelte Wahnsinn anfängt«, ist meiner Meinung nach im Ruhrgebiet besonders hoch. Urs Widmer schreibt: »Es ist einfach, ein Dichter zu werden. Es ist schwierig, einer zu bleiben.« Oft frage ich mich, ob meine Mitschüler, die damals Literatur machten, auch heute noch schreiben – beziehungsweise, ob sie es noch tun würden, wenn sie an einem anderen Ort mit dem Literaturmachen angefangen hätten. Vieles im Leben hat bekanntlich mit Zufällen zu tun, in diesem Fall mit Auftrittsgelegenheiten, Veröffentlichungsmöglichkeiten, einem anerkennenden Schulterklopfen ... Ich bin gleichfalls überzeugt, dass man Zufälle auch erzwingen kann, erzwingen muss.

Wir waren viele, erstaunlich viele, »zu einer gewissen Zeit des Lebens ist das ja fast eine Art Gesellschaftsspiel, daß in einer Gruppe von Jugendlichen geschrieben wird«, erklärt Peter Handke. Trotzdem verblüfft mich die hohe Zahl meiner damaligen »Autorenkollegen« bis heute, möglicherweise ist sie ein Indiz für unsere guten Startbedingungen. Wir waren eine Notgemeinschaft und lasen uns gegenseitig – und kompensierten so die Abwesenheit des Publikums. Man sagt den Menschen im Ruhrgebiet Toleranz und Offenheit nach, doch ich empfand es seinerzeit eher als Gleichgültigkeit, zumindest was kulturelle Dinge anging. Thomas Kapielski, ein ausgewiesener Kenner und Liebhaber des Ruhrgebiets, schreibt: »Nun pflegt der Mensch des Ruhrgebietes einen ganz eigenen Makel; es ist dies eine gänzlich verkitschte, rückwärts gewandte Staublungenromantik, irgendwie auch mit elegischer Taubenscheiße verquirlt, immer sauber verbrämt mit glitschiger Jammerei über das verlorene Idyll. Nichts und nie geht es ab ohne romantischen Stahl-, Kohle- und Kanalmuff! Auch das Bedürfnis nach staatsväterlicher und versicherungsmütterlicher Vollversorgung wurzelt tief bis auf die verödeten Flötze. Auf der ganzen mir bekannten Welt, habe ich nie einen Zeitungsladen bemerkt, der, so wie hier, erst um neun öffnet, dann aber schon wieder, wie eigentlich alle hier, gegen halb eins in eine zweistündige Mittagspause eskapiert. Und dann rauschen sie hier auf ihren Rollatoren oder Motorrollern rum, flaulabern ständig nur gedrückt über ein geheimnisvolles Früher, bemäkeln die hiesige Ereignislosigkeit und das Fehlen der Kultur und dann kommen bei freiem Eintritt nur zwei Figuren zum Orgelkonzert: Der Mann mit dem Hörgerät und der Mann aus Berlin! Oh, Mann!«

Die hiesige Staublungenromantik lässt sich mit der relativen Traditions- und Geschichtslosigkeit des Ruhrgebiets erklären: Die Städte und Erinnerungsorte sind verhältnismäßig jung, das Ruhrgebiet wurde im Zweiten Weltkrieg zu weiten Teilen ausgebombt, hinzu kommt der nicht geglückte Wandel vom Montan- hin zum (Hoch-) Technologiestandort. Besuchern zeigt man das Centro in Oberhausen – und nicht das verbaute Münster in der Essener Innenstadt. Aber das ist ein anderes Thema. An dieser Stelle wichtiger ist die von Thomas Kapielski beobachtete kulturelle Verwahrlosung des Ruhrgebiets. Und dafür mache ich in erster Linie die beispiellos schlechte Kulturberichterstattung verantwortlich. Immer wieder, wenn ich mich im Ruhrgebiet aufhalte, bin ich entsetzt über die kläglichen Kultur- und Lokalteile der Tageszeitungen. Und angesichts des kümmerlichen Niveaus der Stadtmagazine wollte ich die Flinte seinerzeit oft genug ins Korn werfen. Nur Kabarett und Ruhrgebietskrimis, es war deprimierend! Welche Bedeutung die Berichterstattung für das kulturelle Leben einer Region spielt, habe ich dann später in Berlin gelernt: Mögen die Nischen auch klein sein und immer kleiner werden – eine gute Berichterstattung produziert auch Berichtenswertes.

Der Vergleich mit Berlin ist in vielerlei Hinsicht aufschlussreich. Selbstverständlich kann man »das Abweichen von der Norm« in Berlin besser aushalten als in Mülheim, Duisburg oder Marl, insbesondere als Schriftsteller. Freie, prekäre Berufsmuster sind viel verbreiteter, Berlin verdankt seine kulturelle Vielfalt ja gerade auch der unfreiwilligen Selbstausbeutung der »urbanen Penner« (Mercedes Bunz). Ich kenne in Berlin bestimmt über hundert andere Literaturmacher, man kann sich beratschlagen und Hilfestellung leisten, das ist gut, man kommt aber auch kaum umhin, sich zu vergleichen. Und angesichts der Masse an Vergleichsmöglichkeiten kann man eigentlich nur den Kürzeren ziehen. Die Welt wird in Berlin wirklich klein, mitunter grotesk klein: Meine erste große Liebe aus Dorsten wohnt inzwischen im Prenzlauer Berg, sie ist verheiratet und ihr Mann hat soeben einen »Paparoman« in meinem Wunschverlag publiziert. In der Stadt wohnt auch noch ein Literaturmacher aus Dorsten, der, obwohl er deutlich jünger ist, schon mehr Bücher als ich veröffentlicht hat, allesamt in den besten Häusern, und kürzlich von meinem Schriftstellervorbild öffentlich gelobt wurde. Der eine schreibt schneller, andere besser, viele schlechter, beides ist bitter. Man fühlt sich überlegen, übergangen, empfindet Neid, Stolz, Mitleid und Wut.

Ich bezweifle, dass es für die Textarbeit hilfreich ist, wenn man permanent das Marktgeschehen und die Produkte der anderen Anbieter vor Augen hat, ganz im Gegenteil. Die Konzentration auf die eigene Arbeit geht dabei verloren, und manchmal auch die Freude. Die Freiheit, sich seine Vergleiche selbst aussuchen zu können, ist in meinen Augen sogar die wesentliche Voraussetzung für eine eigenständige Literaturproduktion – und ich glaube, dass man diese Freiheit eher in Recklinghausen, Dortmund oder Wuppertal als in Berlin oder Leipzig oder Hamburg oder Köln oder München oder Frankfurt erhalten kann. Gewiss brauchen einige Literaturmacher für ihre Arbeit die Impulse und den Zeitgeist der Großstadt, ein Internettagebuch von Rainald Goetz aus Herne mag man sich nur schwer vorstellen, doch nur die wenigsten Gewächse entfalten ihre ganze Pracht im Treibhaus.

Nicht jede Konkurrenz ist für den Literaturmacher also unbedingt Ansporn – und keinesfalls halte ich es für ratsam, sich seine Verbündeten aus der unmittelbaren Nähe zu suchen. Anders beurteile ich die Situation der Kulturvermittler, ganz gleich ob sie Veranstaltungsmacher, Journalisten, Verleger oder Herausgeber sind, für sie ist Berlin ein traumhafter Standort und eine dankbare Herausforderung. Nähe, Austausch und eine große Resonanzfläche sind für die Arbeit der Kulturvermittler wichtig und förderlich. Als ich 1999 von Essen nach Berlin zog, hat mich anfänglich sehr die »Verkiezung« der Stadt gewundert: Ich war es bis dahin gewohnt, für ein Konzert manchmal bis nach Münster, Köln oder Bielefeld zu fahren, in Mitte wiederum fand man kaum Leute, die sich abends nach Kreuzberg bewegten – und umgekehrt. Andererseits ist die Unbeweglichkeit natürlich eine ideale Voraussetzung für die Entstehung von Szenen und Netzwerken. Dass diese im Ruhrgebiet fehlen, dafür ist die Zersiedelung der Region hauptverantwortlich – und das ist ein strukturelles, kaum lösbares Problem. Für den Weg von meiner Essener Wohnung zur Bochumer Ruhr-Universität brauchte ich abends mit dem öffentlichen Nahverkehr rund anderthalb Stunden.[1] Meines Erachtens können noch so viele Zechen- und Fabrikgelände in Museen, Proberäume, Galerien und Ateliers umgewandelt werden – das Ruhrgebiet wird sich dadurch nie in eine blühende Kulturlandschaft verwandeln: Es entstehen Oasen, inmitten der Wüste. Immerhin.

Eine halbwegs funktionierende Pop- und Subkulturszene habe ich seinerzeit allein in Dortmunds Nordstadt entdeckt: Extravagante Clubs, ausgefallene Veranstaltungen, billige Altbauwohnungen ... ›Subrosa‹, ›Solidaritätsvinyl‹, Hartmuth Malorny. Ansonsten aber traf ich im Ruhrgebiet fast immer nur auf Zusammenschlüsse, und einige hatte ich selbst initiiert, denen der schale Ruch einer Selbsthilfegruppe anhaftete. In besonders lebhafter Erinnerung ist mir dabei die Schreibwerkstatt des boSKop (bochumer Studentische Kulturoperative) geblieben, in dem seit vielen Monaten an den ersten Seiten eines Gemeinschaftsromans geschrieben wurde, der zum Ende des Zweiten Weltkriegs spielt und in dem drei alte Jungfern ängstlich das Eintreffen der russischen Soldaten erwarten, die dann plötzlich auch in der Tür stehen, mit Kalaschnikovs im Anschlag – obwohl das Sturmgewehr erst 1947 in Produktion ging! Nach der Sitzung fragte der Leiter dann, wer noch mit ins Kino käme, *Titanic* oder so, und als alle Teilnehmer ihren Arm hoben, wusste ich, dass Schreibwerkstätten nichts für mich sind. Gewiss wird man solche Gruppen auch in Berlin zuhauf finden, doch im Ruhrgebiet war sie eine der raren Nadeln im Heuhaufen, eine Perle.

Letzten Sommer, inmitten von Umzugskartons, habe ich für die Ausstellung »Pop am Rhein: Popliteraturgeschichte(n) 1965-2007« des Heinrich-Heine-Instituts in Düsseldorf Leihgaben zusammengesucht, die meine popkulturellen Arbeiten bis zu meinem Umzug nach Berlin dokumentierten: Lesungsplakate, Verlagsprogramme, Comic- und Literaturfanzines, Collagen, Flyer, Rezensionen ... Dabei spürte ich oft eine gewisse Erleichterung darüber, dass mein schriftstellerisches Tun nur eine begrenzte Reichweite hatte, und erkannte, wie wichtig und hilfreich das Ruhrgebiet für meine literarische Entwicklung war, weil es auch einen gewissen Schutzraum bot, in dem ich relativ unbemerkt meine Testballons aufsteigen lassen konnte. Ganz anders waren meine Empfindungen beim Betrachten und Hören der Zeugnisse der Musikgruppen, denen ich angehörte. Ich war überrascht von der frühen Reife und Qualität: Stendal Blast 1993 in Arnsberg – da waren wir wirklich gut, ganz eigen und kraftvoll, sehr poetisch. Gewiss hatte das Ruhrgebiet auch daran seinen Anteil, für den Niedergang der Band mache ich allerdings die Isolation und die Ahnungslosigkeit im Ruhrgebiet hauptverantwortlich. Erst später in Berlin habe ich erfahren, wie wichtig Auftrittsmöglichkeiten sind, ein neugieriges, zugleich aber auch anspruchvolles und kritisches Publikum. Wie bereichernd der Austausch mit anderen Musikern ist, die Szene, neue Eindrücke, ein Feedback ... Im Gegensatz zur Literatur braucht avancierte Popmusik unmittelbare Reaktionen, und es ist nie schlecht, auf der Höhe der Zeit zu sein und sich am Wochenende mal von einem Kollegen eine neue Gerätschaft ausleihen zu können. Als Musikliebhaber kann man es im Ruhrgebiet prima aushalten, ich habe im Ruhrgebiet viele tolle Konzerte gesehen, Rocko Schamoni, Andreas Dorau, Stereo Total, Tocotronic, aber als Macher empfand ich den Poppott stets als Kerker, eng und bedrückend, ein Knast, in dem wir unsere entscheidenden popmusikalischen Jahre verschwendet haben. Selber Schuld.

Ich bin sehr froh darüber, nicht in einer Scheingroßstadt wie Essen, sondern in Dorsten aufgewachsen zu sein, denn so geriet ich gar nicht erst in Versuchung, mich hier einrichten und die »Abweichung von der Norm« auf Dauer aushalten zu wollen. Mir kommen oft die Verse von John Cale und Lou Reed in den Sinn: »When you're growing up in a small town / you know you'll grow down in a small town / there is only one good use for a small town / you hate it and you'll know you have to leave.« Ich bin ein großer Fan von James Kochalka, Comicmacher, Sänger und Superstar, der mit seiner Frau, seiner Katze und seinen zwei Söhnen in einer Provinzstadt im US-Staat Vermont lebt, ganz im Einklang mit sich und seiner kleinen Welt, und ich habe mich schon oft dabei ertappt, wie ich mich innerlich frage, ob Dorsten mein Burlington sein könnte, meine Niemandsbucht. Doch ein Gang durch die Fußgängerzone reicht: Nein, dafür ist Dorsten einfach zu hässlich! Ein Freund, der mit mir in Dorsten aufwuchs, zitiert wiederum bis heute gern die Beschreibung, die ich machte, als ich vor einigen Jahren meine Eltern besuchte und durch die Innenstadt lief: »Dorsten, diese schon am Nachmittag leergefegten Straßen, durch die es weht ›Selbstmord‹, ›Selbstmord‹ ...« Seit einem halben Jahr wohne ich mit meiner Frau in Eriwan in Armenien und genieße die Betriebsferne. Ich bin der einzige Schriftsteller weit und breit, doch mein Beruf spielt eigentlich keine Rolle. In Eriwan werde ich vorrangig als Ausländer wahrgenommen – und das ist eine gute Voraussetzung zum Literaturmachen.

ANMERKUNGEN

1   Ich wohnte früher in Essen-Gerschede, in der Nähe des Wasserturms, mein
    Freund Martini konnte nicht verstehen, wie ich so weit weg vom Schuss
    in einer so spießigen Gegend leben konnte, mit Kleinstfamilien, vielen
    Witwen, »Plus«, »Edeka« und einem kroatischen Restaurant. Über mir
    wohnte eine alleinerziehende Mutter mit ihrem Lover, einem vorbestraften
    »Wolfgang Petry«-Double, später dann ihr Bruder, ein Neonazi, der die
    Nachbarschaft mit seinem Liedgut beschallte: »Rudolf Heß, du bleibst
    immer in unseren Herzen«. Die Gegend war keine Naturidylle, aber auch
    nicht hässlich. Erst spät entdeckte ich den Pfad neben »Plus«, der zu einem
    kleinen Mischwald führte, dann zu einer Ackerfläche, einem Friedhof und
    schließlich an einem Shop für US-Comics endete. Jahrelang habe ich die
    erste Ausgabe meiner damaligen Lieblingscomicserie *Shade – The Changing
    Man* gesucht, ich habe Comicshops in Berlin, Hamburg und in München
    durchsucht, in Paris, Brüssel und in Kopenhagen, vergeblich, selbst im
    ›Forbidden Planet‹ in London wurde ich nicht fündig – entdeckt und
    erstanden habe ich das Heft schließlich in dem Comic-Shop keine zwanzig
    Minuten fußwärts von meiner damaligen Wohnung.

Christian Steinbrink

Im Herzen von Nielsen 2
Ein Interview mit Christoph Biermann

Christoph Biermann lebt in Köln und gilt vielen als einer der besten Sportjournalisten des Landes. Von seiner Vergangenheit wissen dagegen nur diejenigen, die damals dabei waren: Biermann war ein Protagonist der frühen, von Punk beeinflussten Avantgardeszene des Ruhrgebietes. Er arbeitete in Plattenläden, war Musikredakteur des Stadtmagazins *Marabo*, Betreiber eines der ersten Independentlabels der Gegend, ausdauernder Konzertgänger und nebenbei glühender Anhänger des VfL Bochum – also ein erstklassiger Zeitzeuge verschiedener popkultureller Entwicklungen der Region. Im Interview wagt er eine Reflektion der damals aufkommenden und aufkeimenden Szenen. Mit ihm sprach Christian Steinbrink.

Herr Biermann, Ihre Tätigkeit als Sportjournalist ist allgemein bekannt. Unbekannt ist aber, dass Sie auch einen Bezug zum Punk und zur Avantgardekultur der späten 1970er und frühen 1980er haben. Sie lebten damals im Ruhrgebiet. Wolfgang Welt erwähnt Sie in einem seiner Bücher. Dort werden Sie sehr jung dargestellt...

Christoph Biermann: Ich war damals tatsächlich so jung. Ich bin Jahrgang 1960. Ich habe Wolfgang Welt beim *Marabo* kennen gelernt, wo ich 1978/79 angefangen habe. Wolfgang war damals schon da beschäftigt. *Marabo* war ja noch sehr klein. Ich fing an, als sie gerade von DIN A5 auf DIN A4 umstellten. Das war ein Schritt zu mehr Professionalität, um mehr Anzeigen bekommen zu können. Ich weiß gar nicht mehr genau, was Wolfgang damals da machte…

Der Darstellung in seinem Buch *Peggy Sue* nach waren Sie schon da und arbeiteten als Musikredakteur, als er einmal die Herausgeber in einer Kneipe traf und fragte, ob er auch mal etwas schreiben dürfte. Das wird ihm prompt zugesagt. Danach übernimmt er Ihre Stelle, als Sie keine Lust mehr auf den Redakteursjob haben.

Richtig, das müsste 1983 gewesen sein. Ich hatte ab 1976 oder 1977 in einem Plattenladen namens ›Octopus Music Garden‹ in Herne gearbeitet. Der Laden gehörte zu der ersten Generation von Importplattenläden, eine Art Vorläufer von Independentplattenläden. Es gab zu dieser Zeit noch die Preisbindung bei Schallplatten oder sie war gerade aufgehoben worden, jedenfalls schufen sich diese kleinen Läden ihre Nische über den Import von Platten, die es sonst nicht gab. Ich arbeitete da, seitdem ich 16 Jahre alt war und habe das klassische Zeug jener Zeit verkauft, ich kenne mich daher noch einigermaßen mit Jazzrock aus. Durch diese Läden hatte man aber auch früh schon Zugriff auf Punkplatten. Wir kauften die Platten immer beim Bochumer Großhändler ›Rimpo‹ ein, und die waren die ersten, die diese ganzen Punk- und Independentplatten aus England importierten.

Damals gab es also nur Importe? Kein deutsches Label, das solche Platten veröffentlicht hat?

Das ging 1979 los, ganz früh war etwa eine Doppelsingle von ›Mittagspause‹, die späteren ›Fehlfarben‹. Ich habe dann ja 1981 die Platte der ›Vorgruppe‹ produziert. Produziert hieß in dem Fall, dass ich von Erspartem und einem Kleinkredit meiner Eltern die Studio- und Presskosten bezahlt und das ganze ein bisschen mitorganisiert habe. Die Platten mit dem Auto aus dem Presswerk abholen zum Beispiel. Damals gründeten sich die ersten Plattenläden, die solche Musik verkauften, ›Rip Off‹ in Hamburg oder ›Rock On‹ in Düsseldorf zum Beispiel. Erst Anfang der 1980er machten mehr von solchen Läden auf.

Wie kam es dann zu Ihrer Arbeit bei *Marabo*?

Das kann ich gar nicht mehr richtig rekonstruieren. Ich meine, dass ich noch an der Schule war, als ich dort angefangen habe. Man muss sich das alles wahnsinnig amateurhaft vorstellen, denn solche Medien hatte es vorher noch nicht gegeben. Es gab also kaum Vorbilder. Wenn heute jemand 20 Jahre alt ist und über Musik schreiben möchte, gibt es zwei Generationen, die das schon gemacht haben. Damals war das noch total neu.

Aber es gab doch schon *Sounds*. Und im Bezug auf Stadtmagazine liest man oft, dass das *Time Out Magazine* aus London Vorbild gewesen sein soll...

Ja, aber ich hatte sicher schon drei Jahre bei *Marabo* gearbeitet, als ich das erste Mal *Time Out* in die Hände bekam. Ich bin mit Anfang 20 das erste Mal nach London gefahren. Man muss sich das alles viel ahnungsloser vorstellen. Es gab kein Internet, es gab kaum internationale Vernetzung, auch keine breiten Jugendmedien. Es gab vielleicht *Bravo*, auch *Sounds* und *Musikexpress*, trotzdem war das Schreiben über Musik als kulturelles Konzept weitgehend unbekannt.

Trotzdem hat *Marabo* eine relativ große Strahlkraft gehabt. Das zeigt sich durch Wolfgang Welt, aber auch durch viele andere Texte und Erzählungen von Leuten, die in dieser Zeit jung waren. In diesen Erzählungen hatte *Marabo* eine gewisse Bedeutung für die Ursprünge der Punk- und Avantgardeszene.

Ich habe das nie so empfunden. Wenn ich heute daran denke, auf welchem journalistischen Niveau das damals abging, kann ich nur die Hände über dem Kopf zusammenschlagen. Aber vielleicht ging es darum für die Leser auch gar nicht.

Vielleicht liegt das daran, dass so etwas für direkt Beteiligte weniger mythisch wirkt als für Außenstehende...

Also, super war für mich vor allem, dass ich mir in dieser Zeit jedes Konzert kostenlos anschauen konnte. Man hat kaum Geld bekommen, ich als Musikredakteur etwa 200 DM im Monat. Aber ich habe die Platten, über die ich schrieb, abgeschleppt, und hatte überall freien Eintritt. Ich habe mir ein paar Jahre lang fast jeden Abend ein Konzert angeschaut. Alles zwischen ›Westfalenhalle 1‹ und irgendwelchen Schuppen.

Die Konzertkultur zu dieser Zeit war im Ruhrgebiet also ziemlich vielfältig?

Richtig ging das erst los mit der ›Zeche Bochum‹. Vorher war es auch schon nicht schlecht. Zumindest die Rock-Acts der 1970er und frühen 1980er sind alle in Essen oder Dortmund aufgetreten. Ich habe zum Beispiel ›Roxy Music‹ und ›Wire‹ in der Grugahalle gesehen, ›Earth, Wind & Fire‹ mit einer gigantischen Discoshow auch dort, Neil Young in der Westfalenhalle, Iggy Pop im ›Sartory‹ in Köln und weiß der Teufel was noch. Ich habe mir auch alles angeguckt, auch Acts, die ich eigentlich nicht so interessant fand, nur um sie zu sehen. Sogar die ›Guru Guru Sun Band‹…

Haben diese ganzen Bands zu dieser Zeit denn auch in Düsseldorf oder Köln gespielt?

Einige schon, aber um gute Konzerte zu sehen, musste man das Ruhrgebiet nur selten verlassen. Später bin ich für ganz besondere Sachen auch gereist, für ›Throbbing Gristle‹ nach Berlin zum Beispiel, manchmal auch nach England, einmal zum ›Futurama-Festival‹ nach Leeds. Generell waren die Orte für diese neue Musik andere als die für damals populäre Rockbands.

»Die Sentimentalität der Hässlichkeit«

Was waren denn Ihrer Erinnerung nach die ersten wichtigen Orte für die beginnende Punk-Szene?

Die Szene musste sich erstmal als solche definieren.

Das korrelierte doch sicher auch mit politischen Fragen der Zeit, oder?

Das hat mich zum Beispiel überhaupt nicht interessiert. Ich hatte sowieso immer eine persönliche Abneigung gegen die politisierte Alternativkultur. Die Punk- und Wave-Szene selbst war ziemlich heterogen, aber zwischen so unterschiedlichen Figuren wie dem Gelsenkirchener Künstler Jürgen Kramer und dem Duisburger Proll-Punk Willi Wucher gab es trotzdem so etwas wie einen kleinsten gemeinsamen Nenner, der gar nicht so leicht zu benennen ist. Sicher lag der zum Teil in der Ablehnung von Alternativkultur und Hippietum.

Das drückte sich auch in der Konstellation der Stadtzeitungen aus: *Marabo* vs. *Guckloch*. Das Guckloch stand für freie Theatergruppen, alternative Politik, Grüne, Rockmusik. Marabo war dagegen kommerzieller, bot aber auch mehr Platz für abseitigere Themen. Meine erste Titelgeschichte hieß zum Beispiel »Zappa – Nein Danke!«. Ein reiner Anti-Zappa-Text, weil Zappa halt auch ein Held der Hippiekultur war. Da gab es ziemlichen Aufruhr...

...Punk...

...genau. Rückblickend betrachtet spielte bei New Wave im Ruhrgebiet eine gewisse Sentimentalität der Region gegenüber eine Rolle. Eine Sentimentalität ihrer Hässlichkeit gegenüber. Ich habe mich schon immer von Industrie-Ästhetik angezogen gefühlt. Einerseits waren Schlote, Fördertürme und Kokereien für mich Symbole von Heimat wie für andere das Alpenpanorama. Und dann gefielen mir diese ganzen verfallenen und maroden Bauten, die Brachen. Denn die Zeit von Punk war auch die Endzeit der Schwerindustrie. Ich fand das nicht metaphorisch gut, also als Ausdruck von Niedergang, sondern weil es toll aussah. Es war damals neu, sich ganz offen zu seiner Herkunft aus dem Ruhrgebiet zu bekennen. Auf bedauernde Sätze wie »Oh, ihr kommt aus dem Pott« zu antworten: »Ja, und wir finden das gut so.« Das war wahrscheinlich auch eine Folge von Punk. Die Szenen in den USA und Großbritannien hatten teilweise auch mit Arbeiterschaft und Industrieästhetik zu tun gehabt, und das hat im Ruhrgebiet für uns dann auch identitätsbildend nach innen funktioniert. Wir waren wohl die erste Generation oder Szene, die dieses Selbstbewusstsein, vielleicht auch diesen Stolz hatte: »Klar kommen wir aus dem Ruhrgebiet«.

Das war vorher also nicht so?

Nein! Wer unter Tage gearbeitet hat, träumte vom Schwarzwald. Und die frühen Grünen standen mit ihrer Forderung nach sauberer Luft einer Ästhetisierung des Ruhrgebiets, das wirklich ein Dreckloch war, entgegen. Dieses Bekenntnis zu der Trostlosigkeit der Gegend war neu. Wir hatten dieses Plattenlabel ›Nielsen 2‹, auf dem die Platte der Vorgruppe erschien. Das erste Album hieß ›Im Herzen von Nielsen 2‹, was erklärt unromantisch ist, denn Nielsen sind Marketinggebiete. Deutschland ist in Nielsens aufgeteilt, das Ruhrgebiet ist Nielsen 2. Gefunden hatte ich den Namen in den Unterlagen für Anzeigenkunden beim *Marabo*. Da hieß es, das Magazin sei im Herzen von Nielsen 2, und als wir mit der Vorgruppe auf Titelsuche waren, schlug ich der Band den Titel vor, und sie fanden ihn gut. Und im Logo des Labels war ein Schlot abgebildet. Es war also die Art selbstbewusste Adaption eines »wir sind halt hier«, ein leicht um die Ecke gedachter Lokalpatriotismus.

Aber es gab wohl eine Art Bedürfnis nach etwas Ähnlichem wie Lokalstolz, weil ganz Deutschland meinte, das Ruhrgebiet sei ein Dreckloch.

Ja. Was auch noch dazukommt: Das Ruhrgebiet war damals extrem kulturfeindlich, ist es das nicht heute noch? Jede Art von bohemistischem Lebensstil, zum Beispiel spät ins Bett gehen und spät aufstehen, wurde zutiefst feindselig betrachtet. Es gab Anfang der 1980er in keiner Stadt des Ruhrgebiets eine alternative Mittelschicht wie zum Beispiel in der Kölner Südstadt. Man hatte auch keine Möglichkeit, alternative Orte zu besuchen. In meiner Heimatstadt Herne gab es gerade mal zwei Läden: Das ›Podium‹, war der klassische Heroinumschlagplatz für das mittlere Ruhrgebiet. Die ›Sonne‹ war eine klassische Alternativkneipe mit der Sonne im Logo, in der sich die Grünen trafen und Folkbands wie ›Cochise‹ auftraten. Das war's.

Plätze für eine von Punk beeinflusste Szene mussten sich erst neu entwickeln. Es gab dann irgendwann in Bochum am Ring eine Kneipe, die ein bisschen was vom frühen New-Wave-Style hatte. Dazu gab es die Bochumer Spezialität, eine Art minibohemistische Szene rund um das Theater. Das Theater war erfolgreich und wichtig und hat unter Zadek auch gute Sachen gemacht. Es gab übrigens auch immer eine Kooperation zwischen dem Theater und dem VfL Bochum, mit der Eintrittskarte für das Stadion kam man auch billiger ins Theater. Irgendwann gab es ein Stück, bei dem VfL-Fans im Theaterchor aufgetreten sind. Und mit Tana Schanzara gab es die ersten Ruhrgebiets-Selbstvergewisserungsabende am Theater.

Außerdem gab es vom *Guckloch* einen Sampler, den ich schaurig fand, weil da nur öder Rock-Mist drauf war, der aber einen interessanten Titel hatte: ›Die Wüste lebt.‹ Die wollten damit zwar nur darauf hinweisen, dass es hier wahnsinnig viele Rockbands gibt, die irgendwo im Keller sitzen, aber es schärfte trotzdem die Wahrnehmung für die eigene regionale Identität. Wir waren die erste Generation, die das Ruhrgebiet als Gesamtheit wahrnahm. Es gab für mich, vielleicht auch durch die Arbeit beim *Marabo*, nicht mehr nur Herne, Bochum usw., stattdessen fuhr ich ins Kino nach Dortmund, zum Konzert nach Duisburg und zum Fußball nach Bochum. So habe ich die Vorteile des Ruhrgebiets genutzt, und das kam zu dieser Zeit erst langsam in Gang. Davor meinten Menschen aus Hamborn mit dem Satz »Ich gehe in die Stadt«, dass sie ins Zentrum von Hamborn gingen. Ansonsten sagten sie »Ich fahre nach Duisburg«. Aber das gibt es wohl heute auch noch.

Man versucht halt dagegen zu steuern, indem man diesen Vorteil der Polyzentralität durch bessere Verkehrsnetze aufwertet, was aber immer noch nicht so richtig funktioniert.

Kann man das Ruhrgebiet heute ohne Auto nutzen? Damals ging es jedenfalls nicht. Wir haben damit zum Teil auch aufgrund dieser neuen

Medien angefangen, *Marabo* und *Guckloch*, die auf das Programm in den anderen Städten hinwiesen. Das hat bei den Leuten, die die Zeitschriften lasen, gewirkt. Auch der Zuzug von jungen Leuten durch die neuen Unis hat eine Rolle gespielt. Denn die waren auch offener für die Möglichkeiten in anderen Städten, Hauptsache sie waren gut zu erreichen.

Es scheint also so zu sein, dass Punk als Szene mehr mit bohemistischen und künstlerischen Milieus als mit dem, was man heute Assel- oder Iro-Punk nennt, zu tun hatte?

Um das zu beantworten, müsste man sich mal anschauen, was es denn Anfang der 80er Jahre wirklich gab. Da war einerseits der Kunstkontext wie bei Jürgen Kramer. Auch ›Materialschlacht‹ mit dieser englischen Sängerin Sylvia James, die auch schon ganz früh einen internationalen Blick und internationale Kontakte hatten, weil sie eben schon erwachsen waren. Dann gab es, auch aus Gelsenkirchen, die ›Salinos‹, die zwar Alternativkultur aber cool waren, deren Hintergrund lag nämlich bei Beuys und der Free International University. Die waren keine Hippies, sondern auch eher Künstler. Dann war sicherlich ganz früh die ›Vorgruppe‹, Jungs aus Wanne-Eickel. Bernd Schäumer, ein Mitglied der Band, hatte einen Bruder, der damals in Berlin lebte. Michael Schäumer, hat dafür gesorgt, dass 1980 die erste Single der Vorgruppe auf dem ›Monogam‹-Label in Berlin erschien. Heute betreibt er die Webseite www.fc45.de, auf der Fußballsongs gesammelt werden. Die ›Vorgruppe‹ hatte einfach einen Informationsvorsprung, weil Bernd über seinen großen Bruder Platten zu hören bekam, die kein Mensch kannte.

Außerdem gab es noch relativ früh eine Band namens ›The Clox‹, deren Existenz mit der ›British Rhine Army‹ in Dortmund zu tun hatte, denn deren Sänger kam daher. Das war eine spezielle Szene, analog zu einer in der Stadt ganz früh existierenden Skinhead-Szene. Die kannte ich auch, weil ich ein paar Mal mit ›Dynamo Doppelkorn‹ Fußball spielte. Das waren Skinpunks, waren ein bisschen asimäßig drauf und haben auf Fußball gestanden. Einige von denen sind Nazis geworden, andere eher das Gegenteil. Das war also alles ziemlich ambivalent, typisch für solche Phasen, in denen sich vieles noch in verschiedene Richtungen entwickeln kann. Das macht die Sache ja auch interessant. Relativ früh gab es auch schon Willi Wucher aus Duisburg, der sehr umtriebig war im Sinne von Punk als neuem Rock'n'Roll. Viel mehr fällt mir für die erste Zeit nicht ein...

Gab es zu dem Zeitpunkt schon neuralgische Orte, an denen Konzerte oder andere Treffen stattfanden?

Nein, das waren anfangs immer Leihorte der Alternativ- und Hippiekultur, die einen Sinn für diesen neuen Underground hatten. Im ›Rotthaus‹ waren Punkkonzerte zumindest möglich, oder auch im ›Checoolala‹ in Dortmund.

Generell waren die Ausgehstrukturen innerhalb des Ruhrgebiets sehr unterschiedlich. In Dortmund gab es, auch wegen der dort stationierten Soldaten, mehr klassische Discos, in Bochum war das durch das Schauspielhaus und anderes eher bohemistisch, und in Essen gab es nie wirklich was, in Duisburg auch nicht. Und um 1982 gab es mehr Orte, dafür spaltete sich das auf. Dann war der ›Bunker‹ in Herne plötzlich ein Laden für Hardcore-Punks und Skinheads. Die Leute sind da zum Pogen hingegangen, zum Saufen, es herrschte oft eine aggressive Stimmung, die mich damals nicht mehr interessiert hat.

Lag diese Unlust auch daran, dass ein anderes Milieu Einzug in den Punk gehalten hat und er nicht mehr so avantgardistisch und bohemistisch war?

Punk ging jedenfalls mehr in Richtung uniformiert besprühter Lederjacken und Streit suchen mit der Polizei, so eine Art Prollvariante also. Daneben gab es natürlich auch noch die politische bzw. pseudopolitische Schiene mit »Crass« und Anderen. Dann fanden elendige Debatten über Funpunk vs. Politpunk statt, das fand ich alles eher uninteressant. Ich habe mich dann aber sowieso etwas ausgeklinkt. Ich habe diese ganze Musikgeschichte etwa sechs Jahre sehr intensiv mitgemacht, von 1977 bis 1983, das Jahr, in dem ich aufhörte, für *Marabo* zu arbeiten, das Studium unterbrach und mit dem Zivildienst anfing. Ich fand es danach uninteressant, über Musik zu schreiben. Ich konnte mir damals nicht annähernd vorstellen, dass es mal ein erwachsenes Schreiben über Pop geben würde, wie es dann in der *Spex* über die Jahre entwickelt wurde und irgendwann auch den Weg in die Kulturseiten der Zeitungen gefunden hat.

Als ich mit dem Zivildienst fertig war, habe ich mit dem Schreiben wieder angefangen, lustigerweise über persönliche Kontakte beim *Guckloch*. Dort habe ich am Veranstaltungskalender mitgearbeitet und bald eine Sportseite erfunden – die erste in einem deutschen Stadtmagazin. Und ab dem Zeitpunkt, 1985, fing ich an, über Sport zu schreiben. Die Beschäftigung mit Musik ist seitdem für mich privatisiert.

»Die Macht der Ahnungslosigkeit«

Vielleicht einen Schritt zurück: Auch wenn Sie eher normal gekleidet waren – gab es so etwas wie Kleidungscodes, überhaupt spezielle Äußerlichkeiten, in dieser Szene rund ums *Marabo*?

Also, wenn man sich heute Fotos von damals ansieht, muss man schon sagen, dass alles wahnsinnig harmlos war. Da reichte es schon, sich die Haare ein bisschen zu zerwuscheln und eben nicht explizit langhaarig zu sein. Oder man hat so komische Alte-Männer-Mäntel getragen, an denen Badges hingen, das war als Signal schon ausreichend. Oder, dass man bestimmte Sachen eben nicht trug, zum Beispiel diese bescheuerten Streifenhosen oder Schnürjeans. Es ging natürlich sehr stark um Abgrenzung, wobei ich selber meistens so ein unspezifischer Jeans-Junge war.

Aber man muss sich das völlig unhomogen vorstellen, und das war gut so, denn bei der Adaption von irgendwelchen Trends gab es diese schönen, pop-typischen Übersetzungsfehler. Heute ist das anders, da sind Leute 19 Jahre alt und scheinen das Weltwissen des Pop komplett verinnerlicht und verarbeitet zu haben. Damals war Ahnungslosigkeit ein ganz wesentliches Element. Man schnappte irgendwas auf, bekam irgendwas erzählt, sah oder hörte irgendwas und wurschtelte dann damit weiter. So etwas führt im Glücksfall zu Kreativität, im Unglücksfall zu Gemurkse. Ich habe den Kuratoren der Ausstellung ›Pop am Rhein‹ mal eine Sammlung Fanzines gegeben. Wenn man sich die heute anschaut, muss man sagen: Die sind super. Da legt man sieben Hefte nebeneinander, und jedes ist komplett anders. Die einen versuchen Musikjournalisten zu sein, die nächsten veräppeln Boulevardzeitungen, die dritten machen so eine Art von Kunst, usw. Und so ist es mit der Musik auch gewesen. Die entscheidende Frage war damals, jedenfalls bei mir: Wo passiert etwas Neues, Anderes, Ungehörtes, nie gesehenes? So höre ich übrigens heute auch noch Musik. In Verbindung mit Musik war das das letzte Mal bei Dubstep so. Momente, in denen ich denke: »So etwas hast du ja noch nie gehört.«

So hat das damals also funktioniert, und diese Ambition hatten viele Leute, die sich in dieser Szene bewegten. Sie haben gesucht, was sie nicht kannten. Da ging man zu einer Performance von Jürgen Kramer und ›Materialschlacht‹ und sah die Künstlerin Mona Lisa Wotansgedichte vorlesen währenddessen hart gekochte Eier fressen, 10 Stück in 9 Minuten — dann kotzt sie auf die Bühne. Und mit 20 oder 21 Jahren sieht man das und denkt: »Mmh, okay. Ist das jetzt scheiße? Ist das jetzt gut? Ist das jetzt…« Auf jeden Fall hat es bewirkt, dass ich es bis auf den heutigen Tag nicht vergessen habe. Und diese Unberechenbarkeit muss man in diesem Kontext hervorheben. Durch diese neue Kultur wurden viele Sachen auf einmal möglich. Ich bin per se immer neugierig und irgendwann war mir klar: »Das, was bei einem Konzert von Hass passiert, ist für mich einfach uninteressant. Vielleicht gehe ich lieber zu Spandau Ballett, weil das mehr Neues bietet.«

Gab es denn im frühen Punk eine sich durchsetzende graphische Ästhetik? Signale durch Zeichen und Motive?

Ja, klar. Ein großes Thema war Collagieren, Cut up-Techniken waren das Gebot der Stunde. Man darf nicht vergessen, wie handwerklich beim Medienmachen noch geschnippelt wurde. Beim *Marabo* lief das so: Die Texte wurden auf einer Schreibmaschine geschrieben und dem Setzer oder der Setzerin gegeben, die hat sie abgeschrieben, so dass sie in Streifen aus der Setzmaschine kamen. Die Streifen wurden dann mit Fixogum in das vorgegebene Layout geklebt. So hat man eine Zeitschrift gemacht, und dementsprechend auch Flugblätter und Ähnliches. Radiobeitäge waren auch noch auf Bändern, wo die Stücke aneinandergeschnitten wurden.

Ich habe mich, typisch für die Zeit, immer für Dadaismus interessiert. Ich habe Germanistik studiert, und Kurt Schwitters habe ich mir als ein Prüfungsthema ausgesucht. Auch Leute, die sich gar nicht für Kunst interessierten, haben Dadaismus gesehen und gedacht: »Hey, die haben sowas ja auch schon gemacht.« Wovon noch? Natürlich von diesem Prinzip »kalt gegen warm«. Gegen die kuschelige und warme Hippiekultur, möglichst eine Ästhetik aus schwarz/weiß, kalt, Leder, bloß nicht bunt, was dann irgendwann auch wieder furchtbar war.

»Die Kulturtechnik des nicht dabei sein«

Mal ein harter Schnitt, hin zur Fußball-Fankultur: Inwieweit gab es denn damals Gemeinsamkeiten zwischen der bohemistischen bzw. avantgardistischen Szene und der der Fußballfans? Gab es da, abgesehen von Ihrer Person, Verbindungen?

Einzelne Leute haben sich auch für Fußball interessiert. Aber was meinen Sie, über wie viele Leute der so genannten »Szene« im Ruhrgebiet wir hier reden?

Vielleicht 200 bis 300?

Na, das ist schon optimistisch geschätzt, das trifft eher auf das Jahr 1982 zu. 1979 waren das vielleicht 50, 1980 80, 1981 140. Interessanter war, wie Fußball allgemein gesehen wurde. Das war igitt, das war nicht proletarisch, das war proll. Das war die allgemeine Sichtweise, und die stimmte ja auch. Die Fußballfans haben sich schlecht benommen, deshalb wurde diese Kultur verachtet. Fußball als ein Stück Populärkultur zu betrachten – das war noch unvorstellbarer. Es gab höchstens einige, die das instinktiv oder programmatisch gemacht haben. Ror Wolf mit seinen Hörstücken zum Beispiel oder Eckhard Henscheid als Humorist.

Wie war das denn bei Ihnen persönlich? Waren Pop und Fußball zwei getrennte Welten?

Eigentlich schon. Ich war Mitte der Siebziger im Fanclub von Westfalia Herne, da waren mit wenigen Ausnahmen nur Assis. Ich fand das irgendwie aufregend, war aber nicht wirklich voll dabei, ich bin zum Beispiel nicht mit denen saufen gegangen. Ich bin mit denen zu Spielen gefahren, fand es super, zu singen, die Fahne zu schwenken, die Mannschaft anzufeuern. Sehr früh bin ich dann auch zum VfL Bochum gegangen, das habe ich aber alleine gemacht. Ich bin da hingegangen, habe mich hingestellt und mir die Spiele angeschaut. Ich war da nie in einer Szene drin, sondern bin einfach zum Fußball gegangen. Das war ein Teil meines Lebens. Ich bin auch zur Uni gegangen, das war noch ein Teil meines Lebens. Das musste nichts miteinander zu tun haben, hatte vielleicht auch gezielt nichts miteinander zu tun. Das war wohlmöglich eine meiner Kulturtechniken: Man konnte immer woanders sein. An der Uni konnte ich der sein, der eigentlich beim *Marabo* ist, und beim *Marabo* konnte ich der sein, der eigentlich zum Fußball geht und beim Fußball der, der eigentlich an der Uni ist. Ein debattierbares Konzept, aber ein Stück weit ist das so gewesen.

Ich fand Fußball am besten und habe irgendwann gemerkt, dass man über Fußball auch anders schreiben kann, als es bis dahin getan wurde. Damit habe ich dann angefangen und das nahm einige Entwicklungen, aber grundlegend entstand die Idee in dieser Zeit.

Wie lange hat es denn gedauert, Ihren Stil zu entwickeln? Und hat da Ihr musikalischer Hintergrund noch eine Rolle gespielt?

Ich glaube, dass der Musikhintergrund sogar eine extrem wichtige Rolle gespielt hat. Zum Teil sicherlich, weil ich immer der Ansicht war, dass Fußball genauso populäre Kultur ist wie Popmusik, obwohl das Ganze natürlich anders funktioniert, beim Pop muss man schließlich nicht 1:0 gewinnen. Aber beides hat eine stark emotionale Seite, kann aber auch weit theoretisch durchdacht werden, erzählt etwas über gesellschaftliche Befindlichkeiten und kann doch auch als geschlossenes System betrachtet werden.

Der erste Schritt von mir als Fußball-Schreiber war es, die Zuschauer in den Mittelpunkt der Betrachtung zu rücken. Davon habe ich etwas verstanden, ich war schließlich selbst einer. Das habe ich dann mit dem Buch *Wenn du am Spieltag beerdigt wirst...* das 1995 erschienen ist, abgeschlossen.

Haben Sie es eigentlich jemals so empfunden, dass die Fußballfankultur im Ruhrgebiet etwas Besonderes ist?

Ja, aber die besonderen Merkmale sind heute weg. Man kann sagen, dass Borussia Dortmund-Fans Anfang der Neunziger wirklich einfallsreich und lustig waren, das verlief sich, als sie erfolgreich und das Stadion immer größer wurde. Obwohl ich VfL Bochum-Fan bin, muss ich gestehen: Unsere Fans sind fast immer doof gewesen. Ich habe mit Freunden eine ganze Zeit das Fanzine *Vfoul* gemacht, das war oft frustrierend, weil wir für unsere selbstironische Haltung ziemlich angefeindet wurden. Gegenwärtig kann man sagen, dass die Stimmung durch die starken Ultra-Gruppen in Frankfurt, Karlsruhe oder Nürnberg toll ist, obwohl mir diese ganze Vorsingerei mit Megafon eher auf die Nerven geht.

Ich fand die Hingabe der Leute im Ruhrgebietsfußball immer ganz gut, auch wenn sie oft ein bisschen stumpf war und nicht selten gewalttätig.

Ich habe oft das Gefühl, dass gerade diese Rivalität »Dortmund gegen Schalke« heute institutionalisiert ist, vor allem als Medienspektakel instrumentalisiert wurde und zu einem großen Teil nur noch darin weiterlebt.

Bei den Revierderbys brennt ab und zu immer noch die Luft — auch bei den kleinen. Zum Beispiel im vorletzten Jahr, als Schalke in Bochum spielte: Da kamen sehr viele Schalker in weißen T-Shirts, auf denen stand: »Nordkurve zu Gast in deiner Stadt«. Das wirkte fast wie die Invasion und war auch so gemeint. Die Reaktion aller Bochumer darauf war bedingungslos, das kam sogar bei den Spielern an. ›Passt mal auf Leute, das lassen wir uns von euch nicht gefallen, jetzt schießen wir euch aus dem Stadion.‹ Es hat auch funktioniert, denn Schalke ging unter. Für mich war das einer der ganz großen Fußballtage der letzten Jahre.

Norbert Nowotsch

Auch ein '67.

Ein Zustand

»Das Ruhrgebiet gibt es nicht«, verkündete im Frühjahr 2008 ein Politiker aus Dortmund angesichts der einmal mehr aufgeflackerten Querelen um die Zugehörigkeit der Kommunen zwischen Nordrhein und Westfalen und dem Hin und Her der Landschaftsverbände und Bezirksregierungen. Gehen wir davon aus, er meinte »DAS Ruhrgebiet gibt es nicht« und umschrieb damit – bewusst oder unbewusst – die zerfaserte, wabernde und eher gefühlte als kartografisch exakt nachvollziehbare Topografie einer sich in eine ehemalige Kulturlandschaft hineingefressenen Industrielandschaft.

Diese einzigartige siedlungsräumliche Form urban-industrieller Auswucherungen hat im Deutschen kein mir bekanntes sprachliches Äquivalent. Noch am besten umschrieben ist es mit dem englischen »Sprawl«, diesem durch die *Neuromancer*-Trilogie des Science Fiction-Autors William Gibson populär gemachten und in die zeitgenössischen urbanen Theorien eingewanderten Begriff; der in Wörterbüchern vielseitig mit »ausspreizen, ausschwärmen, wuchern«, umschrieben wird und bei dem immer nicht nur etwas in der Form unregelmäßiges, sondern auch deutlich unattraktives mitklingt.

Gebaut wurden im Ruhrgebiet Siedlungen nicht, weil man dort wohnen, sondern weil man arbeiten sollte. Alles andere richtete sich danach. Nah sollten für die Betriebe die Energiequellen und das Wasser zum Kühlen sein, ausbaubar die Verkehrswege – und besonders nah der Weg zur Arbeit, denn diese ging oft ununterbrochen Tag und Nacht. So entstanden nur unweit von klassisch gewachsenen westfälischen Dörfchen neue Wohnsiedlungen, auf platter Wiese oder in gerodeten Kiefernwäldern, für Bergleute, Stahl- und Chemiearbeiter und immer im Schlagschatten von Fördertürmen, Hochöfen, Raffinerien, Lichtbogenanlagen und Kühltürmen.

Topografisches

Marl, im Kreis Recklinghausen, hat 1966 rund 77.000 Einwohner. Die Stadt ist noch in den 60er Jahren keine, oder besser, nicht als solche erkennbar: Es gibt verstreute Stadtteile, nirgendwo findet sich ein Kern. Die Siedlungsflecken heißen Alt-Marl – das alte Dorf, noch mit Fachwerkhäusern, daneben Marl-Brassert, mit dem Schacht der gleichnamigen Zeche und einem dichten Gewirr von Siedlungen, im klassischen Stil abwechselnd mit Reihenhäusern oder mit den typischen, von drei Seiten umbauten Innenhöfen.

Marl-Hüls, mit der Zeche Auguste Viktoria, Siedlungen, Ladengeschäften und sogar einer Art Kaufhaus auf drei Etagen; Marl-Sinsen – ein abgelegener Bahnhof für Güter und manchmal Menschen; Marl-Hamm, wieder Siedlungen und ein Schacht, irgendwo dazwischen.

Und Marl-Drewer, mit der von der IG Farben 1938 gegründeten CWH, (›Chemische Werke Hüls‹) von allen ›Bewohnern‹ nach einem der dort produzierten Produkte, einem synthetischen Kautschuk nur »Buna« genannt. Das Werk selbst ist eine Kleinstadt mit rund 15.000 Mitarbeitern auf ca. 4 km², davor Werkssiedlungen, werkseigene Sportanlagen, Badeanstalt, Gastronomie, Konsumgeschäft, einfache Barackenunterkünfte für ledige Arbeiter und wieder Siedlungen für Familien.

Die engen Zeitabschnitte, in denen überall die Schachtanlagen oder Chemiewerke mit Wohnungen umbaut wurden, erzeugten im gesamten Ruhrgebiet wiederkehrende architektonische Strukturen und sorgten so bezirks- und städteübergreifend für Austausch-, aber auch für identitätsstiftende Wiedererkennbarkeit. Dies geschah trotz ungeregeltem Zusammenfließen der urbanen, ländlichen und industriellen Strukturen. Dabei blieb die Wahrnehmung der »Heimat« sehr lokal, ein weiträumiges Durchstreifen dieser Räume gehörte früher nicht zu den Praktiken des Alltags, der fokussierte Blick auf den jeweils eigenen, überschaubaren Lebensraum vermittelte Orientierung in einer zerfaserten Umwelt, die sich so in innerstädtischen Lebensräumen (nicht nur des Ruhrgebiets) immer wieder feststellen lässt.[1]

Anfang der 60er Jahre beginnt stückweise der Versuch einer künstlichen Zentrumsbildung, genannt Marl-Mitte. Auf Brachland und Äcker zwischen Marl-Brassert und Marl-Drewer wird ein modernes Rathaus gesetzt, ganz in der Nähe hat man unter dem Namen ›Die Insel‹ schon 1955 der ersten Volkshochschule nach dem Krieg ein eigenes Haus erbaut – modern im Baustil, mit Lesesaal, Bücherei und Ausstellungsräumen.

Schmutz

Mit dem unbeschwerten Blick, der mir nicht nur möglich, sondern auch gestattet war, betrachtete ich als kleiner Junge mit vorsichtiger Neugierde im großen Innenhof der Zechenhäuser an Sommerabenden die Männer nach Feierabend, in Unterhemden, redend, rauchend, bisweilen eine Flasche Bier in der Hand, die Haare nass und zurückgekämmt, die Augen dunkel von Kohlenstaub, wie schwarz getuscht.

Ohne Sozialromantik: Der Schmutz war damals nicht Gesprächsgegenstand, jedenfalls bei niemandem, den ich kannte. Es war so, fertig. Oder man kann auch sagen: Ästhetische Bewertungen der Lebenswelt fanden nicht statt, zweifellos eine sehr realistische Einstellung, da der Bewertung keine Änderung hätte folgen können. Dazu brauchte es keinen *Mut zur Hässlichkeit*.[2] Bis zu meinem neunten Lebensjahr hatte ich geglaubt, durch Klettern auf Bäume würde man natürlicherweise immer schmutzig. Einen Erkenntnissprung brachte ein Ferienaufenthalt mit meinen Eltern im Eggegebirge. Ich kletterte in »guten Sachen« verbotenerweise auf einen Baum, erschien schuldbewusst bei meinen Eltern und, oh Wunder – keine Spuren, kein Ärger.

Innen- und Außenblick

Wie viel Westfalen im Ruhrgebiet steckt, habe ich erst nach und nach festgestellt, immerhin wohne ich nun seit fast 38 Jahren in Münster. Festzustellen, wie sehr anders Westfalen ist als das Ruhrgebiet, das ging schneller.

Eine etwas unebene Schulkarriere brachte mich für drei Jahre in ein Alumnat in einem kleinen westfälischen Ort zwischen Münster und der holländischen Grenze. Burgsteinfurt war nur 60 Kilometer von meinem Heimatort entfernt und doch eine so andere Welt, dass mir die gelegentlichen Zugreisen nach Hause dreimal so lange vorkamen, besonders auf der Hinfahrt. Dies ging nicht nur mir so, sondern auch vielen meiner Mitbewohner – aus verschiedenen Gründen war das Haus besonders für Schüler (genauer Eltern) aus dem Ruhrgebiet anziehend. Fast alle »Insassen« hatten das Gefühl in eine Enklave am Ende der Welt gekommen zu sein.

Hier gab es eng geregeltes, kleinstädtisch organisiertes Leben unter Beobachtung, das Ruhrgebiet war dagegen trotz aller Zerrissenheit doch ein großstädtischeres Programm. Dort gab es mehr Musik, mehr Kinos, die eng beieinander liegenden Stadtteile stellten zwar jeweils eine komplett separate Lebenswelt dar, aber durch Industrieanlagen, Halden, Kanäle, Bahntrassen ebenso wie durch Waldgebiete oder Brachflächen fanden sich genügend Leerräume und Abseiten, in denen man sich auch in und zwischen den Stadtarealen unsichtbar machen konnte. Straßenbahnen oder andere Nahverkehrsmittel ermöglichten bei Bedarf nicht immer gradlinige, doch verlässliche Bewegungen in diesen Räumen.

Aktionen

Irgendwo in diesem »städtischen Ausnahmezustand«, um mit Walter Benjamin zu sprechen, entstand hier im Ruhrgebiet eine der wenigen nicht studentisch oder parteilich, sondern von Lehrlingen und Schülern selbst organisierte Gruppe der außerparlamentarischen Opposition in der Bundesrepublik. Als ihr Ausgangspunkt existierte ab ca. 1966 eine gemischte Gruppe von befreundeten jungen Leuten, wenige Gymnasiasten, einige junge ArbeiterInnen – sonst meist Lehrlinge wie ich auch. Verbunden fühlte man sich durch gemeinsame Interessen wie Musik, Politik, den Spaß an Aktionen im Stil von Happenings, aber auch durch zahlreiche, schon früher bestehende Freundschaften oder gemeinsame Ostermärsche.

Die Happenings waren fester Bestandteil der gemeinsamen Aktionen, sie verliefen oft nach einer spezifischen Dramaturgie, die von einem oder mehreren Autoren entworfen wurde und deren Handlungsanweisungen dann im Verlauf der Aktion variiert oder auch verlassen werden konnten, also eine Art szenisch-verbale Kollektiv-Improvisation. Auch die »Drehbücher« entstanden teilweise als improvisierter Textverlauf oder Cut-Up, dessen Inhalt durch alle Arten von Umwelteinflüssen verändert werden konnte, zum Beispiel durch Textfetzen aus parallel laufenden Radio- oder Fernsehsendungen. So zeichnen die Autoren eines noch im Original erhaltenen Textes mit dem Titel *Der Gegensatz zur Bürstenreklame* (ca. 1967) als »continuous wavejammers«. Ebenso fanden sich Sprachspiele, inspiriert etwa durch Rühmkorf oder die lautmalerischen Werke Jandls und anderer, auch gab es Elemente »gespielter Sprache«, etwa wenn jemand mit einer Luftpumpe Luft pumpend durch die Gegend lief.

Als regelmäßiger Treffpunkt diente uns ab einem bestimmten Zeitpunkt das ›Delta‹, das Jugendheim der evangelischen Christus-Kirche in Marl. Ausgelöst durch die Ermordung Benno Ohnesorgs 1967 und in Ermangelung anderer passender Anschlusspole sowie der Erkenntnis einer Notwendigkeit für organisierte Formen wurde dort der ›CLEF‹ gegründet: ›Club Liberté, Egalité, Fraternité‹ – als Verweis auf die französische Revolution und in Anlehnung an die so genannten Republikanischen

Clubs, die es etwa in Frankfurt gab. Anregung für die Aktion waren aber auch die sich rasant entwickelnden politischen Konflikte zwischen Studenten und Obrigkeit.

Die Treffen im ›Delta‹ verliefen in einer Mischung aus Regelwerk und Spontaneität, mit eigenen Vorträgen zu politischen oder auch kulturellen Themen, mit der Planung von öffentlichen Veranstaltungen oder oft auch offenen Diskussionen. Ein noch erhaltenes Protokoll vom 18.8.1968 verzeichnet folgende Punkte:

1. Winterprogramm des CLEF,
2. Kritische Schule,
3. Innere Struktur,
4. Strategie des CLEF,
5. Seminar zu Themen der Sexuallehre.

Aus schlichtem Ressourcenmangel nahm die organisatorische Bewältigung der Arbeit einen beträchtlichen Raum ein. Vorhandene Flugblätter und sonstige vervielfältigte Texte verweisen schon durch ihr Material darauf: Das initiative Flugblatt zur Mahnwache für Benno Ohnesorg ist auf erstaunlich dickem Glanzkarton kopiert, es wurde über ein CLEF-Mitglied organisiert, der eine Ausbildung in einem Hotel absolvierte: Unsere Flugblätter waren schlicht umfunktionierte Speisekarten. Die meisten Texte mussten zur Vervielfältigung neu und oft mehrfach abgeschrieben werden, öffentliche Kopierer gab es nicht, in unbeobachteten Momenten wurden gegebenenfalls Bürokopierer oder Vervielfältigungsmaschinen wie »Ormig-Geräte« am Arbeitsplatz umgenutzt, das Ein- und Ausbringen solcher politischen Texte war besonders bei den großen Industrieunternehmen mit Torkontrollen durch Werkschutz nicht ohne Risiko, da strikt verboten.

Bedarf für Informationsmaterial gab es reichlich. Organisiert wurden Demos oder Flugblattaktionen gegen den Vietnamkrieg, gegen die Springer-Presse (inklusive Teilnahme an der Blockade des Springer-Druckhauses in Essen), gegen die Notstandsgesetze, für ein nicht durch Konsum bestimmtes Weihnachtsfest[3] oder eine öffentliche Mahnwache zum Attentat auf Rudi Dutschke. Erwartungsgemäß tumultartig endete der intensive Besuch einer Vorwahlveranstaltung in Recklinghausen bei der sich erstmals in diesem Bezirk zur Wahl stellenden NPD. Neben Reinhart Wolff (SDS) waren im CLEF zahlreiche Politgrößen in Podiumsdiskussionen zu Gast, ebenso Lokalpolitiker wie der Marler SPD Stadtrat und spätere Bürgermeister Günther Eckerland.[4]

Wichtig waren immer wieder gemeinsame Aktionen mit anderen Organisationen, etwa gegen die geplante Ausstellung ›Unser Heer‹ im benachbarten Oer-Erkenschwick 1969. Das dazu verfasste Flugblatt ist neben dem CLEF u.a. von der SDAJ, den Schulsprechern zweier Gymnasien und weiteren politischen Jugendclubs der Region unterzeichnet. Während die Beteiligung des CLEF an der offiziellen 1. Mai Demonstration 1968 mit gemischten Reaktionen aufgenommen wurde[5], zeichneten für den parallel organisierten ›Sozialistischen Arbeiter-, Schüler- und Lehrlingskongress‹ CLEF, SDAJ und ein politischer Schülerarbeitskreis des örtlichen Gymnasiums. Bei überregionalen Aktionen gegen den Kriegsfilm *Die Grünen Teufel*[6] unterzeichneten die Flugblätter neben dem CLEF auch »Mitglieder der Jusos, der SPD, der Gewerkschaft und des SDS Bochum«. Ergänzt wurde die Marler ›Fraktion‹ des CLEF durch Mitglieder und Sympathisanten aus Westerholt bzw. Herten, Oer-Erkenschwick und Recklinghausen, Mitglieder der ›Sozialistische Jugend Deutschland – Die Falken‹ gehörten zu den ständigen Gästen.

Die politische Arbeit bestimmten auch gemeinsame Fahrten zu Demonstrationsveranstaltungen anderer Gruppierungen, vom Sternmarsch auf Essen gegen die geplante »Vorbeugehaft« 1969 bis hin zu Aktionen mit den ›Provos‹ in Amsterdam. Mit den ›Provos‹, die auch an großen Demos in der BRD teilnahmen, fühlten wir uns besonders verbunden, ihr oft absurder Humor und ihre urbanistisch geprägten, happeningartigen Aktionen kamen unseren eigenen Aktivitäten und Vorstellungen einer politischen geprägten Alternativkultur sehr nahe.[7] Der zur Kontaktaufnahme mit dem als Referenten für eine Großveranstaltung gegen die Notstandsgesetze geplanten Bernd Rabehl (SDS) nach Berlin gereiste Abgesandte des CLEF geriet dort mitten in die Besetzung des Otto-Suhr-Institutes und kam so zu seiner Begeisterung in den Genuss eines kostenlosen Beiprogramms mit Fritz Teufel, Tränengas, Wasserwerfern und Musik von Frank Zappa. Subversiv-aktionistische Tendenzen blieben im CLEF parallel zur ›klassischen‹ politischen Arbeit fast bis zuletzt erhalten. So verunsicherten CLEF-Mitglieder als anarchische Pseudoband 1968 unter dem Namen ›96nd Brain‹ und noch einmal 1969 als ›Messiah‹ das ansonsten zweifelsfrei akzeptierte Beatfestival in Recklinghausen.

Reaktionen

In der (Medien-) Öffentlichkeit geriet der Jugendclub immer wieder in die Schusslinie einer Schwarzweißmalerei, die ihn von »Radikalinskis«, »Nichtstuern«, »Langhaarigen« und »Hasch-Puppies« durchsetzt sah. Zusätzlich entsandte der Verfassungsschutz häufig (damals politische Polizei oder 14. Kommissariat) auffällig unauffällige Gäste zu unseren Veranstaltungen, zudem war der Werkschutz der Chemischen Werke alarmiert. Die dort arbeitenden CLEF-Mitglieder standen unter intensiver Beobachtung, mehrfach wurden Lehrlinge zu ihren Vorgesetzten zitiert oder ihnen das Betreten des Werksgeländes verwehrt, weil sie an ihrem Parka politische Slogans oder Buttons mit dem Zeichen des Ostermarsches hatten. Ebenso krachte es natürlich auch zu Hause; viele Eltern drückte die Gefährdung des Arbeitsplatzes als besonders gravierendes Problem. Die Nutzung des kirchlichen Jugendheims ›Delta‹[8] hielten wir für selbstverständlich, dahinter stand jedoch, so muss man rückblickend sagen, die großzügige Unterstützung und der mutige Rückhalt durch den damaligen Jugendpfleger Horst Masanek, der uns sogar bei einer öffentlichen Mahnwache gegen den Vietnamkrieg begleitete und zudem im Haus eine Ausstellung zu diesem Thema ermöglichte.

In einem Gemeindebrief der evangelischen Kirche in Marl vom Oktober 1968 lässt sich in seiner Stellungnahme zu Vorwürfen aus der Gemeinde die öffentliche Meinung, aber auch der immense Druck auf die Verantwortlichen im ›Delta‹ deutlich ablesen: »Warum verbietet ihr diesem Club nicht euer Haus (...)?«. Unter anderem macht der Text deutlich, dass die Polizei auch direkt bei der Leitung des Hauses vorstellig geworden war: »Für den Herrn von der Kripo liegt dieser Fall klar: Das sind

alles Erscheinungen, die vom Osten gesteuert werden.« Auch im Tages-
blatt *Marler Zeitung* wurde die Diskussion hitzig weitergeführt, besonders im Zusammenhang mit dem Widerstand gegen die »Notstandsgesetze«. Nach einer wie immer umstrittenen Demonstration des CLEF am
Ostersamstag meldete sich in einer Kolumne der Marler Pfarrer Jürgen
Schmeling unterstützend zu Wort: »Immerhin haben sie Zivilcourage bewiesen. Wenn sie ihre Aufgabe als Marler Bürgerschreck in dieser Form
weiter fortsetzen, dann sind sie auf einem gutem Wege, der uns zwingt,
ohne Terror und ohne Steine über unsere Gesellschaft nachzudenken.«

Ja-Nein-Vielleicht

Einer der zentralen und ebenso kontroversen Diskussionspunkte der
APO war auch im CLEF vor und nach vielen Aktionen ein Thema:
Gewalt – ja oder nein, gegen Sachen, gegen Institutionen, gegen Menschen? Dabei segelten wir bisweilen um Haaresbreite an diversen »Un-
tiefen« vorbei. Die letzte mir bekannte große Aktion war dann auch
die erste mit nachhaltigen juristischen Folgen. Als Zeichen gegen die
ungebremste Konsumgesellschaft und »Aufruf zur Demontage der Kaufhauskultur«[9] entwickelte eine kleinere Gruppierung des CLEF den Plan,
die Schaufensterauslagen eines Kaufhauses in Recklinghausen mit entsprechenden Flugblättern »undurchschaubar« zu machen. Als Klebstoff
wurde Wasserglas eingesetzt, durch das viele teure Quadratmeter an
Fensterflächen verätzt wurden. Mit der einsetzenden linken Fraktionie-
rung ab ca. 1970 versickerten die CLEF-Mitglieder in alle Richtungen,
von DKP über KPD-ML und GIM bis hin zur Bewegung 2. Juni – der
Dogmatismus der K-Gruppen beschleunigte für mich und andere die
Bewegung in andere, gegenkulturelle Umgebungen.[10]

Quellenforschung

»Andere« Informationen zu beziehen war in den sechziger Jahren eine
Energie zehrende Reise zu Quellen in der Wüste. Dazu gab es in Marl
seit 1955 die schon erwähnte ›Insel‹, für die man keinen besseren Na-

men hätte finden können. Sie wurde für mich ab 1965 genau das, Ort der Neugier und Hort der Ruhe an arbeitsfreien Sonntagvormittagen, sie ermöglichte im Lesesaal kostenfreies Stöbern in unzähligen Zeitungen und Zeitschriften, die man in den 60ern nicht am Kiosk finden konnte, für die auch schlicht das Geld nicht gereicht hätte. So etwa *Film Heute* (darin fand sich z. B. das Drehbuch zu *1+1* von Godard); weiterhin war im Haus eine gut sortierte Bibliothek vorhanden, hier gab es Inspirationen durch Wolf Vostells Kompendium zu Happenings oder Bücher von Peter Rühmkorf. Die ›Insel‹ veranstaltete auch Kunstausstellungen, machte Angebote für Kurse und Vorträge. Hier fanden u.a. zwischen 1967 und 1968 Seminare mit dem Sozialphilosophen Leo Kofler statt, der später, ab 1972, als Nachfolger von Urs Jaeggi einen Lehrstuhl an der Universität Bochum übernahm und dort erste Anlaufstelle für einige dann studierende Mitglieder des CLEF wurde.

Im nahe gelegenen Recklinghausen fand sich durch die von Thomas Grochowiak geleitete Kunsthalle eine weitere Anlaufstelle, hier gab es z.B. 1969 mit der Ausstellung ›Kunst als Spiel – Spiel als Kunst‹ eine international ausgerichtete Präsentation kinetischer und im weiteren Sinne interaktiver Kunst, ebenso fanden in Recklinghausen bei den ›Ruhrfestspielen‹ Inszenierungen mit oft beeindruckendem Bühnenbild, wie etwa *Schweijk im 2. Weltkrieg* mit aufprojizierten Filmsequenzen, statt. Aber auch Marl konnte damals noch ein eigenes Theater mit gutem Programm aufweisen. Hilfreich für die Erweiterung des kulturellen Horizonts war dazu in der Stadt auch eine gut sortierte Buchhandlung namens Winkelmann, hier erstand ich in Raten von meinem Lehrlingsgehalt eine Gesamtausgabe Brecht, zahlreiche Bände der berühmten farbigen Suhrkamp Edition, einen halben Proust und die von Hans Magnus Enzensberger herausgegebenen *Kursbücher*, die nicht nur ausreichend politischen Themen-, sondern auch Diskussionsstoff lieferten. Besonders der Band 19, *Kritik des Anarchismus* gehörte nicht unbedingt zu den Lieblingsausgaben im CLEF.

Eine zentrale regionale ›Verteilerstelle‹ mit überregionaler Bedeutung für Subkulturelles bildete das ›Literarische Informationszentrum‹ von Josef ›Biby‹ Wintjes, sein regelmäßig erscheinender *Ulcus Molle Szenen-*

reader war jedes Mal vollgepackt mit Hinweisen, Adressen und neuen Veröffentlichungen. In langen Nächten handgetippt, kaum lesbar durch diverse Verkleinerungsstufen und lange unverzichtbar, öffnete er den Weg zu Dutzenden von kleinen subkulturellen Blättern, Personen und Organisationen aller Schattierungen. Dazu lag Bottrop gleich um die Ecke, an der Bahnstrecke von Marl nach Essen, Biby Wintjes und seine Frau Annemarie wohnten direkt auf der Bahnhofstrasse und hatten ein offenes Herz und Haus. Zahlreiche Besuche brachten Kontakte zu anderen durchreisenden Aktivisten, Autoren, Zeitungsmachern, Freaks.

Daneben half mir besonders die Mitgliedschaft beim UPS, dem ›Underground Press Syndicate‹, die nach einem einfachen aber effektiven Prinzip funktionierte: »Schickst du mir deine Alternativzeitung, schick ich dir meine«. Man konnte aber auch als Nichtmitglied so genannte ›Bundles‹, ein gemischtes Zeitungspaket bestellen und bekam so zu günstigem Preis einen Querschnitt der subkulturellen Strömungen aus den USA und England, aber auch Italien, Frankreich oder Holland. Eine weitere Quelle war die ›Real Free Press‹ von Olaf Stoop in Amsterdam, ein Verlag und Vertrieb von alternativen Kulturerzeugnissen, die ich ab ca. 1969 für den Eigenbedarf bestellte, aber auch an Freunde weiterverkaufte.

Besonderen Stellenwert in der alternativen Landschaft hatte die Zeitschrift *Hotcha* von Urban Gwerder aus Zürich, mit dem sich früh intensiver Briefverkehr, eine langjährige Freundschaft und ›Hospitationen‹ in Zürich entwickelten. Darüber hinaus halfen als Informationspool konzipierte, mächtige Veröffentlichungen wie der *Whole Earth Catalogue* oder die *Co-Evolution Quarterly* von Stewart Brand, der viele Jahre später den Infoserver *The Well* begründete und noch später in die seltsame Elite-Loge der ›Digerati‹ eintauchte.

Tonspur

Was nach erneutem Drehen und Wenden der Beweggründe für das, was sich zwischen 1965 und ca. 1971 ff. entwickelt hat und auch in einem neuerlichen Gespräch mit einem anderen Gründungsmitglied des

›CLEF‹ bestätigt wurde, bleibt der mehrfach angesprochene Zugang zu (die Verfügbarkeit von) alternativen Informationsquellen und die Vernetzung mit anderen Gruppen und Individualisten als Kernpunkt bestehen. Verbindendes und tragendes Element war dabei eindeutig die Musik. Dabei unterlagen die musikalischen Richtungen keiner ideologisch abgestimmten Geschmacksvorgabe. Das unerwartete Auftauchen des gerade erschienenen ›Sgt. Pepper‹ Albums der ›Beatles‹ erzeugte bei einer abendlichen Diskussionsrunde nahezu einen Tumult, ob denn erst zu Ende zu diskutieren oder gleich zu hören sei. Soulmusik zog sich als ›Konsensfaden‹ durch zahlreiche Abende, die von mir mit Begeisterung beschaffte Hendrix-LP ›Are you experienced‹ erwies sich, meist zur Unfreude der ›Betroffenen‹, als radikale Partywaffe gegen vorzeitige Verkuschelung. Tatsächlich war auch der Zugriff auf Musik und Informationen dazu mehr als mühselig, das fing beim spärlichen Angebot in Radio und Fernsehen an und hörte bei seltenen Konzerten und schlecht sortierten Schallplattenläden auf. In Marl gab es in den 60er Jahren (in »unseren« Stadtteilen) ganze zwei Schallplattengeschäfte, davon war nur eines etwas umfangreicher sortiert; in Recklinghausen, dem nächstgrößeren Ort, gab es ein weiteres, bzw. eines mit zwei Filialen; wer mehr wollte, musste mit Zug oder Bus nach Essen reisen. Hier residierte unter anderen ›Die Schallplatte‹, mit einem phänomenalen Angebot in Jazz und auch Blues.

Letztere fanden für mich, über eine Kleinanzeige im *Jazzpodium*, die rettende Erweiterung mit ›jazz by post – elcktro egger‹ in München, mit regelmäßigen, umfangreichen Listen (auch mit Blues und Soul) und guten Preisen. Diese Listen sammelte ich, ebenso alle Schallplattenprospekte der einschlägigen Firmen, die ich in Läden ergattern konnte, später opferte ich kostbare DM für den *Bielefelder Jazzkatalog*, eigentlich eine Publikation für den Handel – nur um an Informationen zu relevanter Musik zu kommen. Ich glaube, die damalige Situation ist heute, mit einem Überangebot an Radio, Fernsehen, Zeitschriften und vor allem durch das allgegenwärtige Internet, überhaupt nicht mehr nachvollziehbar.

Wenn man vom genrespezifischen *Jazzpodium* und einer kurzen Blüte der *Song* absieht, gab es vor *Sounds* in der BRD kaum etwas Vernünftiges zu anderer Musik, d.h. zu nicht an Hitparaden orientierten Klängen.[11] Räumlich nahe liegend war für uns der akzeptable holländische *Muziek-Express*, als Zusatzkauf bei Tabak- oder Butter-Fahrten; englische Blätter wie *New Musical Express* oder *Melody Maker* gab es in wenigen großstädtischen Bahnhofsbuchhandlungen oder in den englischen NAAFI Stores[12] (z.B. in Münster und Osnabrück) – wenn man guten Kontakt zu Soldaten oder gute Nerven für nicht zulässige Direkteinkäufe hatte — ersteres gelang uns in den 60ern, die zweite Methode wagten wir in den 70ern.

Als ein wichtiger Vorläufer, Identifikationspunkt und Multiplikator für die Rockmusik im Ruhrgebiet und weit darüber hinaus hatte sich bereits einige Jahre früher, seit 1964, das vom Jugendpfleger Kurt Oster initiierte ›Beatfestival‹ in Recklinghausen etabliert, hier fand vor tausenden jungen Zuhörern nicht nur die lokale und überregionale Musikszene eine Bühne, hier fand sich auch Raum für viele englische oder holländische Bands.[13] Ein unerreichtes musikalisches Alleinstellungsmerkmal erlangte dann, den Metropolen Berlin, München oder Hamburg weit voraus, die Ruhrgebietsstadt Essen: Dort fanden 1968 die ›Internationalen Essener Songtage‹ und ein Jahr später das ›Internationale Essener Pop & Blues Festival‹ statt. Zur historischen Einordnung: die IEST '68 lagen zeitlich 15 Monate nach Monterey, aber immerhin 11 Monate vor Woodstock.

Organisiert wurde das '68er Festival maßgeblich durch den Journalisten Rolf-Ulrich Kaiser und eine breit besetzte Arbeitsgemeinschaft, der unter anderem der immer noch aktive Musiker Bernd Witthüser und der Autor Henryk M. Broder angehörten. Dabei verweist das »Song« im Titel auf eine musikalische Übergangsphase, die auch journalistisch markiert wurde. Die bereits erwähnte Zeitschrift *Song*, früher Organ der Folklore- und Liedermacher- Szene im Umfeld des ›Burg Waldeck-Festivals‹, nahm in ihren letzten beiden Ausgaben noch einmal Fahrt auf und lieferte in ihren Beiträgen, passend zum Essener Festival, ein subkulturell orientiertes Textprogramm, programmatisch dazu auf einem der Cover die New Yorker Rock'n'Poetry Anarchos ›The Fugs‹. Kaiser, dessen Buch *Underground? Pop? Nein! Gegenkultur!* 1969 bei Kiepenheuer & Witsch erschien, konnte sich in seinen Texten leider einen gewissen marktschreierischen, fast ›werblichen‹ Ton nicht verkneifen und verschwand mehr und mehr im Abseits. Bezeichnenderweise füllte aber auch er seine Bücher stets mit umfangreichen einschlägigen Adressenlisten, um Verbindungen zu schaffen.

»Kick out the what?«

Einer der Versuche einer organisatorischen Weiterführung politischer, gegenkultureller Arbeit war einige Zeit nach dem CLEF die Gründung eines deutschen Ablegers der ›White Panther Party‹. Die WPP hatte sich 1968 in den USA, genauer Ann Arbor / Detroit gegründet, maßgeblich durch den Untergrundaktivisten John Sinclair, inspiriert durch die Aussage des Black Panther Party-Mitgründers Huey P. Newton (»Wenn Weiße etwas zur Unterstützung der Black Panther tun wollten, sollten sie eine White Panther Party gründen...«). Ziel der WPP war eine politisch-kulturelle Revolution. Über Rockmusik versuchten sie weiße Jugendliche zu erreichen und zu aktiver politischer Arbeit zu bewegen, bekannt wurden sie besonders durch die Band MC 5 (»Kick out the Jams, Motherfuckers«), die Sinclair einige Jahre gemanagt hatte.

Durch Informationen über die englische *International Times* entstand reger Kontakt zum zentralen UK Hauptquartier der WPP in London, insgesamt hatten sich dort fünf so genannte ›Chapters‹ gegründet. Die WPP-Aktionen gingen in ihrer akuten Phase aber nicht mehr von Marl aus, sondern ereigneten sich vornehmlich nach der Marler Zeit. Ausgangspunkt war die (nach einer von uns kurzzeitig herausgegebenen Zeitschrift benannte) ›Honk Farm‹ bei Glandorf, einem Dorf zwischen Münster und Osnabrück. Hier hatten wir genügend freien Raum, ungestört von Nachbarn, aber auch fernab vom ÖPNV, Raum für laute Musik, Kino-, Video- und Lebensexperimente, ausgedehnte Nachtwanderungen und vor allen Dingen Schlafplätze – für viele. So fand in Glandorf neben den stetigen Besuchen alter Freunde aus dem Ruhrgebiet auch eine deutsche Version der ›Nova Convention‹[14] statt, ein Treffen von an Beat-Literatur, Cut-Up und ähnlichem ausgerichteten Literaten und subkulturellen Aktivisten. Auf der ›Honk Farm‹ waren bei diesem Treffen neben unserer Stammbelegschaft Jürgen Ploog, Carl Weissner, Udo Pasterny, Reimar Banis,

Rolf Brück und Walter Hartmann. Zu diesem Zeitpunkt studierte ich bereits, ebenso wie die Mehrzahl der Mitbewohner der ›Honk Farm‹. Allerdings bestanden durch mich und einen weiteren dort eingezogenen Freund aus Marl weiterhin starke Kontakte in das Ruhrgebiet mit gegenseitigen Besuchen und tagelangen ›Sessions‹ wie die ›Nova C.‹. Auch die Tour mit der irischen WPP Band ›Fruupp‹, die statt der erwarteten, mit Mick Farren liierten ›Deviants‹ gekommen waren, dockte von hier ausgehend im Ruhrgebiet an. Stationen der als Agitation verstandenen Tour waren dann neben dem ›Metro‹ in Marl u.a. noch Schorndorf, Hannover und Nürnberg. Fast alle Räumlichkeiten waren im Übrigen Jugendzentren. Eine Ausnahme bildete das ›Metro‹, ein ehemaliges Kino in Marl, in dem seit Ende der sechziger Jahre eine Art Diskothek mit aktueller Rock- und Soulmusik betrieben wurde, teilweise hatte es aber wegen seiner bisweilen mit Schlafsack eingenisteten Dauergäste und einschlägigen Rauchfahnen Anmutungen eines Hippielagers an der Westküste.

Die WPP war der letzte Versuch einer übergreifenden, auch internationalen, politischen Organisierung. Die schon erwähnte Tournee zeigte dann bald die Probleme dieser Idee auf – eine auf Musikkonsum ausgerichtete Mehrheit der Konzertgäste war zwar noch zum Rocken, aber schwerlich zu anderen Bewegungen zu motivieren, es sei denn konkrete lokale Auseinandersetzungen (Hausbesetzungen, Schließungen von Jugendzentren, Diskriminierungen o. ä.,) ließen sich einbinden. Darüber hinaus liefen uns bei den obligatorischen ›Free Concerts‹ natürlich die Kosten aus dem Ruder – nach der Fruupp-Tournee brauchte unsere Hauskasse ein halbes Jahr zur annähernden Erholung, ein Großteil der Kosten blieb jeweils auf dem »Information-« und dem »Entertainment-Minister« hängen. Die Gruppe auf der »Honk Farm« zerbröselte dann aus vielerlei Gründen, nicht zuletzt auch aus zeitweiliger Erschöpfung im alternativen Alltagskampf. Nach uns folgte dort, zeittypisch, eine makrobiotische Kommune, die dazu Anhänger eines der damals aktuellen indischen Gurus war. Heute beherbergt der Hof, ebenso zeitaktuell, polnische Gastarbeiter während der Spargelernte.

Wie sind wir damals darauf gekommen, das zu tun, was wir getan haben? Es ist, denke ich, recht einfach. Wir waren zutiefst davon überzeugt, dass es bessere Gesellschaftsformen gibt, dass Gerechtigkeit existiert und, sollte sie mal gerade etwas in Bedrängnis sein, man ihr zu ihrem Recht verhelfen muss; wir glaubten an die Notwendigkeit von Spaß und die Kraft von Musik, aber wir glaubten ebenso fest an Chancengleichheit und Meinungsfreiheit und dass der Staat nicht über seine Bürger, sondern diese über ihren Staat bestimmen sollten. Im Grunde glaubten wir einfach ganz naiv an Demokratie.

Wir hatten keine Angst vor Freiheit. Und wir wollten nicht nur sitzen und warten, sondern etwas tun. Sofort. So einfach.

ANMERKUNGEN

1 Zum Beispiel im Moskau der 20er Jahre, das Walter Benjamin in *Denkbilder* beschreibt, aber ebenso im New York der 80er (Nowotsch *Rapartig*, Zero, 1982). Mit Blick auf die Vorstädte von Marseille spricht Benjamin vom »Ausnahmezustand der Stadt«, vom »Nahkampf von Telegraphenstangen gegen Agaven...« (W.B. *Denkbilder*)

2 Unter diesem (wohl eher provokativ-ironischen) Titel diskutierten der Oldenburger Stadtsoziologe Walter Siebel und der Bielefelder Literaturwissenschaftler Klaus Michael Bogdal am 21. Juni 2006 mit Michael Zimmermann zu Bild und Gestalt des Ruhrgebiets im Kulturwissenschaftlichen Institut des Landes NRW 2006. Klaus Michael Bogdal gehörte (hier ein Zufall) mit zu den Gründungsmitgliedern des CLEF.

3 Das war eine sehr subtile subversive Aktion mit mächtig gereizten Rückkoppelungen, für das Flugblatt hatten wir zur Nachhaltigkeit als Unterzeichner neben dem CLEF die ›Aktionsgemeinschaft Kritischer Katholizismus‹ und das ›Ad-Hoc Komitee Tätiges Christentum‹ erfunden.

4 Besonders übel nahm man uns in der Öffentlichkeit eine Diskussionsrunde mit zwei Wissenschaftlern aus der DDR.

5 Die Marler Zeitung textete eigenwillig: »Diese jungen Damen und Herren, die ihre rote Fahne mit in die Sitzreihen genommen hatten, stimmten immer wieder den Beifall an und rissen durch ihr Klatschen die Kundgebungsteilnehmer mit.«

6 Ein den amerikanischen Vietnamkrieg heroisierender Film mit John Wayne.

7 „Das Leben wieder zu einem Spiel machen und notfalls mit Gewalt, sei das untergründige Anliegen der Provos." Constantin Nieuwenhuys, 1964. Zu den bekannteren Provos gehörten auch Roel van Duyn,, Simon Vinkenoog und Hans Tuynman, von letzterem stammt das Buch *Ich bin ein Provo – Das permanente Happening*, 1967.

8 2006 aufgrund von Sparmaßnahmen geschlossen.

9 Titel einer Broschüre mit einem Text von Bradley Martin, Nova Press, 1969 (*Blaue Wirklichkeit. Aufruf zur Demontage der Kaufhauskultur.*)

10 Wo sind sie jetzt, nach gut 40 Jahren? Bei vielen hat sich, kein Wunder nach dieser Zeit, die Spur verloren. Besonders schade, dass einige der engagierten jungen Frauen durch Namensänderungen besonders schwierig aufzufinden sind. Alle früh und hoffnungsvoll geschlossenen ›internen‹ Ehen sind längst wieder aufgelöst, die letzte mir bekannte Verbindung aus dieser Zeit beendet sich just jetzt. Das sich abbildende soziale Spektrum ist ziemlich komplett, ein Hang in Lehre und Soziales deutlich.
Es gibt mindestens drei Lehrer, einer davon ist gewerkschaftlich aktiv, ein anderer Theologe, der dritte widmet sich mehr und mehr der Keramikkunst. Dazu gibt es drei Professoren, davon zwei über den zweiten Bildungsweg (Fächer: Literatur, Mediendesign, Pflege). Weiterhin finden sich

ein Altenpfleger, ein Beamter im sozialen Dienst, eine Büroleiterin bei einer Gewerkschaft. Ein gelernter Tischler ist jetzt Beerdigungsunternehmer und hat von seinem Traum vom Auswandern wenigstens die private Schafzucht gerettet. Dazu gibt es Kunde von einem Unternehmensberater und einem Bauunternehmer, letzterer trat aber auch damals nur kurz als Randfigur auf.

Ein Aktivist segelt immer noch ohne Fallschirm durch den Freak-Himmel, ein anderer hat mit dem »2.Juni« eine Bruchlandung hingelegt. Auch weiß ich von mindestens drei Hartz IV-Empfängern, aber von keinem Berufspolitiker. Einer der brillantesten Theoretiker und Ideengeber der damaligen Zeit, Jürgen Beyer, ist vor kurzem tragisch verstorben. Aus dem Ruhrgebiet oder der Nähe dazu haben sich nur wenige wegbewegt.

11 Das war nicht nur hier so. In einem Brief aus Basel schreibt mir 1972 René Matti von ›Experience‹: »Da es hier bei uns keine ernstzunehmende Musik-Zeitschrift gab, haben wir uns entschlossen, selbst eine kleine alternative Musik-Zeitschrift zu machen....« und bittet mich um gegenseitigen Austausch.

12 Wir waren hier im Nordwesten Teil des »British Sector«.

13 Der Dokumentarfilm *RuhrgeBeat*, 1984, schildert, unter Verwendung diversen Filmmaterials aus dem Archiv von Kurt Oster, diese Ereignisse in den frühen 60ern (WDR, Buch und Regie: Nowotsch/Timm)

14 *Nova Express* ist der Titel eines Buches von W.S. Burroughs, »Nova Press« war eine Publikationsreihe, die erst beim Melzer Verlag und später in Eigenregie von Ploog, Weissner, Fauser und später Hartmann herausgegeben wurde, in Anlehnung daran entstand die ›Nova Convention‹ später auch in den USA.

Till Kniola

Förderturm Muzak
Die ›Post-Industrial-Condition‹ des Ruhrgebiets

Es ist sicherlich eine grobe Vereinfachung, geographische Formationen, Kulturlandschaften und Musikszenen miteinander in einen ursächlichen Zusammenhang zu bringen, aber manchmal scheint diese Rechnung aufzugehen. Die Wucht der ersten Atonalwelle in Deutschland kam wohl nicht von ungefähr aus den Metropolen Hamburg und Berlin. ›Munich Disco‹ war die Spielwiese der reichen Landjugend, über den ›Sound of Cologne‹ ist ja auch schon viel geschrieben worden. Da müsste doch der Ruhrpott in Bezug auf die ›Industrial Music‹ geradezu zwingendermaßen eine Inspirationsquelle abgeben. Fabrikschlote und rostige Fördertürme als Kulisse für eine Subkultur, die auf die Zerstörung der musikalischen Ordnung und die Betonung des Maschinenhaften im Alltag der Menschen setzt. Quasi, so als wäre die Allgegenwart von Maschinen Grund und Hintergrund für harsche Klänge zugleich.

Leider ist nichts daraus geworden; stattdessen denkt die Welt bei Musik aus dem Ruhrgebiet an ›Bochum Total‹ oder Sparkassen-Compilations. Es scheint nicht so, dass verrottende Fabrikanlagen und der Niedergang des Proletariats gerade Subkulturen zu industrieaffinen Sounds angeregt hätten. Stattdessen gab es »Komm ma lecker unten bei mich bei« und die Orte der Maloche wurden später zur IBA-Hochkultur. Und dennoch – bezogen auf das rein subjektiv aufgemachte Erlebnisfenster der 1990er-Jahre – hat sich einiges entwickeln können, was man im

Rückblick wohl als ›Post-Industrial‹ bezeichnen würde. Gemeint ist hiermit eine experimentierfreudige, geräuschhaft-freie Atonalmusik, die sich auf die Industrieromantik der Begründer von Industrial, der britischen Gruppe ›Throbbing Gristle‹, ästhetisch bezieht, diese aber auf eigenen Wegen weiter entwickelt und stark abwandelt. Die ganz große Schock-Ästhetik blieb aus, die Künstler der Post-Industrial-Szene waren vor allem im Klang extrem und dabei interessiert an neuen Möglichkeiten der Klangerforschung. Interessanterweise bot hier das Clubnetzwerk des Ruhrpotts den Nährboden für aufregend-fremde Sounds. Auch der soziologische Aspekt der Clubkultur darf nicht vernachlässigt werden: Oft entstanden bestimmte Fankreise erst aus der szeneinternen Dynamik heraus, sich noch weiter als die anderen vorwagen zu wollen. Als Ort muss hier vor allem das ›Zwischenfall‹ in Bochum genannt werden. Natürlich ist dies zuerst und vormalig ein Hort der Dunkelheit und eine Heimstätte der in NRW besonders starken Gruftszene. Und dennoch, zwischen den wüsten Spukgerüchten[1] und Anfeindungen aus der Lokalpolitik konnte dort auch ein Nährboden für tatsächliche Experimente und Wagnisse entstehen. Wie zum Beispiel die legendären ›Industrial Meetings‹, ins Leben gerufen vom Essener Carsten Vollmer aka ›Cat Killer‹, die sich an den Vorbildern der niederländischen ›Tape-Meetings‹[2] orientierten. Die Industrial Meetings waren eine Plattform für Enthusiasten, eine Tausch- und Kontaktbörse, ein Schaufenster auch für haarsträubendste Soundwagnisse.

Was passierte hier nicht alles?! Da wurden als Performance Lautsprecher zersägt oder Glas zertrümmert; die glorreichen ›Maeror Tri‹ absolvierten eine magische Rhythmusperformance mit endlosen Trommelpassagen auf alten Tankfässern. Der Hamburger Klangkünstler Asmus Tietchens spielte eines seiner äußerst seltenen Kassettenkonzerte und ließ ein verwirrtes Publikum zurück, dass im dunklen Zwischenfall auf eine leere Bühne starrte. Und dann gab es da noch die Prolet-Kracher von ›Schwarzwurz‹, die mit Kostümen und ironischen Einlagen am Ort des Geschehens die EBM- und Goth-Szene durch den Kakao zogen. All das passierte an einem Abend und generell war die Atmosphäre eine des ›Anything goes‹. Auf diesen Treffen, die entstanden, »weil es nichts gab, wo man hätte hingehen können, deshalb musste man selbst was organisieren« (Carsten Vollmer), zeigten sich dann auch die versprengten Aktiven der verschiedenen Geräuschwelten. ›Hithlathahabuth‹ aus Recklinghausen zum Beispiel, eine Gruppe und Label, die mystisch-entrückte Sounds in toll verpackten Kassetten veröffentlichten. Oder der schon sehr früh international ausgerichtete Andreas Vogel mit seinem Projekt ›MØHR‹ und dem grandiosen Label ›ZNS‹, welches den Schulterschluss zwischen ›EBM‹ und ›Industrial‹ hinbekam. Außerdem waren die Tore weit nach Ostwestfalen und gen Europa geöffnet; die ›Fich-Art‹-Leute um ›Ars Moriendi‹ waren ebenso präsent wie belgische und niederländische Labels, wie z.B. ›3rioart‹ oder ›Staalplaat‹. Erstmalig tauchte auf den Industrial Meetings auch ein gewisser Georg Odijk mit einer Plattenkiste auf; heute Betreiber des als Netzwerk und Verteilerstelle eminent wichtigen Plattenladens und -vertriebs ›a-musik‹.

Die ›Industrial Meetings‹ waren ein Treffpunkt und ein Marktplatz für Betreiber von Kleinstlabels und andere Enthusiasten. Es kam zu spontanen Gründungen von neuen Musikprojekten und in der Präsentationsform waren die Übergänge zur Kunst sicher fließend. Trotzig traten einzelne Akteure häufig in den verschiedensten Projektkonstellationen bei fast jedem ›Industrial Meeting‹ auf (zum Beispiel ›Cat Killer‹ mit seiner Formation ›Bär & Co‹ oder diversen anderen Projekten wie ›DMADT‹). Teil dieser Welt und doch einsame Fixsterne einer fremden Galaxie blieben allerdings immer ›Cranioclast‹ und ihr ›CoC‹-Label, die von Hagen aus operierten. Entrückte Präsentationen, kaum fassbare Soundscapes und mystische Projektnamen verhalfen der Arbeit von ›Cranioclast‹ auch unter Gleichgesinnten vor Ort schnell zu einer Art Kultstatus, der als unausgesprochene Referenz bei den Aktivitäten der jungen Wilden mitschwang. Im Rückblick erscheinen die 1990er-Jahre als eine lebhafte und intensive Zeit, in der viel Interesse an Austausch und frischem Noise bestand – sicher eine altersmilde Verklärung des Autors, wohl aber nicht ganz falsch, wenn man es mit den Gefährten jener Tage hält.[3]

Ein wichtiger Faktor für dieses Gedeihen war auch die Offenheit der Darkwave-Szene, die, obwohl mit ganz anderer kommerzieller Wucht ausgestattet und auch eher als subkulturelle Mode funktionierend, dennoch bereitwillig auch für die Randfiguren (die sie immer waren) des

›Industrial‹ Anknüpfungspunkte bot. Als Beleg könnten Magazine wie *Glasnost* oder *aufabwegen* dienen, die neben traditionellen Goth-Themen den Brückenschlag in den Post-Industrial-Underground und die aufkommende IDM-Szene hinbekamen. Dies funktionierte übrigens in beide Richtungen: Man konnte durchaus den ein oder anderen toupierten Schädel auf einer reinen Noise-Veranstaltung treffen, während sich auch kleidungstechnisch indifferente Noise-Freaks auf den wochenendlichen Tanzabenden in den einschlägigen Düsterdiskos blicken ließen. So kam es in den Spelunken zwischen Herne und Oberhausen, zwischen Moers, Dortmund und Marl oft zu spannenden Begegnungen und so manch ein EBM-Fan hat über ›Skinny Puppy‹ den Weg zur ›Industrial Music‹ gefunden. Die Shows der großen Acts mit Attitüde (›Whitehouse‹, ›In The Nursery‹, ›Laibach‹, ›Legendary Pink Dots‹, seufz!) waren oft prallevoll und Projekte aus der Szene des ›Cold Meat Industry‹-Labels konnten sowohl Schwarzromantiker als auch Krachliebhaber begeistern.

In der zweiten Hälfte der 1990er-Jahre ist dieses gegenseitige Wohlwollen dann jedoch verblasst, auch weil die große Klammer der Darkwave-Szene so nicht mehr funktioniert hat. Neue Substile wie Gothmetal oder die später allgegenwärtigen Goa- und BigBeat-Tracks drängten in die Szene und auf die Tanzfläche, und führten zur Aufspaltung in verschiedene Lager. Plötzlich gab es in Bochum Langendreer mit dem ›Unit‹ und dem ›Zwischenfall‹ zwei Diskotheken in 200 Meter Laufweite für das schwarze Herz. Später kam noch die ›Matrix‹ hinzu. Mehr große Magazine und Labels entstanden, gerade auch im Ruhrpott, ohne dass der Zusammenhalt der Szene noch wirklich gegeben war. Radikalisierungen setzten ein, leider auch politischer Natur.[4] Hieran trägt auch die Szene des Post-Industrial eine Mitschuld, da ihre Fans es nicht verstanden haben, der radikal-provokanten Ästhetik dieser Musikrichtung ein zeitgemäßes Gesicht zu verleihen. Leute mit kritischen Anmerkungen zu den verehrten Philosophen oder zum Uniformfetischismus der Szene wurden oft als Störenfriede empfunden. Auf diese zum Teil sehr spannenden Anmerkungen und kritischen Hinweise von innen und außen reagierte ein Teil der Szene mit elitärer Abschottung, während ein anderer Teil die szenischen Zusammenhänge immer stärker hinter sich ließ und den Möglichkeiten des Sounds und der expressiven Freiheit, die Post-Industrial zuallererst bedeutet, folgte. Plötzlich traf man die Geräuschfreunde bei den ›Ruhrfestspielen‹ in Recklinghausen (›La Fura Dels Baus‹), auf einer Klanginstallation in einem Zechenschacht (Thomas Köner), oder auf dem Campus einer Universität (›Test Dept.‹). Der Autor dieser Zeilen schlug nach einem kurzen Schlenker den zweiten Weg ein, der ihn direkt in den Ohrensessel führte, von dem aus er jetzt grüßt.

Für cbl in Erinnerung an gemeinsame nächtliche Streifzüge durch den Pott

ANMERKUNGEN

1 Eine Zeit lang wurde in der Lokalpresse kolportiert, dass man, um Einlass ins Zwischenfall zu bekommen, eine tote Katze beim Türsteher vorzuzeigen hätte. Wildere Gerüchte handelten von in Särgen nächtigenden Gestalten oder Grabsteindieben. Alles in allem die verstörte Reaktion der Allgemeinheit auf die mitunter sehr abstrusen Selbstportraits einiger Exponenten der Gruft-Szene.

2 Die ›Tape Meetings‹ waren Konzertabende und Börsen der Post-Industrial-Szene, die in den frühen 1990er-Jahren regelmäßig in den Niederlanden (z.B. in Terneuzen oder s'Hertogenbosch) stattfanden. Auf diesen Meetings wurde die Brücke zur Mail Art geschlagen; es ging längst nicht nur um Musik, sondern es gab Lesungen, Vorträge und Miniausstellungen.

3 Andreas Vogel, Betreiber von ›ZNS Tapes‹ dazu: »Früher war es ganz normal, dass man 300km für ein Konzert fuhr oder Leute aus ganz Europa zu bestimmten Industrial-Veranstaltungen kamen. Es gab wenig Gelegenheiten, Industrialkonzerte zu erleben und Termine wie das Industrial Meeting boten die Chance Leute, mit denen man sonst nur Kassetten per Post austauschte, von Angesicht zu Angesicht zu treffen.«

4 Es gab plumpe Vereinnahmungsversuche der ›Neuen Rechten‹ gegenüber der Goth- und Industrial-Szene und einige rechte Funktionäre, die versuchten, sich als Szenefiguren zu stilisieren. Zum Teil sind diese Umarmungen erwidert worden; größtenteils jedoch mussten die Faschos draußen bleiben.

Marcus S. Kleiner

Blue Moon
Proleten in der Manege, Teddys auf dem Podest,
Psychos im Käfig

›Blue Moon‹. Oberhausen. Die 1990er. Zeitreise. Popkulturelle Individu-
alarchäologie. Persönliches Saturday Night Fever.

Oberhausen hatte zwischen 1991-1994 sicherlich bessere Orte zum
Ausgehen: das ›Old Daddy‹ oder das ›Raskalnikov‹ etwa. Andererseits
war in diesen Läden der jugendkulturelle Differenzkapitalismus uniform
in der Indie-Einbahnstraße. Musikalisch hat das zumeist nicht geschadet
– soweit das für Diskotheken behauptet werden kann. Jeder Minderheit
ihren Mainstream in klar festgelegten Zeiträumen.

Das Großraumzelt ›Blue Moon‹ war, im Vergleich zu diesen Läden,
eigentlich prädestiniert für proletkulturelles Tanz- und Feierspektakel,
Körperkult(e): breiter, fester, brauner, knapper, greller. Ähnlich dem ›Delta Musik Park‹ in Duisburg heute. Gott sei Dank gab es in der Zeit, in der
ich diese Läden besuchte, noch keinen Buffet- bzw. Barbecue-Terror. Ansonsten wäre das ›Blue Moon‹ sofort zum Vorreiter geworden. Swinger-
Club-Feeling vor, während und nach dem Tanzvergnügen. Alles kann,
nichts muss, Hauptsache Pro-Penetrations-Proteine im großen Stil konsumieren. Oder Fleisch für die, die keins in der Aftershow-Party bekamen.

Gut, den angesagten Selbstpräsentationsformen und Körperinszenie-
rungsritualen des ›Blue Moon‹ entsprach ich nicht, getanzt habe ich

ebenso wenig dort. Zumindest unabhängig vom Stompen nicht, dem Initiationsritus und Männlichkeitsritual der Psychobillys, meiner jugendkulturellen Lebensabschnittgemeinschaft zu dieser Zeit. Demented are go!-like Stompen? Pogo ohne Hüpfen, die Oberarme angewinkelt und in Links-/Rechts-Kombinationen nach vorne schlagend in Richtung der Oberkörper der Anderen. Die Psycho-Mädels standen dabei meistens um die Tanzfläche herum, hielten die Jacken, Hemden, T-Shirts ihrer Freunde, die sich am Liebsten mit freien Oberkörpern um- und aneinander tummelten. Männlichkeitskult vom Schlimmsten, keine Frage. Fatales Testosteron.

Die Musik im ›Blue Moon‹ war, außer in den 30 Minuten Old School Rock'n'Roll & Rockabilly zwischen 0.00 bis 0.30 Uhr, mehr als grenzwertig. Eingeleitet wurde dieser Break häufig durch eine der beiden Eröffnungshymnen ›Blue Moon‹ oder ›Should I stay or should I go‹. In dieser Zeit konnten auch die ansonsten nicht wirklich gut harmonierenden Teddys/Rockabillys und Psychos mehr oder weniger friedlich nebeneinander tanzen. Music ist Power. Abgesehen von dieser akustischen Oase, dominierten Songs etwa in der Spielart der Techno-Version von ›Das Boot‹. Das Verbrechen der Charts an der Jugend. Also war auch die Musik kein Anreiz, um ins ›Blue Moon‹ zu gehen.

Was hatte das ›Blue Moon‹ aber dann anzubieten? Es war vor allem das Nebeneinander- und gleichzeitig Ungleichzeitigsein von Stilen, die sich in der Haupthalle versammelten, und in deutlich abgegrenzten Räumen, deren Schwellen nur selten überschritten wurden, höchstens um Drinks zu holen oder zu tanzen. Der Abend begann natürlich immer an der Tür, die von für das Ruhrgebiet in dieser Zeit typischen, ultraharten und gerne prügelnden Türstehern bewacht wurde. Häufig aus der rechten Szene oder irgendwelchen Kampfsportclubs der Region. In Stoff verpackte Pitbulls. Einige Türsteher tauchten an mehreren Türen in Oberhausen auf, ob beim ›Old Daddy‹ oder der ›Turbinenhalle‹. War das Selektionsritual mit der üblichen Dosis an dummen Sprüchen überstanden, musste man sich durch den Vorraum kämpfen, einem Catwalk der Schlechtigkeiten, der mit etlichen Sitz- und Schauplätzen gefüllt war. Ein Non Stop-Horrortrip der Sinne und Empfindungen, wie die Promenade in einem schlechten Urlaubsort im Süden. In der Mitte des Raums konnte man sich entscheiden, ob man gleich geradeaus in die Haupthalle gehen oder noch rechts abbiegen wollte, um einen Entspannungsbereich mit gedämpftem Licht, Sitz- und Balzecken sowie einer Cocktailbar aufzusuchen. Dieser Bereich wurde wie eine Strandbar oder ein Club der einsamen Herzen inszeniert.

Die Haupthalle bestand aus drei Orten und einem Rundgang als Transferkarussell. Beliebter Sport im ›Blue Moon‹ war, wie in jeder (Großraum-)Disco, das Runden laufen, um das Territorium abzuchecken, seiner Zeigefreudigkeit Ausdruck zu verleihen und seine Wollust spazieren zu führen. Das Zentrum der Haupthalle war die Tanzfläche. Darum gruppierten sich kreisförmige Schichten inszenierter Coolness des Mainstream-Publikums. Je näher an der Tanzfläche, desto größer die Egomauern – und umgekehrt. Links an der Seite war das Podest, das am Samstag, teilweise auch freitags, von Rockabillys und Teddy Boys bevölkert war. Die Herrschaft über das Geschehen hatte hier die Teddy-Gang »Flash Cadillacs«. Beliebter Sport waren bei ihnen regelmäßige Schläger- oder Messerstechereien vor dem Blue Moon oder cooles Vorglühen auf dem Parkplatz, an die Caddys gelehnt, mit dem Soundtrack zur wochenendlichen Zeitreise. »Was guckst du?«-Feeling und Kämpfe um die Ehre. Unzeitgemäße Kämpfe, die sich Subjektpositionen kreierten und popkulturelle Heterotopien aufzubauen suchten. Die zur Schau getragenen Style-Zitate der Rockabillys und Teddys waren im Blue Moon fast immer äußerst gelungen an den Fifties orientiert.

Jeder, der das Podest überquerte, hatte das Gefühl, einen gut bewachten Kleinstaat mit rigider Gesetzgebung zu durchschreiten. An manchen Samstagen waren nur ein paar Rockabillys und Teddys im ›Blue Moon‹. Das Podest wirkte dann deterritorialisiert und fragmentiert. Andererseits versammelte es zu diesen Zeiten einen repräsentativen Querschnitt der ›Blue Moon‹-Besucher. Am Ende der Haupthalle befand sich der so genannte Käfig, mit einer eigenen Bar, in dem sich vor allem Psychobillys tummelten. Meteors-Style, zumeist mit Wrecking-Crew-Background. Für alle anderen Psychobilly-Stilarten war das ein heißes Terrain, denn Toleranz und Akzeptanz waren deren Sache nicht, es ging ja schließlich um das Ausstellen von Authentizität, d.h. zu verkörpern, was es bedeutet, ein wirklicher Psychobilly zu sein. Diese Abgrenzung galt nicht nur bezogen auf die eigene Jugendkultur bzw. Stilgemeinschaft, sondern vor allem auch mit Blick auf die Rockabillys und Teddy Boys. Härtegrade der Männlichkeit dominierten dieses Terrain – darin unterschied man sich nicht vom Podest und den Podestlern. Alle anderen, die sich im Käfig befanden, hatten zumeist ein ähnlich unentspanntes Gefühl, wie die auf dem Podest – zumindest wirkte das so. Auch hier bewirkte eine geringe Zahl von Psychobillys die Auflösung starrer jugendkulturell-territorialer Grenzen und ein Durchmischen von Stilen.

Schlägereien gab es, im Vergleich zum Mainstream-Bereich, auf dem Podest und im Käfig nur äußerst selten, das sparten sich die dortigen Protagonisten zumeist für den Parkplatz auf. Wenn es in der Haupthalle Schlägereien gab, griffen die Türsteher hart und schnell ein, ohne Rücksicht auf Verluste. Es schien häufig so, dass sie auf diese Momente warteten und sie regelrecht zelebrierten. Härtegrade zur Subjektwerdung, die die alltägliche Lebenswelt verweigerte. Die Architektur der Haupthalle, ihre Interaktionsrituale, Stilgemische und Grenzräume, wirkten auf mich damals faszinierend. Dies gepaart mit der Lust am Über- und Durchschreiten der zuvor beschriebenen Grenzräume, die den Mainstream der Minderheiten mit dem Mainstream des Mainstreams an einem Ort zusammenführte, beziehungsweise zumindest nebeneinander stellte. Darin war das ›Blue Moon‹ relativ exklusiv, auch wenn das Ruhrgebiet, zusammen mit dem Rheinland und dem Niederrhein, vom Ende der 1980er bis Mitte der 1990er Jahre eine wirklich ausdifferenzierte Club-landschaft hatte, die für jede Jugendkultur eigene Orte anbot. Zumindest solche, in denen sich verschiedene Indie- bzw. Subkulturen trafen.

Neben der damaligen Faszination war das ›Blue Moon‹ auch aus einem anderen Grund, den allererst der lebensweltlich entfernte und reflexive Blick zurück auf diese Zeit deutlich werden lässt, interessant. Es veranschaulichte eindringlich, weil so absolut starr in der Raum- und Style-Einteilung, wie Stildifferenzen von (Indie-)Jugendkulturen inszeniert und Authentizitätskämpfe organisiert sowie kommuniziert werden/wurden. Zudem wurde hier deutlich, wie sehr sich der Mainstream und der Underground darin glichen – ob Popper, Proll oder (subkultureller) Poser. Beide sind/waren in den gleichen strukturellen Reproduktionsschleifen gefangen beziehungsweise verfangen, also in unterschiedlich ausgerichteten Differenzpolitiken. Darüber hinaus fällt auf, dass der persönliche Bezug zu Jugendkulturen als Stilgemeinschaften sowie »Identitätssupermärkten« zumeist ein sehr oberflächliches, wenn auch leidenschaftlich und akribisch betriebenes Engagement war, das sich aus einem Arsenal an kollektiven Zeichenvorräten und Ideologien bediente, ohne dabei wirklich eigensinnige Formen auszubilden.

Die herkömmliche Popgeschichtsschreibung blendet diesen Aspekt zumeist aus und bedient sich ihrerseits prominenter (allgemeiner) Beschreibungs- sowie Unterscheidungsmuster aus dem diskursiven Feld (Journalismus/Wissenschaft). Oberflächenästhetik wird entsprechend durch Oberflächenrhetorik beschrieben und bewertet. Entgegen dieser Haltung wäre es notwendig, Jugendkulturen immer zunächst in ihren lokalen Kontexten zu betrachten, um herauszuarbeiten, wie sie spezifisch auf verschiedenen Ebenen funktionieren, sich konstituieren und gegeneinander abgrenzen. Ohne sich dabei von allgemeinen, äußerlichen Kategorien verleiten zu lassen, gegenstandsdistanziert zu argumentieren. Ausgehend hiervon kann bewertet werden, wie sich lokale Jugendkulturen auf allgemeine (jugendkulturelle) Muster beziehen beziehungsweise, ob sie diese lediglich reproduzieren, ohne spezifische lokale und individuelle Ausprägungen zu entwickeln, also leere Subjektpositionen aneignen. Blue moon, you saw me standing alone...

Jörg Albrecht

nach dem Rough Cut kommt der Soft Cut!

Vorspann

Wir könnten einfach mit dem Ende beginnen, mit dem Abspann, mit den Namen, das ist das einfachste. Meinetwegen auch am Anfang, mit den ersten Einstellungen, aber. Kannst du dich wirklich erinnern, wie das Ruhrgebiet von unten aussieht? In welchen Räumen und zu welchen Akkorden, in welchen Outfits das alles passiert ist, was heute verfilmt werden soll? Kannst du rekonstruieren, wie das klingt, so vor fünf, sechs Jahren? Aus dem Underground hervorgeholtes Soundmaterial. Wenn du wirklich vorhast, einen Film über meine Jugend zu drehen: Welcher Geräuschemacher macht denn dann die Sounds, die Universal Sounds of Ruhrgebiet? Das Ruhrgebiet als Ballungsraum: viele Grünflächen, viele Flohmärkte, viele Konzertsäle, viele Grillgeräte, viele Sechzehnspurstraßen, bei denen selbst Sechzehnspurgeräte nicht mitkommen. Eben. Darum gehts nämlich. Nicht nur um die Grünflächen, die Leute aus Süddeutschland, besonders aus Schwaben, immer überraschen, weil sie nicht mit Kohlestaub bedeckt sind. Um die Sounds gehts, jetzt und früher, immer schon, die Bilder dazu kommen ganz von allein, wenn die Sounds stimmen, oder? Stimmt die Mikrofonierung? Sind die Filmtricks vorbereitet? Die brauchen wir, wir brauchen Filmtricks, englisch: Special Effects. Das heißt: Filmen, was nicht existiert. Very Special Effects: Filmen, was nicht mehr existiert, die Jugend zum Beispiel, die sich aus dem Staub gemacht hat. Und doch: der Ort meiner Jugend, klein genug, um nachgebaut zu werden, als Kulisse für diesen Film, klein genug auch, um in einen Foto-Ordner zu passen. Nur, wenn in deiner iPhoto Library auf einmal ein Ordner ist mit der Aufschrift: 1980, wenn in diesem Ordner ein Ordner ist: Januar, in diesem Ordner ein Ordner: 1, also: 1. Januar 1980. Wenn du aber am 1. Januar 1980 noch nicht so weit bist, Fotos in einen Ordner zu schieben, wenn du noch nicht so weit bist, die Fotografie selbst aber auch nicht, weil Fotos am 1. Januar 1980 eher durch den kleinen Schacht einer Polaroid Light Mixer 630 ins Freie geschoben werden als in Ordner. Wenn du diesen Ordner findest und nicht löschen kannst und immer wieder denkst: 1. Januar 1980, was war denn da? 1. Januar 1980. Mit fünf Jahren werden die Nervenzellen im Hirn weniger. Mit acht Jahren nimmt die Akkomodationsfähigkeit deiner Augen ab. Mit sechzehn beginnt deine Jugend, sich aus dem Staub zu machen.

1. Januar 1980.

Und jetzt? Was jetzt? Was für eine Band? Welche Platte? Welcher Track?

interview_section_1

23. November 2007, Wohnzimmer von Ulfs Eltern, im Plattenspieler:
David Bowie, The Singles Collection, Disc 2

Victor   Ich fand das nur total klasse, was die da ********🗨
gemacht haben, die Studenten. Also, dieses dieses
Antiautoritäre, das fand ich so stark.

Jörg   Aber es gibt doch eben, also wenn man jetzt zum
Beispiel dieses, es gibt ja auch dieses Kraftwerk-
Cover, das ist ja echt auch fast schon so n klas-
sisches Beispiel, von dieser Platte, bevor sie dann
mit dieser Roboterästhetik angefangen haben, und
dann, wo sie ja auch noch so Hippie-mäßig aussehen, und dann wars ja so das genaue Gegenteil.
Im Grunde, das war ja, oder, wenn du das so sagst
[**zeigt auf Victor**], war das ja so ähnlich, wie das,
was du erlebt hast [**zeigt auf Barbara**], daß man
sich erst noch so mit diesem Hippie-Ding identifiziert hat und dann auf einmal so gespürt hat, daß
auf einmal wieder was anderes kommen muß

Barbara   Ja.

Jörg   oder daß es wieder so straighter werden
muß./🗨

Nadine   Ja, das war ja bei dir wirklich so.

🗨 **** = Aufnahmefehler oder –störungen

🗨 / = Überlappungen im Sprechen

Barbara   Ja. Von den Hippie-Sachen, so vielleicht von vierzehn bis sechzehn, aber das durchmischte sich dann aber auch sehr, also, irgendwie, weil zum Beispiel Bowie dazukam. Solche Sachen, Glamour, und dann wollte man doch irgendwie anders aussehen. Und dann kamen so Zwischenstationen, und dann kam, ja, irgendwann Punk, und dann wars ja sowieso so was ganz Neues, und da konnte man direkt mitmischen.

Jörg   Aber aber habt ihr das auch als Einschnitt oder so erlebt? Daß es dann auf einmal, daß Punk da war, oder war das eher so ne Konsequenz, die sich so langsam angebahnt hat, oder? Oder ist das bei euch beiden zum Beispiel/ unterschiedlich?

Barbara   Eigentlich gar nicht so langsam, also es ging irgendwie ziemlich schnell.

Victor   Also, ich hab zum Beispiel zu der Zeit, das war Sechsundsiebzig, auf nem Bauernhof in der Nähe von München haben wir ne Platte aufgenommen. So völlig Hippie-mäßig. Und da lag n Spiegel rum, mit nem Titel irgendwie über Punk. Und bevor ich überhaupt das erste Punk-Stück gehört hab, hab ich diesen Spiegel-Artikel gelesen, und dann hat mich das total interessiert, dann hab ich mir die ersten Platten angehört. Und dann hat sich das irgendwie so wegbewegt davon. Dann kam so der Effekt: Haare weg, Haare ab, Bart/ ab.

Barbara   Ja, wichtige Sache, Haare ab. Erstmal gabs ja noch lange Haare. Oder ne Dauerkrause hatte ich noch. Da hatte ich ungefähr diese Frisur, ja.

das Surren der Polaroidkamera auf dem Flohmarkt

Wieviele Polaroidkameras ich in sechs oder sieben Jahren auf Flohmärkten gekauft habe, erst 50 Pfennig, dann 50 Cent, 50 Mark oder Euro aber niemals. Polaroid Land Camera 1000, Polaroid Land Camera 1000 S, Polaroid Colorpack 80, Polaroid Supercolor 635 SL, Polaroid Light Mixer 630, Polaroid Autofocus 660, Polaroid SX-70 Land Camera Alpha, Polaroid One Step Flash. Den schönsten Flohmarkt mit den schönsten Möbeln, Küchen- und Gebrauchsgeräten, Platten und Klamotten der Siebziger finde ich im Sommer 2003, auf dem Parkplatz des Freischütz Schwerte, aber nach dem Sommer 2003, der bekanntlich lang und sehr warm ist,

fahre ich aus irgendwelchen Gründen nie wieder auf diesen Flohmarkt.

das Urbane der Provinz vs. das Provinzielle des Urbanen

das Provinzielle der Provinz vs. das Provinzielle des Urbanen

das Urbane der Provinz vs. das Urbane des Provinziellen

das Provinzielle des Urbanen vs. das Urbane des Urbanen

Auf dem Flohmarkt am Schwerter Freischütz: die urbanste Mode, die der Sommer 2003 für mich zu bieten hat, urbane Mode in einem Nirgendwo zwischen Dortmund und Schwerte. Das Nirgendwo als Provinz. Provinz ist, wo ich bin. In diesem Nirgendwo: ein Rehkopf, ausgestopft und angestaubt [nein, kein Kohlestaub!], auch der nur sieben Euro, aber ich kann mich nicht überwinden, diesen Bambikopf zu kaufen, um ihn dann zu entsorgen, leider kann ich mich nicht überwinden. Im Film über meine Jugend jetzt bitte die Flohmarktszene überblenden in eine Traumszene, in der ich in mein Zimmer komme, meine Augen weit geöffnet, unnatürlich weit, und: Bambiköpfe, wohin ich sehe: Bambiköpfe, dann:

schneller Zoom weg von mir, von meinem Zimmer, dem Haus, der Stadt, aber nicht vom Ballungsraum Ruhrgebiet, in diesem Ballungsraum, in einer wahnsinnigen Kamerafahrt auf wenige Sekunden zusammengeballt: Wohnzimmer und noch mehr Wohnzimmer, in denen lauter Bambiköpfe hängen und nicken, zum Beat nicken. Der Soundtrack: ein Track aus unterschiedlichen Surr- und Klacktönen von Polaroidkameras, bis zum Ende, zum Ende, zum Beat nickende Bambiköpfe, Bambiköpfe, Bambi, dann: Traum aus. Und ich dachte, wir machen jetzt die Hausführung!

interview_section_2

Barbara   Und aus der Provinz eigentlich, die interessantesten Leute aus der Provinz gingen nach Berlin. Und da sammelte sich das alles, verschiedene Szenen, und daraus kam dann auch Punk, aber politische Szene auch und Frauenszene und Hausbesetzerszene.

Jörg   Und, aber kanntest du zum Beispiel auch jemanden, der von euch, also aus Herne zum Beispiel, nach Berlin dann gegangen ist?

Barbara   Mehrere. Ja klar. Die Freundin, die ich neulich getroffen hab, ███,/

Jörg   Stimmt.

Barbara   und ihre Schwester, und bestimmt noch fünfsechs Leute aus dem direkten Umfeld. Die sind alle nach Berlin, sind da noch bis heute.

Victor   *********** Dortmunder, das hab ich im nachhinein mitgekriegt, die Dortmunder hatten die Berliner Connection, die Münsteraner hatten die Münchner/ Connection.

Barbara   München.

Victor   Aus Münster waren/

Jörg   Ja, MÜNchen, MÜNster.

Victor   Aus Münster waren unheimlich viele in München, und aus Dortmund unheimlich viele, oder ausm Ruhrgebiet unheimlich viele in Berlin.

Jörg   Vielleicht auch, weil Münster noch so katholisch ist wie München? Und, äh/

Barbara   Vielleicht.

Jörg   das Ruhrgebiet eher protestantisch-preußisch wie Berlin?

Victor   Kann sein, ja. Also, Berlin ist ne Nummer härter. Ruhrgebiet auch ne Nummer härter. München ist eher so soft gewesen, Münster ist auch soft gewesen. War alles softer.

▶▶ ▶▶

Victor   In Milbertshofen, das ist so n Stadtteil, n bißchen außerhalb, da gabs so was wie hier das Freizeitzentrum West, wo dann auch so richtig die Hardcorepunkbands gespielt haben, aber das war nur so n ganz kleiner Rahmen. Da hat sich das auch noch gemischt, da haben so Hippiebands, oder so

Mundartbands oder Anarchobands wie Sparifankal gespielt, aber auch schon so kleine, Flying Lesbians,/ oder so was.

Barbara   Und wir zogen auch zu solchen Gruppen durch die Gegend, gemischt, Punk, Hippie, dann gingen wir zu so Festivals wie: Umsonst und Draußen, wo lauter komische Hippies rumliefen,/

Victor   Hab ich auch gespielt./

Barbara   aber wir schon mit kurzen Haaren und blauen Fingernägeln dazwischen./

Jörg   Aber wie war das dann,

Barbara   Das war sehr merkwürdig./

Jörg   hat man die anderen dann doch noch akzeptiert, oder war das egal, weil man dann für sich?

Barbara   Offiziell hieß es dann immer: Hippies raus, und: Haare ab, und. Ja, Hippies raus. Aber eigentlich hatte man enge Freunde, die Hippies waren und mit denen man auch zusammenlebte, was auch irgendwie ging.

Nadine   Das erinnert mich an Joe Strummer zum Beispiel, der ja auch, der erst total der Hippie war und dann zum Punk wurde und dann seine ganzen Freunde aber verlassen hat irgendwann, die alle Hippies waren.

Barbara   Nee!

Nadine   Beziehungsweise, weil das immer so schwierig war.

Victor   Ich hab meine ganzen Platten verscheuert. Also: Grateful Dead, Jefferson Airplane, alles was so aus der Hippiezeit kam. Also, aus der Beat-Ära, die Sachen hab ich behalten, alles, was so bis Siebenundsechzig war, weil da waren auch so Garagensachen dabei, ne, so die erste Pink Floyd, da fand man unheimlich viele Sachen, die dann bei TV Personalities oder Wire, die ja auch so Psychedelisch-Punk irgendwie gemacht haben, ne, aber alles, was dann so Westcoast war, hab ich alles verscheuert, das hab ich mir dann alles in den letzten zig Jahren erst wieder alles auf CD geholt, aber da hab ich nen echten Bruch auch gehabt.

Jörg   Aufzeichnung aus!

das Summen der Batterien im Kofferplattenspieler

Ruhrgebiet: Kunden, die diesen Artikel angesehen haben, haben auch angesehen:

Hamburg

Berlin

Ruhrgebiet!

Im Sommer 2002 und Sommer 2003 und auch noch im Sommer 2004 so gern im Park, am liebsten mit Jens' Kofferplattenspieler, der mit Batterien funktioniert, was weder meiner aus den Sechzigern noch mein anderer aus den Siebzigern kann. Das Summen dieser Batterien, das gehört in jedem Fall auch auf Disc 1 der Ruhrgebiet Singles Collection. Meine Jugend: die Ruhrgebiet Collection. Nicht: die Hamburger Collection. Nicht: die Berliner Collection. Ist meine Jugend deshalb zuende, seit ich in Berlin bin? Habe ich kein Double, das parallel zu meiner Ruhrgebietjugend eine Berlinjugend für mich erlebt hat? Berlin-Double? Hamburg-Double? Immer die Vergangenheit haben wollen, die man nicht hat: als Punk Mod sein wollen. Als Grunger Punk sein wollen. Als Indiehörer Grunger sein wollen. Immer denken, daß es früher alles einfacher ist, alles noch viel machbarer ist, beim Blick in die Stadt und beim Blick in den Spiegel. Im Punk-Spiegel: dein Gesicht als das Gesicht eines Punks. Dein Gesicht, wie es erst Wochen, Monate später aussehen wird, aber Augstein weiß es schon jetzt!

//klicklick//

[pre-recorded:] kurze Haare und blaue Fingernägel, das war Punk, ja, Grateful Dead wegwerfen, das war Punk, Ensslin und Baader, das war Pop, ja Pop, ja ja, klar, ja!, aber wieviel Pop ist es denn, wenn du auf einer Straße auf dem Weg von Herne nach Dortmund angehalten, aus deinem Wagen gezerrt und mit der Maschinenpistole am Kopf zum terroristischen Popstar gemacht wirst, klar, dein Ausweis ist gefälscht, klar, dein Bart und die Länge deiner Haare sind nur Variationen, und deine Zähne und Wimpern und Augenlider sind ausgetauscht, die Zellen: roughe Terrorzellen statt sanfte Musikzellen, vom originalen Baaderkörper zum Baaderdouble, wenn du das erlebst, auf einer Straße mitten im Ruhrgebiet, ist das noch Pop, nur weil andere Popstars auch Doubles haben, die sich nicht als Double zu erkennen geben?, oder bist du einfach aus Versehen hier [siehe Double (Film)]? //klicklack//

Das sind die outtakes: die Angst, jedesmal wieder die Angst beim Befahren derselben Straße oder beim Befahren einer ähnlichen Straße oder beim Befahren überhaupt jeder Straße, Vierspurstraße, Sechzehnspurstraße, Zweihundertsechsundfünfzigspurstraße, Ende der Siebziger/Anfang der Achtziger, falls Sie für diesen Film bieten wollen: die Bilder sind ungeklebt und in Topzustand!

interview_section_3

23. November 2007, Eßzimmer von Ulfs Eltern, im Plattenspieler [immer noch im Wohnzimmer, aus der Ferne hörbar]: David Bowie, The Singles Collection, Disc 1, ab jetzt auch: Geräusche von Bestecken auf Geschirr.

Ulf   Aber was war das jetzt vorhin? Du hast den Anschluß verloren, oder du warst weiter weg, weil du schon CDs hattest oder LPs, vermute ich, oder?

Jörg   Neenee.

Victor   Ich war mit meinen Freunden,/

Ulf   Ich dachte, das hätte nen technischen Grund, quasi.

Victor   ich bin ja von München nach Dortmund gezogen, und dann,/

Ulf   Und hier waren einfach andere Dinge in?

Victor   und in München hab ich ja noch mit nem Jungen zusammen Musik gemacht, der hat auch so bayerische Texte auch gemacht. Aber so, schon so, wie würde man das sagen, Mundart sozialkritisch, ne,/

Ulf   So wie der?

Victor   über Indianer oder über Rocker, die erschossen werden ▶▶ ▶▶ ▶▶ und der Hansi Heldmann, der die Texte gemacht hat,/

Nadine So n bayerischer Name!

Victor der ist mehr so trocken gewesen, also, im Grunde hat mir das nicht gefallen, aber ich hab ihm dann Gitarrespielen beigebracht, und dann hab ich halt mit ihm zusammen weitergemacht. Genau. Und die haben mich dann irgendwann in Dortmund besucht, und dann, die kannten mich eigentlich nur mit längeren Haaren, dann waren die ganz kurz, und zu der Zeit war ich dann Schlagzeuger in ner Punkband.

Jörg Und dann wars vorbei mit der Freundschaft?

Victor Nee. Die konnten nicht mehr so viel mit mir anfangen dann.

Ulf Aber ganz kurz, und: Punkband, war das dann mehr so, mehr so, so Mods-mäßig, oder?

Victor Nee, das war mehr so Public Image, Wire, so die Richtung, also,/

Nadine Public Image Limited?

Victor Psychedelic Punk, würd ich so sagen.

Jörg Ja, eben, da gabs dann ja doch so Mischformen zwischen dem, was vorher war, diese ganzen,/

Victor Genau!

Jörg diese ganzen süddeutschen Bands.

Victor   Ich hab ja zum Beispiel ***** gemacht, im Café, hier in Dortmund, da hab ich auch immer so Sixties-Sachen reingemischt. Was weiß ich, so TV Personalities, und danach kam irgendwie von der ersten Pink Floyd-LP irgendn Stück, so, wo die noch so richtig harte Sachen auch gespielt haben. Oder Timothy Leary,/ liest irgendwie Tune In, Drop Out.

Barbara   Und ████ hat wahrscheinlich doof geguckt. Weil das nicht seine Sache war, wahrscheinlich. Ne? Hat ████ komisch geguckt?

Victor   Also, mehrere haben komisch geguckt. ████ zum Beispiel.

Barbara   Oder der ████.

Victor   Der auch, ja.

Nadine   ████, der alte Hippie!

Victor   ███ ganz besonders.

die Stimmen in den Pausen zwischen zwei Liedern

[post-recorded:] Immer wieder Geschichten hören und hören wollen von den Jahrzehnten, die auch im Rough Cut meiner Jugend nicht vorkommen können: 1. Januar 1970, 1. Januar 1980, selbst 1. Januar 1990 wird schwierig, wenn es darum geht, das Ruhrgebiet unter dem Ruhrgebiet zu sehen, zu hören, zum Beispiel die Stimmen in den Pausen beim Konzert, wenn gerade ein Song zuende ist, solche Stimmen, die dann wieder unterbrochen werden durch einen neuen Song, die mitten im Satz stecken bleiben oder am Satzende noch einmal ansteigen, als hätten sie noch etwas zu sagen, etwas über den 1. Januar 1980 zum Beispiel.

Immer wieder solche Geschichten über den 1. Januar 1980 vorstellen, aber es nicht selbst erleben, immer wieder Ausnahmezustand [für euch] und Aufnahmezustand [für mich], mehr nicht, Ungerechtigkeit!, ja, eine Ungerechtigkeit, ausgerechnet ein Jahr vor Helmut Kohls Machtübernahme auf die Welt gekommen zu sein, als für die ersten Punks die neuen Punks schon keine Punks mehr sind, die Ungerechtigkeit, die ganze Jugend nur noch im Rückblick auf die vergangenen Jahrzehnte zu verbringen und erst im Rückblick auf genau diese Jugend zu verstehen, daß all das [die erste eigene Platte aus Vinyl, das erste eigene Second-Hand-T-Shirt, die erste eigene Hornbrille] doch mehr als ein Rückblick, die eigene Stadt doch mehr als nur diese kleine Stadt ist, and now?

Dortmund als Popprovinz

Bochum als Popprovinz

Essen als Popprovinz

Duisburg als Popprovinz

Gelsenkirchen als Popprovinz

Bottrop als Popprovinz

Hamm als Popprovinz

Herne als Popprovinz

Herten als Popprovinz

Castrop-Rauxel als Popprovinz

Dinslaken als Popprovinz

Marl als Popprovinz

Unna als Popprovinz

Dorsten als Popprovinz

Lünen als Popprovinz

Bergkamen als Popprovinz

Wesel als Popprovinz

Hattingen als Popprovinz

Hagen als Popprovinz, Tor zum Sauerland und Stadt mit den meisten Rundturnhallen

Mülheim an der Ruhr als Popprovinz

Oberhausen als Popprovinz

Recklinghausen als Popprovinz

Oer-Erkenschwick als Popprovinz

Witten als Popprovinz

Schwerte als Popprovinz

Please disregard this picture!

interview_section_4

Jörg   Was war da in Oberpfaffenhofen? Jetzt nochmal!

Victor   Da war der Punk-Spiegel!

Jörg   Aber ich dachte, wir machen jetzt die Hausführung.

Nadine   Ja, machen wir die Hausführung.

Ulf   Wir machen auch die Hausführung, irgendwann. Aber erstmal sprechen wir noch über Oberpfaffenhofen.

Victor   Aber weißt du, was auch das Lustige war? Bei, bei dieser Platte hat zum Beispiel der Leadgitarrist von Supertramp mitgespielt, bei drei Stücken.

Jörg   Was? Echt?

Victor   Ja, echt.

Jörg   Und woher?

Victor   Wir kannten so n Filmemacher in München, und dieser Filmemacher kannte diesen, diesen Palmer-James hieß der, diesen Gitarristen, und der hat das dann vermittelt, wir kannten den gar nicht, dann hat der den für drei Sessions, kam der dann da auch hin, hat seine Gitarre ausgepackt, hat sich das angehört, hat sich hingesetzt, so ganz aristokratisch, hat so: düdldüdlüdlüd, fertig, erstes Stück.

Jörg   Aber ich dachte eben auch, da in Oberpfaffenhofen,/

Victor   Richard Palmer-James.

Jörg   ich dachte, da wär nur dieser Flugplatz, dieser, oder dieses/ Flugfunkforschungsinstitut.

Victor   Landkommune, das war so ne Landkommune, in der Nähe da, also nicht direkt da.

Jörg   Krass.

Victor   Nein, nicht krass.

Jörg   Ja, doch, ich sehe da ja so die Verbindung zu/ dem Spacethema

Victor   Krass ist ne Punkband.

▶▶ ▶▶ ▶▶

Barbara   Das gabs früher auch immer immer Chat Noir.

Jörg   Apfelkuchen mit Vanillesoße?/

Barbara   Warmen Apfelkuchen mit Vanille-Eis. Oder mit Vanille-Eis und Sahne./

Nadine   Gibts das Chat Noir eigentlich noch?

Jörg   Nein, die haben zugemacht. Das alte/ sowieso, und jetzt das neue auch.

Victor   Das alte war ja auf der Kleppingstraße, gegenüber von ███████.

Jörg   Die haben ja jetzt auch zugemacht, vor nem halben Jahr schon.

Victor   Welches jetzt?

Jörg   Das neue Chat Noir.

Victor   Das Fake Chat Noir? Im ursprünglichen Chat Noir konntest du bestimmt zwölf Mal am Tag Hand In Glove hören, die erste Single von The Smiths.

Barbara   Zu bestimmten Zeiten.

Victor   Zu bestimmten Zeiten, als die rauskam.

Barbara   Und grauenhaft viele Apfelkuchen hab ich gebacken. Ich weiß gar nicht. Es müssen hunderte gewesen/ sein.

Jörg   Aber hast du dann auch gekellnert da?

Nadine   Da haben die beiden sich doch kennengelernt.

Jörg   Jaja, aber ich wußte nicht, wie die Reihenfolge quasi ist. Also du hast das mitbetrieben, oder hast du auch nur?

Victor   Am Anfang. Und dann wurde es verkauft. Und dann hab ich mich ein Jahr/

Barbara   Dann warst du aber auch, warst du ja nicht mehr mit ██ zusammen.

Jörg   ██ gehörte das mit zu Anfang,/ oder?

Victor   Der gehörte das,

Jörg   Und du hast?

Victor   und ich bin dazugekommen. Dann wurde es verkauft. Dann habe ich ein Jahr irgendwie gar nichts
gemacht. Und dann hatte ich kein Geld mehr. Und
dann mußt ich,/ dann mußt ich wieder arbeiten.

Barbara   Und ███ war in Indien.

Jörg   ███ in Indien. Ein Film von Hans Weingartner.

▶▶ ▶▶ ▶▶

Victor   Das Interessante war, als Barbara mich zum ersten Mal gesehen hat, oder nicht zum ersten Mal,
ne, das erste Mal hast du mich gesehen, als ich da
noch ✳✳✳✳✳✳✳✳✳✳

Barbara   Du hast da gekellnert bei diesem,

Victor   Nein, du hast da zuerst gearbeitet.

Barbara   Ich hab da zuerst gearbeitet?

Victor   Ja klar.

Barbara   Zuallererst war dann wieder ███ da, und dann
hat der ███ engagiert und wollte dann noch ███
█ mitengagieren, aber die wollte nicht. Und dann
wurde ich dann engagiert.

Jörg   Und das war in der Zeit, in der du eben nicht da
gearbeitet hast?

Victor   Genau. Und dann hatt ich kein Geld mehr. Und
dann mußt ich arbeiten.

Barbara   Und ▮ war, machte ja mit Victor Musik.

Victor   Dann bin ich mit dem ▮, dem Fotografen, abends mal hingekommen und wollte fragen, ob ich mal n paar Schichten machen kann. Und dann war nur Barbara da, und die hat dann gedacht, der ▮ und ich, wir wärn n schwules Pärchen.

Barbara   Und was hast du gedacht?

Victor   Ich hab nur gedacht: Was isn das für ne arrogante Zicke?/ Aber dann.

Ulf   Du hast nicht gedacht: Baby, dir zeig ichs noch, wer hier das schwule Pärchen ist?

Victor   Das hat sie einem ja nicht gesagt, das hat sie/ einem ja erst später gesagt.

Barbara   Das hab ich ja nur gedacht.

Jörg   Ja gut, man hat die Denkblase gesehen, aber.

Barbara   Dazu war ich ja zu arrogant.

Jörg   Zu arrogant für Denkblasen.

Barbara   Definitiv.

Nadine   Ein guter Bandname.

Jörg   Oder ein guter Liedtitel.

Nadine   Ein guter Albumtitel.

das Verstummen der Sehvorgänge zwischen zwei Lidern

Kannst du mich nochmal dran erinnern, wie das Ruhrgebiet aussieht, von früher aus? Die Jugend als weit entferntes Zeitalter, einer von vielen Zeitabschnitten, die durch Katastrophen voneinander getrennt worden sind, in denen ganze Welten untergingen. So liegen verschiedene Zeitalter in einem Körper vor und erinnern diesen Körper an ganz verschiedene Orte. Zum Beispiel an das Ruhrgebiet. Das Ruhrgebiet habe ich hinter mir gelassen, Berlin Collection statt Ruhr Collection, aber als ich dachte, das Ruhrgebiet würde mir nichts mehr bedeuten, habe ich mir in die Tasche gelogen. Ich habe mir das Ruhrgebiet in die Tasche gelogen, um es mitzunehmen, und manchmal nehme ich es heraus und lausche, was für Sounds erklingen, Sounds, die aber jetzt vielleicht schon gar nicht mehr zum Ruhrgebiet gehören, das Surren, das Summen, die Stimmen. Aber Hauptsache, die Mikrofonierung des Ruhrgebiets ist 2010 abgeschlossen. Hauptsache, die Mikrofonierung meines Kehlkopfs dauert nicht noch bis zu den kommenden Revivals. Der Kehlkopf, der im Neunziger-Revival auf einmal hochgepitcht klingt? Nein, das ist sie nicht, das ist nicht meine Jugend! rufe ich, doch ist es zu spät. Du kommst auf mich zu, mit einem Messer in der Hand, deutest auf mein Auge und sagst: Nach dem Rough Cut kommt der Soft Cut, Darling! Aber dieser Soft Cut ist irgendwie immer viel zu soft, der ist niemals rough genug, Körpererlebnisse aus der Jugend, die von außen eher wie das Nicken von Bambiköpfen aussehen, nicht wie das Nicken eines Terroristen, der zwischen Herne und Dortmund aus dem Wagen gezerrt wird [im Hintergrund: Schüsse]. Eine Jugend auf der Parkwiese, das Surren des Kofferplattenspielers, bis er verstummt, bis das da drinnen verstummt, die Erinnerungen der Zellen an die Jugend, drinnen, im Augapfel. Na ja. Nicht übertreiben! Gehen wir doch ins Haus, ins Wohnzimmer, und da wirst du nicht nur Bambiköpfe finden, auch kleine Zechen, stillgelegte Zechen, die so stillgelegt sind, daß man Seen drumherumbauen kann. Das Ruhrgebiet: kein Kohlenkeller. Ja, du hast richtig gehört, Tine Wittler richtet jetzt auch komplette Ballungsräume ein, also. Das Ruhrgebiet als Wohnzimmer, ein gemütliches Wohnzimmer, an den Wänden: nickende Bambiköpfe, auf der Erde: Floccati oder Gras, auf dem Gras ein Grill, im

Fernseher: Filme über die sanfte Jugend, sanfte Zellen. Und jetzt? Nach dem Soft Cut kommt der Final Cut. Nach dem Final Cut kommt der Final Final Cut. Nach dem Final Final Cut: der Director's Cut. Ballung im Ballungsraum. Beschallung im Beschallungsraum. Beschallung zum Beispiel wie ein Schuß. Bambikopfschuß! NOW!

interview_section_5

Jörg   Kannst du das noch einmal wiederholen, Victor? Also, in Oberpfaffenhofen, was war da?

Victor   Ja, da war dieses Studio.

Jörg   Welches Studio jetzt noch mal genau?

Victor   Das Studio, wo ich mit dem Hansi Heldmann eine Platte für den Trikont-Verlag aufgenommen hab.

Jörg   Alles klar dann. Over.

Achim Prossek

Sie nennen es Metropole
Die Kulturregion Ruhrgebiet zwischen Anspruch
und Wirklichkeit

Es hat sich weitgehend herumgesprochen, dass im Ruhrgebiet seit Jahren ein kultureller Aufbruch stattfindet. Weiteren Schwung für die Region hat die Ernennung zur Kulturhauptstadt 2010 gebracht: Infrastrukturprojekte (etwa Museumserweiterungen) werden realisiert, städteübergreifende Projektkooperationen geschmiedet und die regionale Identität beschworen. Das Ruhrgebiet wird in diesem Zusammenhang wahlweise als »andere Metropole« oder als »Metropole im Werden« bezeichnet. Ersteres drückt aus, dass es sich aufgrund der Entstehungsbedingungen im Industriezeitalter von klassischen Metropolen unterscheidet, letzteres, dass man sich in einem noch unabgeschlossenen Prozess befindet. Parallel dazu hat der Regionalverband Ruhr die Außendarstellung der Region seit 2005 ganz unter den Titel »metropole ruhr« gestellt. Die im Januar 2007 neu entstandene Wirtschaftsförderungsgesellschaft trägt denselben Namen. Der Anspruch, als eine große und bedeutende Region wahrgenommen zu werden, tritt darin deutlich hervor. Tatsächlich gibt es strukturelle und funktionale Kriterien, die dem Ruhrgebiet einen metropolitanen Status verschaffen, etwa die Bevölkerungszahl und -dichte.

Auf der anderen Seite steht die Selbst- und vor allem Fremdwahrnehmung der Region, die oft gerade vom Gegenteil geprägt ist: dem Vorwurf der Provinzialität. In diesem Spannungsfeld liegt auch der Bereich der Kultur, es prägt das Kulturleben genau so wie die spezifische Struktur der Region. Dieser Ausprägung soll im Folgenden nachgegangen werden, indem einzelne Aspekte der Raumstruktur diskutiert und durch Aussagen von Kulturschaffenden aus der Region ergänzt werden.

Die Struktur der Region und ihre Auswirkungen auf das Kulturleben

Die polyzentrische Struktur der Region hat viele sich unmittelbar auf das Leben und die kulturelle Praxis auswirkende Folgen. In vielen Diskussionen zur Regionalentwicklung zeigt sich, dass diese vor allem als Hemmnisse wahrgenommen werden. Die stets lobend erwähnte »Vielfalt« hingegen ist letztlich ein unbestimmter Begriff. Meist ist damit gemeint, dass doch alles vorhanden sei, was man so brauche, oft auch das, was andere, »richtige« Metropolen an (kultureller) Infrastruktur haben. Dieses Argumentationsmuster darf als typisch bezeichnet werden: Masse steht bereits für Qualität. Die positive Behauptung hat stets einen defensiven Beigeschmack. Der Blick hinter den trotzigen Optimismus muss zwangsläufig kritischer ausfallen, weil er differenziertere Kriterien anlegt. Ausgewählte relevante Faktoren werden im Folgenden vorgestellt und diskutiert.

Medien

Oft wird die Situation der Medien als Hindernis für die Entwicklung regionaler Identität im Ruhrgebiet angeführt. Dafür spricht einiges, denn starke regionale Medien sind nicht ausreichend vorhanden. Dies wirkt sich bereits auf der ganz praktischen Ebene der Informationsverbreitung – dem Ankündigen und Besprechen von Veranstaltungen etwa – negativ aus.

Die Region ist in überregionalen Medien wenig vertreten, weil hier nur wenige Magazine und Zeitschriften produziert werden. Frankfurt und München sind in und mit Tageszeitungen präsent, Hamburg und Berlin in Magazinen. Gleichzeitig färben diejenigen Magazine, die aus der Region kommen, wie *Visions*, *Galore*, *Raveline*, neuerdings *KinKats* aus Essen, das »Music & Sexy SubStyle Magazine«, nicht wesentlich auf das Ansehen der Region ab. Die dort veröffentlichte Serie »RockMoms«, nämlich Interviews mit Müttern von Rockstars, hat allerdings einen Charme, den man ohne weiteres der sympathischen Seite des Ruhrpotts zuschlagen möchte: das passt einfach. Trotzdem: Zwischen dem Medienbild, den Medien selbst und dem Publikationsort ist die Verbindung nicht so ausgeprägt wie in anderen Städten. Das mag an der Zahl der hier beheimateten Künstler liegen und auch daran, dass Fotoshootings hier nur selten gemacht werden. Auch als Kulisse taucht das Ruhrgebiet folglich seltener auf, und wenn, dann halt mit dem, was es wirklich unverwechselbar macht: den alten Industrieanlagen und Brachen. Dies aber ist ein einseitiges, rückwärtsgewandtes Bild, welches genau das Klischee transportiert, welches die Region so gerne überwinden würde.

Die Aufspaltung des nichtkommerziellen Bürgerfunks in städtische Frequenzen verhindert ruhrgebietsweite Kommunikation und Information. Spannende Sendungen im Dortmunder Lokalradio geraten schon vor der Bochumer Stadtgrenze aus dem Empfangsbereich des Autoradios. Manchmal möchte man einfach rechts ranfahren, um so die Sendung in Ruhe zu Ende hören zu können. Gerade für den Musikbereich ist das Radio das ideale Medium, aber es kommt nicht über die Kleinstädterei hinaus und fällt so als Medium der gesamten Region aus.

Auch das Internet böte eigentlich die besten Voraussetzungen für ein regionales Medium. In den letzten zehn Jahren hat es immer wieder Versuche gegeben, rund um Kultur, hauptsächlich Musik, ein Regionalportal aufzuziehen. Die meisten Beteiligten haben schnell wieder aufgegeben, bis heute hat sich keine qualifizierte Adresse etablieren können. Eine angenehme journalistische Stimme bildete *Onruhr*, die Internet-Tageszeitung des ehemaligen *WAZ*-Chefredakteurs Uwe Knüpfer. Themen und die Art der Berichterstattung waren eine willkommene und benötigte Bereicherung, aber *Onruhr* musste nach wenigen Monaten aus Geldmangel eingestellt werden, mehr als zwei Lokalteile hat man zudem nie geschafft. Zudem fand das PDF-Format keine Freunde, und auch hier hatte der WAZ-Konzern mit dem Einrichten eines eigenen umfangreichen Webauftrittes reagiert. Es gibt aktive Blogs, etwa den

Pottblog oder die *Ruhrbarone*. Der *Pottblog* hat es im Zeit-Magazin auf die Karte der größten Blogs Deutschlands geschafft, die *Ruhrbarone* sind ein Spielfeld vornehmlich für Journalisten und Akademiker. *K.West*, das Feuilleton für NRW, ist eine Bereicherung, füllt die bestehende Lücke aber auch nicht aus. Der NRW-Anspruch des Magazins verhindert eine ausführlichere Regionalberichterstattung, und das dem Feuilleton »alles Kultur« ist, wie im Editorial der 50. Ausgabe im April 2008 zu lesen war, stimmt leider so gar nicht: Ganze Sparten und Szenen (etwa die Clubkultur und freie Szenen) bleiben in *K.West* unberücksichtigt – was nicht tragisch wäre, wenn es Alternativen gäbe.

Die Stadtillustrierten *Prinz* und das kostenlose *Coolibri* sind Veranstaltungsmagazine, deren redaktioneller Teil nur noch minimal ist und sich in Gastrokritiken, Rezensionen und Shopempfehlungen erschöpft. Vor der bundesweiten Expansion war Prinz ein wichtiges Magazin mit dem heute fremd anmutenden Anspruch der Gegenöffentlichkeit – das ist lange her. Auf die Zeitungskrise Anfang des Jahrtausends haben andere Stadtmagazine wie etwa die Szene Hamburg mit einer erheblichen Ausweitung des Umfangs reagiert. *Marabo* hingegen, letzter Hort kritischer popkultureller und regionalpolitischer Berichterstattung, ist 2004 einen schleichenden Tod gestorben. Die Einstellung der *taz nrw* durch den Verlag im Juli 2007 bedeutete für das Ruhrgebiet einen Verlust von Gegenöffentlichkeit, Meinungsvielfalt und Meinungsfreude. 2003 hatte die *Süddeutsche Zeitung* bereits ihren NRW-Ableger nach nur 14 Monaten wieder eingestellt. Offenbar fanden zwei Tageszeitungen, die woanders auf keinem Caféhaustisch fehlen, in der Rhein-Ruhr-Region nicht genügend Abnehmer. Das übriggebliebene *Coolibri*, hat einen um 30% geringeren Umfang als früher, und es sind nicht nur Anzeigen, die fehlen, sondern vor allem die redaktionellen Seiten. Der offizielle Metropolenanspruch, die behauptete Veranstaltungsvielfalt lassen sich mit einem simplen Vergleich von Programmmagazinen gut illustrieren: Die *Zitty Berlin* erscheint 14-tägig mit ca. 268 Seiten, *Coolibri* monatlich mit 98-112 Seiten. Selbst wenn man das Fernsehprogramm abzieht, bleibt noch eine beachtliche Differenz. Abgesehen davon, dass es kein Ruhräquivalent zur *Zitty* gibt.

Es lässt sich festhalten: Dem Ruhrgebiet fehlen Medien, die den benötigten Resonanzraum für Kultur bieten könnten, die nicht nur Ankündigungen und Tipps verbreiten, sondern auch das Kulturschaffen begleiten und kritisieren. Man bekommt zu wenig aus den Nachbarstädten mit, was auch Künstler beklagen, deren Weg zur Bekanntheit dadurch viel aufwändiger ist, weil sie sich nicht nur in einer Stadt, sondern in vielen einen Namen machen müssen. Aber selbst dann sind sie erst eine regionale Größe. Kurz: Die Region als Kulturraum ist medial kaum existent, mit allen Nachteilen für Information und Identifikation.

PROTOKOLL:

Jörg »Zappo« Zboralski (Künstler, Veranstalter, u.a. ehemaliger Betreiber des ›Mono‹, Duisburg. Jetzt Hamburg. Gespräch am 3.12.2007, Hamburg)

Die Eröffnung des ›Mono‹ war ein Akt der Selbsthilfe. Damals war Duisburg Entwicklungsland, das Mono leistete Aufbauhilfe (1995-1998) Politik und Verwaltung haben »Kiezangst«, verhindern deswegen alle Initiativen. Haltung: Verhinderungspolitik: Gab es nicht, gibt es nicht. Vor allem bei der Sozialdemokratie, die vierzig Jahre an der Macht war. Konzertabsagen durch das Ordnungsamt während der Konzerte. Sperrstunde wichtig. Stadt-Verwaltung statt Stadt-Vision.

Publikum: 80% Nichtduisburger, die Mehrheit kam aus Düsseldorf und Köln. Lokale Nachfrage fehlt. Duisburger Publikum: Kein Starempfinden. Haltung im Publikum gegenüber Künstlern: Das kann ich auch: Was will der Kerl? Das Ruhrgebiet eine Metropole? Nicht mal Hose kaufen ist möglich.

Kennerschaft ist notwendig: Wo geht wann was?

Was grundsätzlich geil ist am Ruhrgebiet: Unglamourös, sozialer Umgang ist wichtig, es gibt keinen Zugereistenschick, kein Standesbewusstsein. Kunstakademie Düsseldorf versus ›Café Graefen‹ in Duisburg. Die Frage »Wer bist Du?« interessiert hier keinen: Das ist entspannend. Früher gewünscht: Größeres Potential an Leuten, Zuzug an Kreativen.

Zum Slogan »Der Pott kocht«: Immer albern gefunden, hier wird nichts heiß gehandelt. Industriekultur als Kampagne ohne Anbindung an die Tradition der Leute. Imagetünche ohne Wurzeln. Typisch auch: die Schimanski-Ablehnung. Immer noch vorherrschend: mangelndes Selbstbewusstsein. Auch bei der Kulturhauptstadt 2010: Kein Kopf, kein Visionär.

Situation in Hamburg im Vergleich: Es ist kein dankbarer Boden. Es reicht nicht zu schnippen, damit es läuft. Mehr Image, mehr Szeneabhängigkeit, kürzere Halbwertzeiten. Hypes, Sachen sind angesagt.

Raumstruktur und Werbeaufwand, Publikumsradius

Auf einer ›Klang der Essenzen‹-Party kam ich einmal mit einem Hamburger Veranstalter ins Gespräch. Er machte eine einfache Rechnung auf: »In Hamburg muss ich 500 Flyer an einer Handvoll Orte auslegen, und auf die Party kommen 2.000 Leute. Im Ruhrgebiet brauche ich 5.000 Flyer, muss ein Dutzend Städte bedienen und am Schluss kommen 200 Leute.« Diese Differenz verweist auf ein zweifaches strukturelles Defizit der Region: Zum einen liegen die wichtigen Orte für Informationsaustausch weit verstreut in verschiedenen Städten, und zum anderen erreichen diese offenbar nicht genügend Leute: Die Szenen sind zu klein, die Mund-zu-Mund-Propaganda reicht nicht aus, Verbundenheitsgefühle mit Orten oder Veranstaltern sind nicht so stark ausgeprägt wie anderswo. Auch manche Konzertveranstalter berichten, dass es schwierig sei, ein Publikum aus anderen Städten zu gewinnen. Das bringt diejenigen Veranstaltungen und Clubs in Gefahr, die sich nicht durch das Publikum der eigenen Stadt tragen. Diejenigen, in denen unbekanntere Bands auftreten, Orte also, die ein Publikum brauchen, welches Vertrauen in das Booking und Offenheit gegenüber den Darbietungen mitbringt. Orte, die Zeit benötigen, ihre eigene Clubkultur zu entwickeln und zu pflegen. Diskos, feste Partytermine, die reviertypischen Großraumdiskotheken oder Konzerte von bekannteren Künstlern haben es da wesentlich einfacher.

Fragt man, woran das liegt, wird als ein Grund die schlechte Erreichbarkeit vieler Locations mit öffentlichen Verkehrsmitteln genannt. Gerade abends werden die regionalen Verbindungen seltener, wird es abseits der großen Städte und Stadtzentren schwer, ohne große Mühen wieder nach Hause zu kommen. Denn gesamtregional gesehen ist das Ruhrgebiet die Metropole mit dem teuersten und wohl auch – hinsichtlich Taktzeiten und Linien – schlechtesten Nahverkehr Deutschlands (auch wenn sich vieles verbessert hat und das Nachtnetz rege genutzt wird, zumindest auf den Hauptlinien). Dafür gibt es natürlich viele, auch raumstrukturelle Gründe. Aber: Wer für das Ruhrgebiet den Begriff »Metropole« reklamiert, muss sich auch gefallen lassen, dass man es mit anderen Großstädten vergleicht und zu einem nachteiligen Ergebnis kommt. Und: Wer abends nicht weiß, wie er nach Hause kommen soll, interessiert sich nicht allzu sehr dafür, dass eine über 80-jährige lokale Egopolitik für einen ineffektiven regionalen Nahverkehr die Verantwortung trägt. Trotz dieser negativen Erfahrungen verschiedener Veranstalter unterstellt man gerade den jungen Menschen eine hohe regionale Mobilität. Diese besteht zwar, scheint aber stark zweck- und zielspezifisch motiviert und zudem PKW-basiert zu sein.

Metropole Ruhr: Zum großstädtischen Wesen der Region

Der Begriff »Metropole Ruhr« steht für eine urbane Qualität, die allenfalls teilweise vorhanden ist. Es gibt kein herausragendes Zentrum, die bauliche Gestalt ist über weite Strecken von der Herkunft aus dem Industriezeitalter geprägt, das Klima und die Atmosphäre in den Straßen wirkt selten großstädtisch: Flair ist hier, wenn überhaupt, nur in einer eigenwilligen Ausprägung zu spüren, und die entspricht nicht der touristisch oder von kreativen Milieus nachgefragten Variante. Aber die Menschen, heißt es immer, seien das große Plus des Ruhrgebiets. *»Das Ruhrgebiet hat Potential, denn hier sind Leute, die was drauf haben. Der Fehler ist: Es kann sie nicht halten. Für eine Metropole sind Persönlichkeiten wichtig.« (Zekai Fenerci)*

Zuzug: Attraktivität des Ruhrgebiets für Fremde

Eine Metropole lebt stark davon, dass ständig Menschen von anderswo hereinströmen. Diese bringen bestimmte Träume, Vorstellungen und Ideen mit und machen sich daran, sie zu verwirklichen. Es wird dieses und jenes ausprobiert, man realisiert in wechselnden Allianzen oder allein Projekte. Dadurch entstehen Bewegung, Kommunikation und Neues, vielleicht auch Dauerhaftes. Und oft entwickeln sich in der Folge bestimmte Orte und Viertel zu Treff- und Kulminationspunkten.

Wahrscheinlich wäre es zu hart geurteilt, dass es solche Orte im Ruhrgebiet gar nicht gibt, aber sie sind schon sehr selten. Zum einen gibt es zu wenig der von diesen Szenen bevorzugten Stadtquartiere aus der Gründerzeit, zum anderen fehlt die Menge an Menschen, die notwendig ist, um ihr Tun und Treiben raumwirksam werden zu lassen. Wie konnte es dazu kommen? An den Universitäten sind überwiegend Studierende aus den umliegenden Städten eingeschrieben, sie ziehen nicht massenhaft Menschen von auswärts an. Die Kunsthochschulen sind zu klein, als dass sie wirklich Einfluss auf den Raum nehmen könnten. Außerdem: Die wenigsten Neuankömmlinge erreichen das Ruhrgebiet vorurteilsfrei. Die meisten erwarten wegen des schlechten Images nicht viel und kaum Gutes. Wenn sie sich dann doch ganz gut eingerichtet haben in ihrem neuen Leben, dann berichten sie darüber in einem »So-schlimm-ist-es-hier-eigentlich-gar-nicht-Ton«. Ja, das stimmt auch, und an guten Tagen kann man überzeugend behaupten, dass es hier noch viel besser ist als nicht-schlimm – irgendwie metropolitan oder gar kulturförderlich ist diese Haltung aber nicht. Es ist eher der Verteidigungsmodus der Provinz, der Stolz der Unterschätzten, der Trotz der Ausharrer, das Statement der Verkannten, je nach Dauer des Aufenthaltes und Grad der Regionskenntnis. Eine Haltung, die allerdings auch von vielen Gebürtigen geteilt wird, die Ausdruck eines tiefsitzenden regionalen Minderwertigkeitsgefühls ist, welches sich zwar insgesamt abschwächt, aber doch zählebig ist.

Die zweite sehr verbreitete Haltung, ist die der Übertreibung, meist von offizieller Seite vorangetrieben, aber durchaus auch von einzelnen

Einwohnern übernommen: Man habe die dichteste Kulturlandschaft, die meisten Museen, Theater usw., wahlweise Europas oder der Welt. Das ist der Tenor, der vor allem zu Beginn auch die Bewerbung zur Kulturhauptstadt 2010 begleitete. Als wenn Masse schon etwas aussagen würde! Als wenn nicht bekannt wäre, dass gerade darin das Problem liegt: zuviel Mittelmaß zu beheimaten, ohne irgendwo wirklich spitze zu sein (hier bitte alle Ausnahmen einfügen, von A wie ›Aalto-Oper‹ bis Z wie ›Zeche Zollverein‹, je nach Neigung und Wohnort). Also: Sowohl vom ausbleibenden Zuzug als auch von der Stimmung, die in der Region verbreitet ist, zeigt das Ruhrgebiet ein Defizit an Metropolitanität. Dieses Defizit betrifft konkret auch das Kulturleben in dem Sinne, in dem damit Lifestyle, Kreativität und Milieus angesprochen werden. Die baulich-strukturellen Mängel könnten durch Aktivisten kompensiert werden, aber dies gelingt noch nicht. Es gibt keine Anzeichen dafür, dass der schon lange anhaltende Brain Drain gestoppt ist.

Ein Blick in die Veranstaltungskalender von Musikmagazinen zeigt, wie viel am Ruhrgebiet buchstäblich vorbeigeht: Wie viele Bands hier nämlich nicht auftreten, und zwar gerade die kleineren, innovativeren. Hallen gibt es genug, aber »Spex präsentiert« etwa ist im Ruhrgebiet nicht gerade Alltag. Eine Hamburger Bookingagentur urteilt schlicht: »Ruhrgebiet: Da geht nichts.« »*Es gibt kein Glam, keinen Star, kein Pop, kein Style, kein Chic.*« (*Jörg Zboralski*) Es mangelt an entsprechenden Clubs, und das muss doch auch bedeuten: an Publikum, wenn so ein marktgläubiges Argument einmal gestattet ist. Atze Schröder, Mario Barth und Konsorten hingegen füllen Hallen, und ihre Auftritte sind ein Jahr im Voraus ausverkauft. Das ist eine Wahrheit über die Metropole Ruhr, die etwas Unangenehmes an sich hat. Weil sie das Prollimage, welches an der Region klebt, voll bestätigt. Die es schwierig macht, darin oder dahinter die Region zu sehen, die einen »Wandel durch Kultur« durchläuft.

Metropolen sagt man nach, dass sie Orte für die Entstehung von Trends seien. Als Trendsetter ist das Ruhrgebiet kaum bekannt. Stärker noch, im Vergleich zu anderen Städten setzt sich hier einiges nur mit gehöriger Verspätung, anderes wiederum gar nicht durch: Die Zigaretten ›P&S‹ und ›Nil‹ hatten schon längst die Tische und Tresen einschlägiger Kneipen und Clubs in Hamburg und Berlin erobert, bevor sie sich zaghaft im Ruhrgebiet ausbreiteten. Zwischen der Einführung von ›Bionade‹ und der Verbreitung im Ruhrgebiet vergingen vier, fünf Jahre. Suppenbars und kreative Fast Food-Restaurants haben sich hier nie etablieren können, Sushiläden gelten dem gemeinen Ruhri immer noch eher als suspekt und fremd denn als trendy.

PROTOKOLL:

Zekai Fenerci, Pottporus Group (DJ, Veranstalter, Theatergründer. Herne, 29.01.2008)

England-Tournee vom ›Renegade-Theatre‹ mit dem Stück ›Rumble‹: alle Vorstellungen ausverkauft. Ist hier gar nicht bewusst. Ohne eigene Plattform wäre man aber auf verlorenem Posten. Die Stadt war erst mal irritiert, dass da jemand einfach was macht, stellt jetzt die Probenräume. AWO und Akkordeonorchester im selben Haus wie die ›Pottporus-Group‹?: Ist ok, man muss entspannt bleiben.
Szenen sind stadtbezogen, Pottporus nicht. Die Arbeit soll nachhaltig sein: Lernen und Information. Die kulturelle Arbeit richtet sich gegen die Konsumhaltung.
 Publikum im RG ist locker, aber da gibt es keine Sicherheit. Haltung: Bezahlen, ja – aber wofür? Das Geldausgeben muss sich lohnen. Die Leute fragen: Was habe ich davon? Sie sind einfach, machen kein Fass auf.
Talente sind da, aber die fühlen sich nicht gebunden. In anderen Städten sind die Medien, die für Öffentlichkeit sorgen. Das fehlt hier. Ziel von Pottporus: Brücke zu sein, das Talent nach Außen zu tragen.
 Metropole sein: Ist ein knallhartes Geschäft. Entweder Du ziehst oder Du ziehst nicht. Aber: Ohne Fallen kommst Du nicht nach vorne. Es wird nichts gewagt. Wir haben geniale Ideen, aber Angst, dass die Tür sofort zugemacht wird. Die Lenker haben keinen Mut. Dagegen im HipHop-Battle: Gegenseitiges Aufputschen ist Hilfe. Anspruch: Besser sein wollen, reizen, provozieren: so geht es vorwärts. Nicht Geld fördert, sondern Konkurrenz.

Unterschätzte Stärken des Ruhrgebiets

Das Wesen allen Redens über das Ruhrgebiet ist, dass sich noch in den gegensätzlichsten Argumenten jeweils Gültiges finden lässt. Das Ruhrgebiet ist eine ausgeprägte »Sowohl-als-auch«-Region, so dass die Sprecherposition ungemein wichtig ist. Sowohl harsche Kritik als auch lobende Anerkennung können begründete Reaktionen etwa auf den Strukturwandel an sich oder das Kulturleben im Speziellen sein. Die Alltagsatmosphäre lässt sich als provinziell und kleingeistig beschreiben, wofür es eine jahrzehntelange literarische Tradition gibt – sie lässt sich aber auch positiv erfahren, weil die ausgeprägte Entspanntheit, die betonte Unaufgeregtheit als wahrhaft groß empfunden werden. Das Egalitäre der Region, welches Yvonne Rieker und Michael Zimmermann immer noch als wirksam betrachten und das sich in der Abwesenheit symbolischer Distinktionen, dem Hang zum Preiswerten und Praktischen und dem betont uneitlen Dabeisein bei all den neuen Kulturevents äußert, kann als stumpfsinnig und stillos empfunden werden, genausogut aber auch als entlastend und ganz neue Freiräume eröffnend (Rieker/Zimmermann 2007: 58). Die Region bietet weitere Vorteile: Es lebt sich billig zwischen Duisburg und Dortmund, und das gar nicht mal so schlecht. Die Lebenshaltungskosten sind sehr günstig. Die Mieten liegen weit unter denen von Hamburg, Köln oder München. In Hamburg hat mich mein WG-Zimmer mehr gekostet als die Wohnung in Duisburg, ein Unterschied, der Hamburger wie Duisburger Freunde gleichermaßen fassungslos machte (dabei ist es noch nicht einmal die billigste Gegend im Revier), der aber Duisburg eher suspekt als zum Hinziehen erwägenswert erscheinen lässt.

Denn es schwingt mit, dass es dafür Gründe geben muss. Es gibt ein großes Angebot billiger Wohnungen, es gibt Viertel, die an sich viel Charme und Freiräume haben und für den Zuzug einer jungen, kreativen Klasse eigentlich prädestiniert sind. Das sind nicht nur die klassischen Viertel wie Essen-Rüttenscheid, in Dortmund das Kreuzviertel oder die Nordstadt, die Gegend rund ums Bochumer Schauspielhaus, Ehrenfeld, es sind auch Stadtteile, über die kaum gesprochen wird, die nicht im Fokus der Aufmerksamkeit stehen, weil sie bis heute kein bevorzugtes

Zuzugsgebiet sind. In Duisburg etwa Hochfeld, das türkisch dominierte Marxloh und vor allem Ruhrort, wo mit einigem guten Willen noch etwas Seefahrtsluft durch die Straßen weht. In Wanne-Eickel ist man mitten im Ruhrgebiet, und doch könnte man sich dort ungestört entfalten. Rund um die ›Jahrhunderthalle‹ in Bochum ist noch gar nichts passiert. Bei einer entsprechenden Anzahl von Pionieren und Projekten ließe sich so etwas wie Viertelbildung betreiben. Und, nebenbei bemerkt: Die Wahrscheinlichkeit, dass recht bald danach die nächsten Stufen des Gentrifizierungsprozesses zünden, also der Nachzug Wohlhabender und die Verdrängung der Pioniere, all die Aufwertungs- und Verdrängungsprozesse also, deren Ambivalenz schon Menschen in vielen Städten zu spüren bekommen haben, ist hier immer noch geringer als anderswo. Aber es ist eben auch unwahrscheinlicher, dass kreative Pioniere gezielt in ein Viertel gehen und damit überhaupt erst einmal etwas in Gang setzen.

Ein anderer Vorteil der Region ist die günstige Lage in Westeuropa. Man kommt fast überall schnell hin: Amsterdam ist keine zwei Stunden entfernt, Köln 45 Minuten, Paris vier Stunden, Hamburg zweieinhalb, Berlin dreieinhalb, Frankfurt zwei. Und in zwei Stunden ist man an der Nordsee, in Holland. Wie nahe Amsterdam, Antwerpen, Rotterdam und Brüssel sind, ist den wenigsten bewusst. Aber schnelle Erreichbarkeit und ihre zentrale Lage sind Vorteile, die die Region nicht richtig ausspielt, die sie wahrscheinlich gar nicht ausspielen kann. Es sind dann nämlich doch andere Orte, die für den Kulturjetset attraktiv sind. Und es sind andere Orte, die junge Menschen anziehen, weil sie sich etwas davon versprechen, in eine bestimmte Stadt zu ziehen. Hier kommt der Milieubegriff wieder ins Spiel, die Atmosphäre, die in der Region herrscht. Und in diesen Bereichen scheint es dauerhafte Defizite zu geben. Die gegenteiligen Beteuerungen der Revier-Emphatiker widersprechen dem weniger, als es zunächst den Anschein hat.

Denn natürlich gibt es immer gute Gründe, das Ruhrgebiet oder das Leben im Ruhrgebiet zu loben. Aus einem bestimmten Blickwinkel ist die Region ja tatsächlich spannender, ästhetisch eigenwilliger, entspannter als viele der klassischen Großstädte. Zwar hört man auch immer wieder, dass das Ruhrgebiet all das böte, was eine richtige Metropole ausmache

– mehr noch: was Städte wie London und Paris zu bieten haben, richtige Metropolen halt. Aber man *spürt*, dass an dieser Rechnung etwas nicht stimmt. Denn wenn es so wäre, wie ja nicht nur in den vielen Broschüren, sondern auch in vielen Gesprächen behauptet wird (die Behauptung der Metropolenexistenz hat etwas Selbstbeschwörendes), dann muss man erklären, warum die Wahrnehmung der Region eine ganz andere ist, warum die Region von Städtetouristen nicht gerade überschwemmt wird, warum sie in den Kunst- und Kulturzeitschriften kaum Erwähnung findet, ja selbst im FAS-Ranking »Deutschlands kreativste Städte« nicht nur nicht vorne liegt, sondern überhaupt nicht mitbewertet wird. Das formale Argument der Unterscheidung zwischen Stadt und Region ist nicht das Einzige. Das Addieren von Attraktionen nutzt in so einem Fall jedenfalls wenig.

Dieser Widerspruch, der ein Widerspruch zwischen Behauptung einerseits und Erfahrung oder Realität andererseits ist, kann nicht dadurch aufgelöst werden, dass man die Metropole nur umso intensiver verkündet. Im Gegenteil: Je krampfhafter dies erfolgt, desto deutlicher wird das Nicht-stimmige der Situation. Denn welche tatsächliche Metropole muss schon permanent behaupten, eine zu sein? Die Behauptung selbst, auch als Name »metropole ruhr«, ist daher an sich der Beweis des Gegenteils.

PROTOKOLL:

Interview mit Nesrin Tanç und Gürsoy Tanc aka DJ G!tan (Kulturmanagerin; Musiker und DJ, Veranstalter von ElectrOrient. 8.2.08, Duisburg)

Ruhrgebiet ist Metropole: S1 ist der Beweis. Zweiter Beweis: Die Dichte, die Anzahl der Menschen; Metropole: wo, wenn nicht hier? Über das Ruhrgebiet zu reden heißt über Türken zu reden.
Ziel: Aus einer Brache eine bunte Wiese machen. Aber es ist schwer, ausreichend Publikum zu finden. Es kommt zu Teilen aus den Nachbarstädten. Das Angebot ist gering, jeder will sein eigenes Ding

machen. Niedriger Eintrittspreis ist Pflicht im Ruhrgebiet. Idee ist, Menschen zu fusionieren.

Die, die am Hebel sitzen, sind vorsichtig, Institutionen haben Berührungsängste. Künstler sind davon betroffen. Aber insgesamt: Viele coole Leute hier.

Istanbul: Keine Kulturindustrie, sondern Kulturguerilla. Deshalb ist viel los, geht viel ab. Istanbul ist »heißer Kessel«. »Der Pott kocht«?: Ja, bestimmt. Es sind die Menschen, er ist organisch, lebendig, vielfältig. Istanbul-Ruhrgebiet-Vergleich ist schwierig. Wegen der Gesetze, Institutionen. Istanbul war Reichssitz. Insgesamt nicht vergleichbar. Istanbul ist intensiver, dort vielfältigere, intensivere Eindrücke. Das ist inspirierend, aber irre anstrengend. Hier hingegen kann man sich auf sich konzentrieren. Intuition und Einfühlungsvermögen werden weniger belastet. Ruhrgebiet ist weit und ordentlich im Vergleich zu Istanbul. Aber Empathie muss erst hergestellt werden, sie ist nicht sofort da. Aber: Ruhrgebietler sind herzlich, hier arbeitet man halt. Istanbul ist weniger formell. Bekannte, Musiker aus Istanbul: Machen in Duisburg Urlaub, weil es hier so entspannt ist.

Die Kulturhauptstadt Europas 2010

Auch im Ruhrgebiet ist Kultur zu einem Standortfaktor und Marketinginstrument geworden. Wie überall, hat auch hier die Dimension der Vereinnahmung Kulturschaffender zugenommen. Hochkultur wird gezielt zur Förderung des Strukturwandels im Ruhrgebiet eingesetzt. Deshalb gibt es seit 2002 die ›Ruhrtriennale‹, ein vom Land Nordrhein-Westfalen getragenes Festival, welches mittlerweile als etabliert gelten kann. Auch die Kulturhauptstadt 2010 ist ein strategisches Element der Regionalentwicklung. Glasgow hat bereits 1990 vorgemacht, wie eine vom industriellen Niedergang schwer mitgenommene Stadt durch das Kulturhauptstadtjahr einen dauerhaften Wandel in Selbst- und Außenwahrnehmung einleiten kann. Da ist das Ruhrgebiet vergleichsweise spät dran, aber wenn die dafür notwendige gemeinsame Initiative früher nicht möglich war, dann geschieht es eben jetzt, getreu dem Motto »Besser spät als nie«. Nicht nur die regionale Ausdehnung des Festivals ist neu, auch der Posten eines Direktors für Kreativwirtschaft. Das ist für 2010 einer der Jobs von Dieter Gorny. Es geht gezielt darum, die ökonomische Basis für kreatives Arbeiten zu verbessern, bzw. auch darum, den ökonomischen Output der Kultur zu erhöhen. Nicht die Künstler stehen dabei im Mittelpunkt, sondern die kreative Klasse. Und die ist im Ruhrgebiet noch immer unterrepräsentiert. Man darf annehmen, dass viele der Revierflüchtlinge, die in Berlin oder Hamburg eine neue Heimat gefunden haben, dieser Gruppe zuzurechnen sind. Und es sind nicht nur bessere Beschäftigungsmöglichkeiten, die zu diesem Schritt Anlass geben. Es ist eine Umgebung, die den dazugehörigen Lifestyle möglich macht, also das Vorhandensein von Orten des Treffens und des Austausches: Cafés, Bars, Clubs, Galerien etc. Etwas, das hier traditionell weniger gegeben ist als anderswo. Gorny hat im April 2008 70 Kreative ins Ruhrgebiet eingeladen, um zu zeigen, was hier möglich sei. Eine Einladung, tätig zu werden, eine Einladung zur Investition. Problematisch ist daran, dass kulturelle Entwicklung, das Initiieren von Projekten nur noch als Thema von Marketing, Image und Ökonomie gesehen werden. Kultur ist dann halt ein Instrument, und wenn man ein bestimmtes Publikum vor Augen hat, lässt man besser nicht jeden musizieren.

An der Gorny-Initiative wird auch deutlich, wie gering das endogene Potential der Region ist. Und: Wie wenig selbstverständlich es ist, von außen zu kommen und hier etwas realisieren zu wollen. Offenbar drängt sich die Region investitionswilligen Unternehmern ebenso wenig auf wie jungen Culturepreneurs. Der Chef der Düsseldorfer Werbeagentur ›Grey Worldwide‹, Frank Dopheide, glaubt aber, das Ruhrgebiet sei »für Kreative eine einzigartige Spielwiese«, weil die »vielen Industriebrachen [...] so ein herrlich gesichtsloses Ambiente mit einzigartiger Atmosphäre und viel Geschichte bieten« (WAZ 07.11.07). (Wie genau sich die einzigartige Atmosphäre eines gesichtslosen Ambiente anfühlt, lassen wir hier mal unberücksichtigt.) Im Wettbewerb der Metropolen habe das Ruhrgebiet aber nicht unbegrenzt Zeit: »Zehn Jahre, mehr nicht. Danach wären wir von der Landkarte der Metropolen für immer verschwunden.« (ebd.) Eigentlich keine gute Prognose für eine Region, die sich selbst noch als »Metropole im Werden« versteht. Aber in zwei weiteren Punkten kann man Dopheide ohne weiteres zustimmen: »Das Revier ist noch ausbaufähig.« Und: »Das Revier braucht Helden und Treiber.« Sein Gegenmittel: »Sex, Drugs und Rock'n'Roll.« (WAZ, 25.02.08) Das seien die drei Dinge, mit denen der Bevölkerungsrückgang zu stoppen sei. Er meint aber nicht den guten alten Dreiklang exzessiver Ausschweifung, in welcher musikalischen Kolorierung samt äquivalenten Drogen auch immer. Dopheide erklärt die Zutaten so: Sex stünde für Leute, hochqualifizierte Fachkräfte, die nicht hierher kommen, Drugs für die Kombination unterschiedlicher Fähigkeiten und Rock'n'Roll für den »Markenkern«.

Hier scheint dasselbe Defizit auf, welches schon die ›Ruhr 2010‹-Verantwortlichen zu ihrer Einladung veranlasst hat: Im größten Ballungsraum Deutschlands fehlen die Macher, und zwar die gesamte Bandbreite von der kreativen Basis bis zu der »creative class«, die dem Werber vorschwebt. Für eine Malocherregion, die auf ihr Arbeitsethos immer ziemlich stolz war, ist das ein zunächst irritierender Befund. Vielleicht spielen da auch historische Prägungen eine Rolle. Im Kollektiv der Werktätigen konnte und sollte der Einzelne nicht hervortreten. Im Ruhrgebiet gab man der Masse den Vorrang vor dem Individuum, eine Haltung, deren Auswirkungen noch heute wirksam sind. Ein Pendant zum britischen »Working Class Hero« hat sich hier nicht ausgebildet. Zudem galt jede Art von Herausstellen als Protzen und war entsprechend unbeliebt. Man machte um seine oft beachtliche Leistung halt kein Aufheben. Diese Kollektivpsyche steht einem Helden- und Treibertum sicher mit im Wege, gerade auch noch im künstlerischen Bereich. Kunst, so die oft gemachte Erfahrung, wird erst dann gewürdigt, wenn die Arbeit erkennbar ist, die für die Herstellung des Werks notwendig war. Das meint ganz konkret körperliche Arbeit. Davon berichteten Anfang der 1980er Jahre Künstler, die auf alten Zechenbrachen Ausstellungen realisierten, davon berichteten Lehmbruck-Stipendiaten aus den letzten Jahren, die eine Stahlwerkshalle als Arbeitsraum beziehen durften. Galt die Idee hinter dem Kunstwerk, seine Aussage, vielen Besuchern oder den Arbeitern auch als zu verkopft und abstrakt – die wochen- oder monatelange Plackerei nötigte jedoch Respekt ab. Anerkennung ist so eine Frage vor allem des Fleißes, danach dann auch des Könnens: Das ist keine illegitime, aber auch keine ausreichende, der Kunst und dem künstlerischen Schaffensprozess gerecht werdende Kategorie. Nun stellt man ja nicht immer für die Allgemeinheit aus. Aber der Legitimationsdruck ist hier schon größer als in Städten mit einer kulturellen Tradition. Fließt finanzielle Unterstützung, wird zusätzlich gern die Kunst gegen das Soziale aufgerechnet, was immer eine ungleiche Rechnung ergibt.

Dieser alte Ethos ist aber nicht der Hauptgrund für das Fehlen von Kreativen, von Machern und Treibern. Es passiert ja auch immer mal wieder irgendwo irgendwas, in Dortmund wächst aktuell etwa die Design- und Modeszene. Aber für eine Region dieser Größe ist es offenbar nicht genug, um eine kritische Masse zu erreichen, die eine Kulturboheme spürbar werden ließe und dann auch nach außen strahlt. Für das Ruhrgebiet besteht vielmehr die Gefahr, in einem Kreislauf negativer Verstärkung zu stecken: Weil die Macher fehlen, passiert zu wenig. Weil zu wenig passiert, wandern die Interessierten ab. Als ›Braindrain‹ ist dieses Phänomen lange bekannt. Man spricht nur nicht mehr so gerne darüber, jetzt, wo man kulturbedingt Metropole wird. Ein Bochumer Labelchef berichtete mir einmal von der Anstrengung, die es kostet, in einem Umfeld tätig zu sein, in der viele angehende Künstler nicht wie selbstverständlich übers Geschäftliche und den üblichen Habitus informiert sind, weil sie nicht in ständigem Austausch mit anderen Künstlern stehen. Hier sah er eine erhebliche Mehrarbeit für sich. Wenn er nochmal von vorn anfangen könnte, würde er in Frankfurt bleiben, von wo er damals zurückkam. Das Gespräch ist mittlerweile einige Jahre her, das Geschäft betreibt er seit längerem mit anderer Ausrichtung in Berlin. Es ist kein Einzelfall.

Im Dezember 2007 brachte die Zeitschrift *Galore* ihr erstes Stadtheft heraus, über ihre Heimatstadt Dortmund. Das Editorial verrät, dass damit auch gegen die Stereotypen und Vorurteile angearbeitet werden soll, durch die die Stadt immer noch betrachtet wird. Es finden sich viele Porträts bekannter Dortmunder darin. Viele sind längst weggezogen, trotzdem stehen sie immer noch für Dortmund, oder: müssen sie für ihre ehemalige Heimat herhalten. Genau so verhält es sich mit den 50 bedeutenden Ruhrgebietlern im neuen Hochglanzmagazin *Zwanzig10*. Viele der gefeierten Ruhris wohnen schon lange nicht mehr hier. Dagegen ist natürlich nichts zu sagen, weil es Privatsache ist, wo man aus welchen Gründen wohnt. Tatsache ist aber, dass viele der berühmteren

Ruhrgebietler, seien sie nun Musiker oder Schauspieler, die Region früher oder später verlassen. Und offensichtlich bleiben nicht genug, mit denen man solche Hefte füllen könnte.

Ist das aus Berlin oder München denkbar? Dass die Städte so sehr auf die Herkunft von längst Weggezogenen verweisen müssen, weil es in der Gegenwart an Personal mangelt? Bei den meisten ist es ja nicht so extrem und deswegen vielleicht verständlicher, wie bei Herbert Grönemeyer, der mit ›4630 Bochum‹ seinen Durchbruch feierte und mit »Tief im Wee-esten« anscheinend unvergängliche Zeilen gedichtet hat. Dies mag erklären, warum er noch so oft genannt wird, wenn von Bochum die Rede ist, obwohl er doch lange schon in London lebt. Bei den anderen Künstlern, die sich nicht so exzessiv in die Region eingeschrieben haben, ist das eher mit einem Mangel an Nachfolgern zu erklären. Nimmt man Youtube-Klicks als Maßstab (über 488.000), etabliert sich die Band ›Die Bandbreite‹ mit ihrem Song ›Dat ist Duisburg‹ vielleicht gerade als neue Institution. Vielleicht ist es auch nur ein kurzer Hype. Das humoristisch feinsinnigere ›Spardosen-Terzett‹ ist mit seinem auf den neusten Slogan der Region anspielenden ›Ruhr hoch n‹-Song da weit abgeschlagen, jedoch auch eine Bereicherung, weil hier einer umstrittenen Kampagne[1] unernst wie sonst kaum entgegnet wird. Was den Bandbreiten-Song ganz angenehm macht, ist, dass man hinter dem Duisburg-Runtermachen ein ganz entspanntes »So ist es hier nun mal« heraushört, eine Haltung, die auf falsches Lob wie zersetzende Selbstkritik verzichtet, stattdessen dank einigem Realismus die Situation akzeptiert und das Beste draus macht: ein witziges Lied mindestens. Der Song ist letztlich zu überdreht, als dass man hier nur von einem kritischen Fall von Selbststigmatisierung ausgehen sollte.

Brachen: Mehr als Räume zukünftiger Entwicklung

Es gab mal eine Zeit, in der Raum tatsächlich massenhaft und günstig verfügbar war, wenn auch teilweise nur im Kampf zu erobern. Bis Mitte

---

[1]   Mittlerweile haben die Initiatoren der Kampagne auf die Kritik reagiert und den Slogan in ›Ruhr hoch R‹ geändert.

der 1980er Jahre entstanden soziokulturelle Zentren, Clubs und Diskotheken meist in alten Zechen und Industrieanlagen: ›Zeche Bochum‹, ›Zeche Carl‹, ›Kaue‹, ›Bahnhof Langendreer‹, das Duisburger ›Eschhaus‹. Zwar wird heute von den regionalen Marketingexperten immer noch behauptet, dass hier Platz für alles und jeden sei (zuletzt in der »Der Pott kocht«-Kampagne), aber die Situation ist längst nicht mehr so wie früher. Man bekommt keine Zeche mehr zu einem symbolischen Mietpreis. Die ›Zeche Bonifacius‹ in Essen-Kray war eine richtig schicke Location, gern genutzt von verschiedenen Veranstaltern. Heute beherbergt sie ein edles Tagungshotel. Zu schick für Subkultur. Seit Jahren geht es mittlerweile so: Wenn eine Zeche geschlossen werden soll, wird vorab eine Entwicklungsgesellschaft gegründet. Jahrelangen Leerstand gibt es deswegen nicht mehr. Manchmal ist Kultur im Konzept mit drin, dann entsteht ein wunderbarer Raum wie das ›Consol-Theater‹ in Gelsenkirchen. Oft aber ist das Ziel, über Gewerbeansiedlungen den Arbeitsplatzverlust zu kompensieren. Und dann hat Kultur einen schweren Stand. Das gilt selbst für den Renommeestandort schlechthin, die ›Zeche Zollverein‹ in Essen, deren Ausbau zu einem Designstandort bisher zu gerade mal einem Neubau geführt hat.

Aber hinter dem Verlust der Brachflächen steckt mehr: Der Verlust von Orten, die nach einer anderen Zeit gehen, die nah sind, doch vollkommen fremd und fern wirken, die die Menschen temporär von ihrer Umgebung und ihrem Alltag befreien. Es sind Orte, die Geschichten erzählen, mal mehr, mal weniger eindeutig. Diese Geschichten sind zuerst einmal ihre Geschichten, dann aber auch einfach alle, die die Phantasie heraufbeschwört. Es sind Sehnsuchtsorte, auch Heterotopien, und insofern für die Selbstbestimmung der Gesellschaft von Bedeutung, ganz besonders für die, deren seismographisches Gespür für Brüche und Transformationen ausgeprägter ist: die Künstler.

Die Zeit dieser Orte und ihrer Möglichkeiten ist hier in den 1990er Jahren weitgehend zu Ende gegangen, als aus den Industrieruinen Industriekultur wurde, etwas, was man herausputzt und vorzeigt und auf das man stolz ist. Orte wie die Jahrhunderthalle in Bochum mit ihrem edlem Glasfoyer und natürlich die ›Zeche Zollverein‹ (mit der ›Ruhr Lounge‹

auf dem Dach) sind längst die gute Stube des Reviers, nicht mehr der Hinterhof, die Werkstatt. Die Gebläsehalle im Landschaftspark Duisburg-Nord beherbergte früher mit dem ›Phuture Club‹ eine Technoinstitution, heute geben sich dort die ›Ruhrtriennale‹ und Firmenevents die Klinke in die Hand. Welche neuen Orte bieten sich an, wenn die einst so typischen Orte des Reviers kaum noch zur Verfügung stehen? Möglichkeitsräume werden heute woanders gesucht, im Niemandsland der Autobahnränder, auf der Insel zwischen Emscher und Rhein-Herne-Kanal, im Grenzbereich der Städte. Aber es sind im Wesentlichen Planer, die den Blick auf diese Orte richten, die das Engagement der Künstler theoretisch vorbereiten und praktisch organisieren. Dabei wird, gerade auch 2010, Spannendes und Inspirierendes entstehen. Aber es ist nicht dasselbe. Und auch wenn es noch so charmant und behutsam geschieht, wird es ein Zugriff auf die letzten freien Zonen sein. In denen aber ist vom Geist der Brachen noch etwas zu spüren, sie sind eine regionale Besonderheit, in denen man dem Ruhrgebiet sehr nahe kommen kann.

Regionale Intimpflege: No Fear

Die Defizite der Raumstruktur werden sich nicht so beheben lassen, dass das Ruhrgebiet zukünftig gänzlich unbelastet davon wäre. Kulturevents können Entwicklungen anstoßen und Verbesserungen in den Bereichen Image, Tourismus und regionale Zusammenarbeit erzielen, sind jedoch kein Allheilmittel. Ihre ökonomische Wirkung ist begrenzt, und es kann leicht geschehen, dass sich die einheimischen Künstler und Kulturschaffenden in den Schatten gedrängt fühlen. »Die Dominanz von Industriekultur erstickt alles«, klagte ein Musiker über den ihm zu engen Kulturbegriff in der Region. Dabei geht es nicht nur um Geld, sondern auch um Öffentlichkeit und Akzeptanz. Es besteht die Tendenz, Kunst und Kultur immer stärker zu instrumentalisieren; damit ist eine Selektion von Sparten, Themen und Personen verbunden.

Eine Betrachtungsweise, die hier nur angedeutet werden konnte, aber von großer Relevanz ist, benennt die Auswirkungen einer immer stärker kulturalistischen Perspektive: »Die ›Kulturalisierung‹ [...] der Erklärungen regionaler Entwicklungsunterschiede hatte Konsequenzen für den Gegenstand von Planung und Politik. Sie hatten es jetzt gleichsam mit dem Intimbereich der Gesellschaft zu tun: mit Milieus, Denkweisen, Kommunikationsstrukturen, normativen Orientierungen, Lebensqualität.« (Häußermann/Läpple/Siebel 2008: 151) Da die baulich-strukturellen Maßnahmen auf den Gesamtraum Ruhrgebiet nur geringen Einfluss haben, da Festivals temporär bestimmte Funktionen erfüllen, da die Defizite im Bereich des alltäglichen Kulturgeschehens zu liegen scheinen, käme es für das Ruhrgebiet darauf an, sich um den so benannten Intimbereich zu kümmern, gewissermaßen Intimpflege zu betreiben, um eine nachhaltige Entwicklung des kulturellen Lebens und Sektors zu ermöglichen. Und auch wenn Frank Castorf 2004 bei den ›Ruhrfestspielen‹ keinen Erfolg hatte (oder haben durfte), so wirkte sein Motto »No Fear« doch so frisch wie fünf Jahre zuvor Leander Haussmanns blinkendes Herz als Logo für das Schauspielhaus Bochum. Diese Frische zu erneuern täte dem Intimbereich des Ruhrgebiets sicher gut.

LITERATUR

Häußermann, Hartmut/Dieter Läpple/Walter Siebel (2008): Stadtpolitik. Frankfurt/Main.
Rieker, Yvonne/Michael Zimmermann (2007): Historie und Hässlichkeit. Betrachtungen zur Ästhetik des Ruhrgebiets. Essen.

Jörg-Uwe Nieland

Standortfaktor Popkultur
Ein Plädoyer für das Ruhrgebiet

Moderne Gesellschaften zeichnen sich durch das Verschwinden der Grenzen von Produktion, Dienstleistung und Konsum aus. Weil neue Technologien standort- und zeitunabhängige Produktionsbedingungen erlauben, gewinnen einige Wirtschaftssegmente rasant an Bedeutung. Gleichzeitig verändern sich Berufsbiographien und entstehen neue Lebensentwürfe. Schließlich etablieren sich auch neue Konsumstrategien.[1] In den Worten von Richard Florida (2007: 25), dem Vordenker der »Creative Society«: »Our economy is morphing in new ways every day, from an older industrial system founded on raw materials to a creative economy bound only by the way we work, the way we use our time, our lifestyles and leisure, the kind of communities we choose to live in, and the personal and familiar identities we contract.« Was Florida hier beschreibt, ist der Bedeutungsaufschwung der Kulturwirtschaft zu einem wichtigen Standort- und Beschäftigungsfaktor. Mit Klaus R. Kunzmann (2006: 3f.) kann dieser Aufstieg auf drei Aspekte verdichtet werden: *Kultur schafft Identität, Kultur prägt das Image, Kultur schafft Arbeit.*

Was für die Kultur im Allgemeinen gilt, trifft auf die Popkultur im Besonderen zu. Quasi in Verlängerung und Vertiefung des Hypes um die Kreativwirtschaft (vgl. Florida 2002; 2007).[2] Es existiert ein »Standortfaktor Pop« – und zwar trotz der Krise der Popkulturindustrie.[3] Der Standortfaktor Pop greift auch für NRW und das Ruhrgebiet. Um seine

Tragweite abzuschätzen, bedarf es einer Bestandsaufnahme, die über die bisherigen Aufarbeitungen hinausgeht.[4] Während die Kulturwirtschafts-berichte des Wirtschaftsministeriums NRW[5] – bearbeitet von der Arbeitsgemeinschaft Kulturwirtschaft und als Leistungsschau der Branche gefeiert – die »nackten« Zahlen auflisten und den wirtschaftspolitischen Zusammenhang herstellen, benötigt die wissenschaftliche wie öffentliche Debatte eine kulturpolitische Aufarbeitung. Dies sollte vor dem Hintergrund erstens des Bedeutungsaufschwungs, den die Kulturpolitik augenblicklich auf Bundesebene erlangt hat[6], zweitens der Bemühungen, kulturpolitische Strategien für den Bereich der Musikindustrie zu entwickeln, sowie drittens den Vorbereitungen, die mit der »Kulturhauptstadt Europa 2010« verbunden sind, geschehen. Diesen Rahmen füllt der folgende Beitrag aus und bündelt die Perspektiven des Standortfaktors Popkultur abschließend in vier Thesen.

»Creative Class« und »Creative Economy« – vom Aufstieg zum Überflug

Die »kreative Klasse« erhebt Richard Florida in seiner ökonomischen Theorie zum Beschäftigungswachstum zum Hoffnungsträger. Zur kreativen Klasse zählt er ein breites Spektrum qualifizierter Berufe: beginnend bei den Fachleuten in Technik und Naturwissenschaft, über höhere Positionen im Handels- und Finanzsektor bis hin zu Beschäftigungen in der akademischen und öffentlichen Verwaltung sowie in Bereichen der Justiz und öffentlichen Sicherheit; in erster Linie aber Künstler und andere Kulturberufe und die Angehörigen der Medien- und Kommunikationsindustrien sowie Teile der ethnischen Minderheiten und die städtischen Schwulen- und Subkulturszenen. Allein deren Sichtbarkeit in der Stadt und deren wirtschaftliche wie kulturelle Aktivität, also deren »Kreativität«, sind ausschlaggebend für ein zukünftig nachhaltiges ökonomisches Wachstum (Florida 2002; auch Kaschuba/Färber/Gdaniec 2007: 15).

Wenn über die gewachsene ökonomische Bedeutung und den symbolischen Inhalt kultureller Produkte gesprochen wird, dann richtet sich der bundesdeutsche Blick zunächst auf Berlin. Trotz miserabler Haushaltslage

(»arm, aber sexy«) hat sich die Hauptstadt zu einem dynamischen Ort für die Musikproduktion entwickelt. Sichtbar wird dies am Umzug von »Global Players« der Musikindustrie: Universal Music, BMG, Sony – diese drei verfügen über einen Marktanteil in Deutschland von rund 75 Prozent – sowie von MTV, der PopKomm, den Verbänden der Tonträgerindustrie und weiteren Akteuren. Berlin gilt inzwischen als eine »Alpha World Media City« (vgl. Krätke 2002). Der Aufstieg Berlins in den Kreis der World Media Cities ereignete sich in einer Zeit, in der sich die internationale Musikindustrie in einer tiefgreifenden Krise befand bzw. befindet (vgl. Scharenberg 2005: 1257).[7] Der Stadt ist es in dieser Phase gelungen, die Rolle der Subkultur als Raum für Kreativität zu nutzen. Insbesondere bei der elektronischen Musikszene wird dies deutlich, denn typisch für Berlin sind die kleinen innovativen Bands und Labels, die Wohnzimmerbars und die halblegalen Clubs. Diese Entwicklung steht in der Tradition der 1970er und 1980er Jahre; aus der politischen »Hausbesetzerszene« ging eine kulturelle, elektronische Avantgarde hervor (Scharenberg 2007: 3). Die in der Berliner Musikszene wichtigsten oder doch typischen Stile Techno, Elektro und auch HipHop haben ihren Ursprung in den städtischen Ruinen der deindustrialisierten Städte wie Detroit und Manchester oder der verfallenden New Yorker Bronx (Scharenberg 2005: 1260).

Eine solche Erfolgsgeschichte lässt sich nicht ohne weiteres auf andere Städte übertragen – da hilft auch der Umzug der Love Parade ins Ruhrgebiet oder Herbert Grönemeyers Hymne über Bochum wenig. Denn trotz der guten popmusikalischen und musikwirtschaftlichen Infrastruktur (hohe Dichte an Konzertstätten, Kultur- und Musikhäusern sowie zahlreiche Labels), existiert im Ruhrgebiet bis heute kaum eine regionale Stilentwicklung – wie es beim »Mersey Beat«, aber auch in Düsseldorf mit Kraftwerk, Fehlfarben oder Die Toten Hosen und in Köln mit BAP zu beobachten war. Nachteilig wirkt sich für das Ruhrgebiet außerdem aus, dass sich die so genannte »symbolökonomische Industrie« eher in Düsseldorf und Köln angesiedelt hat. Gleichwohl ist festzuhalten, dass sich auch im Ruhrgebiet in den letzten drei Jahrzehnten durch Kultur viel verändert hat: die Kultur- bzw. Kreativwirtschaft ist zur Zukunftsbranche geworden und wurde in zahlreiche Programme und Initiativen zur Bewältigung des regionalen Strukturwandels integriert (Ebert/Gnad 2006: 31).

Hinter der Positionierung »der Kreativen« in Berlin verbirgt sich die Herausbildung einer neuen urbanen Mittelschicht – auch auf diesem Gebiet fehlt es dem Ruhrgebiet bislang an Substanz. Kultur steht in einem komplexen Verhältnis zur räumlichen Neuordnung und Fragmentierung in der postmodernen Stadt. *Events und »Festivalisierung«* beschreiben die Neuorientierung zum Stadtmarketing der unternehmerischen Stadt und die Steigerung symbolischer Qualitäten.[8] Im »Monopoly der Städte« (Matzig 2007) ist Kultur zu einem strategischen Element geworden; die Fixierung auf die kreative Klasse bringt eine soziale Fragmentierung des Stadtraumes und eine Verschärfung der Spaltung zwischen creative und service class (vgl. Peck 2005) mit sich. Dabei sorgt die Stadtpolitik heute weniger für einen gewissen sozialen Ausgleich zwischen einzelnen Quartieren, sondern produziert im Kontext der Globalisierung sozial wie räumlich desintegrierte Städte (vgl. Scharenberg 2005: 1258).[9] Diese durch die Stadtpolitik direkt wie indirekt herbeigeführte sozialräumliche Veränderung liefert ein Gerüst für die »Creative Economy«. Die Desintegration liefert quasi den Nährboden für die Kreativwirtschaft – und zwar nach Florida dort, wo »the 3 T of economic development: Technology, Talent, and Tolerance.« (2007: 37) zusammentreffen, um zumindest in einigen Sozialräumen die Desintegration zu überwinden. Der Clou des Ansatzes von Florida liegt offensichtlich in der Betonung des Faktors »Toleranz«.

> »In my view, tolerance acts indirectly, given places have an edge in attracting varied talent from across the entire demographic spectrum. This ability to attract talent in turn bolsters their ability to build and mobilize creative capital, which in turn leads to the ability to innovate, create new business, attract other companies, and ultimately to create new wealth and prosperity.« (Ebd.: 53)

Wie oben erwähnt setzte in Deutschland ab den 1990er Jahren sowohl von wissenschaftlicher wie von politischer Seite die Betonung der ökonomischen Aspekte des Kultursektors ein. Inzwischen wird auch die von Florida vorgeschlagene Strategie breit diskutiert (vgl. bspw. Wisand 2006: 8ff.; Raunig/Wuggenig 2007). Die Kulturwirtschaftsberichte, wie sie seit 1992 in Nordrhein-Westfalen, in der Folge auch in anderen Bundesländern, erstellt wurden, betrachten sowohl die Kulturwirtschaft im engeren Sinne (also den Buchmarkt, die Musikwirtschaft, den Musicalsektor und die wirtschaftliche Aktivität freischaffender Künstler) als auch die Kultur- und Medienwirtschaft im weiteren Sinne (Architektur- und Designateliers) und auch die ergänzenden Teilbranchen. Die Kulturwirtschaftsberichte schlagen eine Brücke zwischen Politik, Kultur und Ökonomie. Mit ihrer Hilfe ist eine umfassende Beschreibung der Kulturwirtschaft möglich; aufgearbeitet und bewertet sind erstens die erstaunliche Dynamik der Kulturwirtschaft (im Vergleich zu anderen Sektoren etwa bezogen auf die Zahl der Unternehmensgründungen und auch der Umsätze), zweitens die Arbeitsmarkteffekte der Kulturwirtschaft, drittens geringe Betriebsgrößen und eine Vielzahl von Neugründungen, viertens eine entscheidende Rolle der selbstständigen Künstler, fünftens eine geringe Kapitalintensität in diesem Segment, sechstens das Komplementärverhältnis zwischen der Kulturwirtschaft und dem öffentlichen und gemeinnützigen Kulturleben, siebtens die Offenheit gegenüber neuen Technologien und achtens die europäisch-grenzüberschreitenden Kooperationsbeziehungen (Wiesand 2006: 13). In Konkretisierung des Entwurfs von Florida und anderen verdeutlichen einige Kulturwirtschaftsberichte, dass »Betriebe der Kulturwirtschaft wichtige Voraussetzungen oder Verbundleistungen für die Entwicklung anderer Branchen schaffen« (ebd.) – und zwar unter anderem für den Fremdenverkehr (»Kulturtourismus«) und die Konsumgüterindustrie.

Kulturpolitik im neuen Gewand

Parallel zu den Debatten über die Kulturwirtschaft lässt sich die jüngste Entwicklung ›der‹ Kulturpolitik als der *Übergang von der staatlichen Förderungspolitik zur »Kreativwirtschaft«* beschreiben (vgl. von Beyme 2006).[10]

Die Sozialwissenschaften haben diesen Prozess nur in Ansätzen nachvollzogen.[11] Dabei sind die Veränderungen gerade auf der Ebene der Bundespolitik tief greifend. Zu nennen sind die Einrichtung des Amtes eines Bundesbeauftragten für Kultur und Medien, die Installation des Bundestagsausschusses »Kultur und Medien« und der Bundestags-Enquêtekommission »Kultur in Deutschland«, die Gründung der Kulturstiftung des

Bundes sowie die Förderung der Hauptstadtkultur. Vor diesem Hintergrund ist von einer *Verankerung der Kulturpolitik in der »Berliner Republik«* zu sprechen. Unter Rot-Grün nahm die Kultur nicht nur am Kabinettstisch Platz,[12] sie war darüber hinaus ordnungspolitisch ambitioniert, stieß eine Vielzahl »überfälliger« Projekte an: die Bundeskulturstiftung, die Neupositionierung des Goethe-Instituts, die Beschäftigung mit dem Kulturföderalismus und die Rettung der Hauptstadtkultur vor dem (finanziellen) Untergang. Zu beobachten ist auch eine Aufwertung der Verbände und anderen kulturpolitischen Akteure (wie dem Institut für Kulturpolitik). Vor allem stellte sich die Kulturpolitik der kritischen Öffentlichkeit.

Das kulturpolitische Engagement bezog sich auch auf die Popkultur bzw. die Popmusik – und der Anspruch war durchaus gewaltig. Die Forderung, dass Kulturpolitik der Entfaltung und Entwicklung der sozialen, kommunikativen und ästhetischen Bedürfnisse aller Bürger dienen soll, wollte die rot-grüne Bundesregierung auch für die Popkultur realisieren. So liest sich die Antwort der Bundesregierung auf eine Große Anfrage der CDU/CSU zur Situation der Rock- und Popmusik in Deutschland vom 27. September 2001 und auch die Einlassung des damaligen Bundesbeauftragten für Kultur und Medien Nida-Rümelin auf der Popkomm. Der Einsatz »der Politik« für die Belange der Musikindustrie in der seit Frühjahr 2004 (wieder) intensivierten Debatte über eine nationale (Radio-) Quote allerdings zeugte dann gerade nicht von dem umfassenden Anspruch. Nicht die sozialen, kommunikativen und ästhetischen Bedürfnisse der Musikfans oder Musikkonsumenten, sondern die Interessen der Industrie bestimmten die Diskussionen. Auch vor diesem Hintergrund ist erklärbar, warum es bislang nicht zu einer nachhaltigen Positionierung oder gar belastbaren Konzepten weder durch die rot-grüne, noch durch die schwarz-rote Bundespopkulturpolitik gekommen ist. Vielmehr stehen weiterhin nur die vom öffentlichen Sektor getragenen Kultureinrichtungen, deren Leistungen und Programme im Mittelpunkt der Kulturpolitik. Dies sind im Bereich der Musik unter anderem die kommunalen Orchester und Musikschulen sowie die öffentlich getragenen Konzerthäuser. Die »kulturelle Grundversorgung« bleibt vorrangig als öffentliche Aufgabe definiert, die »Qualität« erzeugen soll und sich von der so genannten kommerziellen Kultur abgrenzt. Diese Verfahren reagieren eben nicht auf quantitative und qualitative Veränderungen, die die Musiklandschaft in den letzten 20 Jahren durchlaufen hat (vgl. Nieland 2008a).

Aus Sicht »der Popkultur« fällt die Bewertung eher negativ aus: Denn die Nähe zur Politik ist zum Bumerang geworden. Bislang greifen die zarten Instrumente der »Bundespopkulturpolitik« nicht (Nieland 2005) und symbolische Einrichtungen wie die eines SPD-Popbeauftragten oder Gesprächsrunden zwischen den Staatsministern/der Staatsministerin oder Parlamentarien und Popkünstlern – etwa im Rahmen der Debatte um die Einführung einer Musikquote im Radio – nicht (Nieland 2008a).

Dieser Zwischenbefund steht im starken Kontrast zu den kulturpolitischen Zielen – gerade der SPD. Denn laut dem Leitantrag »Kultur ist unsere Zukunft« für den Bundesparteitag in Hamburg aus dem Sommer 2007 sind neben der Bedeutung der Erinnerungskultur sowie dem Wachstums- und Beschäftigungspotenzial der Kulturwirtschaft Kultur und Bildung als integraler Bestandteil des sozialdemokratischen Konzeptes des vorsorgenden Sozialstaates, der neuen gesellschaftlichen Spaltungen und Ausgrenzungen entgegenwirkt, beschrieben.[13] Die Realisierung dieses Anspruches erfordert es, die ökonomischen Begründungen der Kulturpolitik aufzubrechen.[14] Sonst wiederholt sich der Fehler, der sich in der nordrhein-westfälischen Kulturpolitik beobachten ließ: Nach der Erstellung der Kulturwirtschaftsberichte wurde von der rot-grünen Landesregierung hektisch Geld in wirtschaftspolitische Maßnahmen, z.B. in Beratungsmöglichkeiten oder Hilfen für so genannte ›Start-Ups‹, gepumpt – soziokulturelle Aspekte blieben auf der Strecke und die kreativen Potenziale entfalteten sich kaum. Eine andere Ebene aber könnte zum Sprungbrett der Kreativwirtschaft werden: die europäische Kulturpolitik und hier im Besonderen das Programm der »Kulturhauptstadt Europas«.

Europäische Kulturpolitik – Kulturhauptstadt Europas

Die Institutionalisierung der Kulturpolitik ist in den letzten Jahren enorm vorangeschritten. Dabei werden die neuen Arrangements nicht nur von staatlichen Akteuren getragen. Insofern ist sie ein Paradebeispiel für Governance-Strukturen. Dies betrifft auch das neue Kulturkonzept der Europäischen Union, welches sich in fünf Punkten zusammenfassen lässt: Erstens soll der Dialog noch intensiver als zuvor mit allen am Kulturbetrieb Beteiligten geführt werden, zweitens ist eine klare Prioritätensetzung bei Kulturfördermaßnahmen vorgesehen (Beckmann 2007), drittens sollen das Subsidiaritätsprinzip und eine stärkere Transparenz der geplanten und eingeleiteten Initiativen verfolgt werden, viertens die kulturellen Aktivitäten auf die gesetzten Ziele hin überprüft werden und fünftens die Zusammenarbeit mit Drittländern und auch mit internationalen Organisationen wie dem Europarat und der UNESCO ausgebaut werden.

Bei der Entwicklung von (neuen) Konzepten zur Stärkung des Standorts muss das Spezifische der Region im Mittelpunkt stehen. Bezogen auf die Popmusik ist daran zu erinnern, dass sich der »Sound einer Stadt oder Region« entwickelt durch ein komplexes Zusammenspiel von Main- und Subkultur (vgl. Kimminich/Rappe/Geuen/Pfänder 2007). Zu einem »gesunden« Verhältnis von Main- und Subkultur tragen sowohl die Musikindustrie als auch die Politik bei (vgl. die Beiträge in Scharenberg/Bader 2005; Scharenberg 2007).

Als Kristallisationspunkt dient das Programm der Kulturhauptstadt Europas. Die Kulturhauptstädte sollen künftig also weniger Schaufenster der gesellschaftlichen und kulturellen Errungenschaften, als vielmehr solche des kulturell und gesellschaftlich Leistbaren sein. Zum Ausdruck kommen sollen – in den Bewerbungen wie in den Realisationen – die kulturelle Kompetenz und die gesellschaftliche Kraft zur Führung der notwendigen Auseinandersetzung mit der Vielzahl von neuen Situationen und Strukturbrüchen. Eingeleitet ist damit ein Paradigmenwechsel, der mit dem Begriff der Reurbanisierung der europäischen Städte bezeichnet werden kann. Dazu zählen die Wiedergewinnung und Neugestaltung öffentlicher Räume (die offen sind für eine städtische multikulturelle Gesellschaft) und die Entwicklung von bislang unbekannten lokalen Bürger-Energien für Selbstbestimmung und Identität. So entstehen aber auch Lebensorte von unverwechselbarem urbanen Charakter und der kreative Umgang mit Konfliktfeldern wie etwa Schrumpfungsprozessen.

Die im Umfeld der Debatten über den europäischen Verfassungsvertrag geführten Diskussionen haben deutlich gemacht, dass kulturelle Identität nicht allein durch die Bezugnahme auf ein historisches Erbe zu begründen ist. Vielmehr muss die kulturelle Identität eingebettet sein in einen Kommunikationsprozess, der neue Selbstverständigung erzeugt und Zukunft verbürgt. Um dies zu erreichen, braucht es »eine stärkere Einbindung der Bürgerinnen und Bürger der europäischen Staaten, der Städte und Regionen sowie der zivilgesellschaftlichen Vereine, Netzwerke und Verbände« (Scheytt/Sievers/Wagner 2007: 12). Hier wird deutlich, dass der partizipative Prozess vor allem ein kultureller Prozess ist, denn »Kunst und Kultur schaffen besser als andere Medien und Aktivitäten die Voraussetzungen des gegenseitigen Kennenlernens, des Vertrauenbildens und der wechselseitigen Anerkennung der jeweiligen Besonderheiten und Traditionen.« (Ebd.) Der hier formulierte, normative Anspruch von europäischer Kultur als identitätsstiftendes Moment der europäischen Integration, stand und steht bei der Realisierung bei den einzelnen Kulturhauptstädten in Konkurrenz zu den standortpolitischen Interessen (vgl. die Beiträge in Mittag/Tenfelde 2008).

Kulturpolitisch stellte der Entwurf der Europäischen Union zum Verfassungsvertrag einen gewaltigen Schritt nach vorne dar, denn in keinem anderen Politikfeld sind so weitreichende und zukunftsorientierte Entwicklungspotenziale angelegt. Soll die europäische Identität aber politisch belastbar sein und den Herausforderungen der Zukunft standhalten, muss noch ein weiteres konstitutives Element hinzukommen: ein europäisches Bewusstsein, das sich in einer breiten Öffentlichkeit und deren aktiver Beteiligung am Europaprozess manifestiert.

Im Jahr 2010 wird das Ruhrgebiet Europas Kulturhauptstadt. Eine Reihe an Gemeinsamkeiten weist es mit den Preisträgern der letzten Jahre – insbesondere mit Luxemburg und der vier Länder umfassenden Großregion sowie Liverpool – auf. Insbesondere die Bedeutung von Migration ist vergleichbar. Anders als Luxemburg aber will und muss sich das Ruhrgebiet neu definieren. Weniger der Tourismus, ein erklärtes und meist auch erfolgreich umgesetztes Ziel der meisten Kulturhauptstadt-initiativen, sondern die nachhaltige Etablierung einer »creative class« ist dabei ein zentrales Anliegen. In diesem Sinne erklärte der Geschäftsführer der Ruhr.2010 Oliver Scheytt: »Vor 100 Jahren gab es eine Migration der Arbeiter. Wir wollen, dass es künftig eine Migration der Kreativen gibt« (zit. n. Müller 2007). Die Zahlen lassen hoffen: Im Bergbau sind im Jahr 2007 noch 36.000 Menschen beschäftigt, in der Kreativwirtschaft sind es schon 40.000. Gleichwohl besteht die Gefahr, dass ausschließlich die kulturelle Elite – nicht nur aus dem Ruhrgebiet – profitiert. Einerseits müssen die Kulturprojekte zusammen mit der Wirtschaft entwickelt, realisiert und vermarktet werden, andererseits dürfen die kulturellen Leuchttürme die direkte Nachbarschaft nicht im Dunkeln lassen.

Wie real diese Gefahr ist, dass lediglich eine kleine Elite von dem »Event« Kulturhauptstadt profitiert, ist an vielen Stellen nachgewiesen (vgl. die Beiträge in Mittag/Tennfelde 2008); insbesondere die Erfahrungen, die in einer anderen ex-industriellen Kulturhauptstadt – nämlich Glasgow im Jahr 1990 – gemacht wurden (vgl. Mooney 2004), zeigen die Herausforderungen für das Ruhrgebiet.

Thesen zum Popkulturstandort Ruhrgebiet[16]

Bei der Vorbereitung und Realisierung des Projekts »Kulturhauptstadt Europas 2010« muss sich die Popkultur ihren Platz erkämpfen – es lohnt sich.

Der Blick auf die nordrhein-westfälische Kulturpolitik offenbart eine Verschiebung der Aufmerksamkeit und Prioritäten ins Ruhrgebiet. Während sich Politiker, Medienvertreter und Unternehmen zum Teil seit Jahren konzeptionell und finanziell bei der Bewerbung sowie der Realisierung des Ruhrgebiets engagieren, geraten andere Projekte aus dem Blickfeld. Dabei liegt allerdings die Konzentration keineswegs im Bereich der Popkultur. Die »Austragung« der Loveparade im Ruhrgebiet ist hier nur ein Feigenblatt.

Für das Ruhrgebiet steht eine Abwägung der Chancen und Risiken, oder anders formuliert der Stärken und Schwächen, an. Zu den Stärken des Ruhrgebiets zählen die in den letzten Jahren gegründeten, entwicklungsfähigen, kreativen Unternehmen – diese lassen sich auch im Bereich der Popkultur finden. So weist der 5. Kulturwirtschaftsbericht NRW für den »Teilraum Ruhrgebiet« 9.837 Unternehmen aus den Bereichen Literatur-, Buch- und Pressemarkt, Musikwirtschaft, Kunst und Kunsthandwerk, Designwirtschaft, Film- und TV-Wirtschaft, Darstellende Kunst und Unterhaltungskunst aus (Ministerium für Wirtschaft Mittelstand und Energie 2007: 208). Die Anzahl der Unternehmen liegt im Ruhrgebiet deutlich über der der Teilräume Düsseldorf und Köln; bezogen auf die Umsätze allerdings fällt das Ruhrgebiet hinter die beiden anderen Teilmärkte zurück (ebd.).[17] Als Schwächen sind zu nennen, dass im Unterschied zu Regionen wie Köln oder München im Ruhrgebiet bedeutsame Medienstandorte fehlen. Das Ruhrgebiet muss ohne einen zentralen Impulsgeber mit entsprechenden regionalen »forward- and backward linkages« auskommen (Ebert/Gnad 2006: 37). Tatsächlich mangelt es an so genannten »hot spots«, also attraktiven, gut erreichbaren Kultur- und Freizeitvierteln mit Flair für die unterschiedlichen kulturell interessierten Besuchergruppen (ebd.). Hier können Pop-Events – wie etwa die Mayday und zukünftig auch die Loveparade – eine Schneise schlagen und eine Aufwertung des Ruhrgebiets herbeiführen.

Die Neuausrichtung des Konzepts der »Kulturhauptstadt Europas« sowie grundsätzlich der Bedeutungsaufschwung, den »die Kultur« im Rahmen der Integration Europas erfährt, liefern Motivation, Legitimation und nicht zuletzt auch Fördermittel. Vor diesem Hintergrund werden die Erfahrungen, die in der Kulturhauptstadt Liverpool 2008 gemacht werden, ein wichtiger Testfall und gegebenenfalls auch Orientierungspunkt für das Ruhrgebiet sein. Liverpool ist nicht nur eine Ex-Industriestadt, die wie das Ruhrgebiet einen gewaltigen Strukturwandel zu bewältigen hat, die Verantwortlichen betonen den Standortfaktor Popmusik, indem sie an die Zeit des »Mersey Beats« und vor allem der Beatles erinnern.

Das Zauberwort heißt »Kreativwirtschaft« – die Basis im Ruhrgebiet ist vielversprechend.

Nicht nur die Metropolen, sondern gerade die so genannten »second cities« müssen investieren. Die Politik springt auf diesen Zug auf: So fordert Tim Renner (2007) vor dem Hintergrund der kulturpolitischen Positionierung der SPD ein »Ministerium für Kreativwirtschaft«. Außerhalb von NRW tobt der »kreative Wettbewerb« und Erfolge sind – nicht nur in Berlin – unübersehbar.

Der Weg für eine »Politik der Ermächtigung« – eine »alte Forderung« der gesellschafts- und kulturkritischen Linken – ist verbaut, aber eine »Politik der Ermöglichung« (Scharenberg 2005: 1261) wäre zu schaffen. Denn im Ruhrgebiet ist der Übergang vom Montan- zum Wissenschafts- und Dienstleistungsstandort vollzogen. Die drei T (Technology, Talent, and Tolerance) wurden mit Hilfe von Universitäten, Fachhochschulen, Gründerzentren und Technologieparks regelrecht »gepflegt«. Das Ruhrgebiet nimmt einen Spitzenplatz ein in den Bereichen Informationstechnik, Mikrosystemtechnik, Logistik und Gesundheitstechnik – im Bereich der symbolökonomischen Dienstleistungen aber gibt es noch deutliche Rückstände. Zu ihrer Überwindung liefert der 5. Kulturwirtschaftsbericht Nordrhein-Westfalen mit der Nennung von Innovationserfordernissen in dem Bereich »Popularmusik« (aufgeschlüsselt über die Teilbereiche: Musik-Content, Technik, Marketing, Organisation, Finanzierung und dem institutionellen Umfeld) erste Hinweise (Ministerium für Wirtschaft, Mittelstand und Energie 2007: 106ff.; vgl. auch Nieland 2008b).

Verändert haben sich die Kultur- und Freizeitaktivitäten. Die Kulturwirtschaft des Ruhrgebiets besitzt für die ansässige Wirtschaft und den regionalen Arbeitsmarkt eine nicht mehr wegzudenkende Bedeutung.[18] Einen Schwerpunkt der Kulturwirtschaft des Ruhrgebiets stellt der Literatur-, Buch- und Pressemarkt dar; dieser sorgte in der Vergangenheit für Stabilität auch in Zeiten wirtschaftlicher Krisen. Herausgebildet hat sich eine spezifische Teilmarktstruktur und Entwicklungsdynamik – gerade im Vergleich zu Düsseldorf/Köln, München und Hamburg sowie Berlin. Ein Vorteil der Kulturwirtschaft liegt in ihrer internationalen Ausrichtung

(Ebert/Gnad 2006: 34f.). Das Ruhrgebiet muss auf diesem Feld noch aufholen. Dazu sind nicht nur die erwähnten Innovationserfordernisse zu berücksichtigen, sondern auch die Qualifizierungsangebote deutlich auszuweiten (Ministerium für Wirtschaft Mittelstand und Energie 2007: 116ff.).

Leuchtturmprojekte brauchen erstens ein gutes und nachhaltiges Konzept, zweitens eine verlässliche Unterstützung durch Politik und Wirtschaft und drittens eine Aufsehen erregende Vermarktung

Bislang wurden im Popbereich kaum Synergieeffekte angestrebt und realisiert. Die Pflege der popkulturellen Vergangenheit und Öffnung für Innovationen gehören zusammen. Augenblicklich fehlen die »Motivatoren«. Mit Blick auf die Unterstützung von Bands, Labels und Veranstaltungsorten braucht es Programme im Sinne einer Spitzenförderung; ein bundesweites Netzwerk bei gleichzeitiger Stärkung der Musikzentren vor Ort – der Schwerpunkt sollte dabei die Qualifizierung ausgewählter Bands und Künstler sein. Wichtig erscheint es in diesem Zusammenhang, daran zu erinnern, dass staatliche Kulturproduktion, die einer vollständigen Ökonomisierung der Kulturproduktion vorbeugt, mehr umfasst als Subventionen. Für eine »Politik der Ermöglichung« stellen finanzielle Mittel nur einen (und oft nicht einmal den wichtigsten) Teil der Förderung dar (Scharenberg 2005: 1261f.). Genau in diesen Kontext passt die Popkultur im Ruhrgebiet. Die Kulturpolitik kann anschließen an die Schlüsselprojekte wie die Ansiedlung von Musicalhäusern, die Kongresse und Tagungen zur Kulturwirtschaft, den Ausbau des Weltkulturerbes »Zeche Zollverein«; sie kann gipfeln in der Erarbeitung regionaler Entwicklungskonzepte und branchenübergreifender regionaler Netzwerke (Ebert/Gnad 2006: 35). Popkultur als Standortfaktor für das Ruhrgebiet bedeutet die Förderung von Existenzgründungen und die Verbesserung der Rahmenbedingungen der Kulturwirtschaft im Kontext städtischer Entwicklungsmaßnahmen.

Neue Geschäftsmodelle, die für eine Integration von Künstlerförderung sowie eine Wirtschaftsförderung in Verbindung mit wissenschaftlicher und gesellschaftlicher Begleitung und Kritik stehen, sind zu entwickeln. Der Medien- und vor allem der Kulturstandort Ruhrgebiet ist noch nicht verloren. Ein Beispiel für ein neues Geschäftsmodell wäre Motor.FM – bezeichnenderweise ist dieses Modell nicht in NRW, sondern in Berlin angesiedelt.[19]

Die Globalisierung ist keine Verschwörung, die Region kann profitieren. Dafür sollte eine Politik der Kultur- und Musikförderung sich auf die Unterstützung lokaler Ansätze konzentrieren – gerade auf das im Ruhrgebiet vorhandene kreative Potenzial in der Multikultur (Scharenberg 2005: 1261). »Andererseits gilt weiterhin, gerade im Kunst- und Kulturbereich: Freiräume bekommt man nicht, man muss sie sich nehmen. Es ist kein Zufall, dass die 80er Jahre in West- und die 90er Jahre in Ost-Berlin Hochzeiten für alternative Visionen und Kreativität waren: Hier haben subkulturelle Bewegungen sich selbst organisiert, für ein anderes Leben gekämpft, dem Mainstream Freiräume entrissen.« (Ebd.: 1263)

An dieser Stelle greift die kritische Dimension der »Politik der Ermöglichung« nach Scharenberg (ebd.: 1265): Es sind Freiräume zu schaffen, die für kulturelle Kreativität genutzt werden können. Dann bleibt die konkrete Ausgestaltung der Stadtentwicklungspolitik für Musikindustrie und Kulturwirtschaft wie auch für kritische und subversive Politik von Bedeutung.

LITERATUR

Beckmann, Christine (2007): Die Kulturförderung der Europäischen Union. In: Wagner, Bernd/Sievers, Norbert (Hrsg.): Jahrbuch für Kulturpolitik 2007. Essen, S. 251-262.

Benz, Arthur (2004): Einleitung: Governance – Modebegriff oder nützliches sozialwissenschaftliches Konzept? In: Benz, Arthur (Hrsg.): Governance – Regieren in komplexen Regelsystemen. Eine Einführung. Wiesbaden. S. 11-28.

Beyme von, Klaus (2006): Kulturpolitik: Von der staatlichen Förderungspolitik zur »Kreativwirtschaft«. In: Schmidt, Manfred G./Zohlnhöfer, Reimut (Hrsg.): Regieren in der Bundesrepublik Deutschland. Innen- und Außenpolitik seit 1949. Wiesbaden. S. 243-262.

Canaris, Ute/Rüsen, Jörn (Hrsg.) (2001): Kultur in Nordrhein-Westfalen. Zwischen Kirchturm, Förderturm & Fernsehturm. Stuttgart/Berlin/Köln.

Ebert, Ralf/Gnad, Friedrich (2006): Strukturwandel durch Kulturwirtschaft. In: Aus Politik und Zeitgeschichte, 34-35/2006, v. 21.08.2006, S. 31-38.

Ertel, Rainer (2006): Daten und Fakten zur Kulturwirtschaft. In: Aus Politik und Zeitgeschichte, 34-35/2006, v. 21.08.2006, S. 17-23.

Flender, Christine/Husslein, Uwe/Jerrentrup, Ansgar (Hrsg.) (1999): »Tief im Westen ...« Rock und Pop in NRW. Köln.

Florida, Richard (2002): The Rise of the Creative Class. And How It's Transforming Work, Leisure,Community and Everday Life. New York.

Florida, Richard (2007): The Flight of the Creative Class. The New Global Competition for Talent. New York.

Gebhardt, Gerd (2005): Popkultur im Zeichen der Krisen: Zurück zur Basis! In: Kultur Notizen 9, hrsg. v. Kulturforum der Sozialdemokratie. Berlin, S. 54-59.

Gorny, Dieter (1991): Kulturpolitische Perspektiven der öffentlichen Pop-Förderung. In: Jogschies, Rainer (Hrsg.): Rock & Pop '89. Kritische Analysen – kulturpolitische Alternativen (II). Hagen. S. 69-76.

Heath, Joseph/Potter, Andrew (2004): Nation of Rebels. Why Counterculture became Consumer Culture. New York.

Kaschuba, Wolfgang/Färber, Alexa/Gdaniec, Cordula (2007): Die Kultur, der Kommerz und das Image. In: DFG-forschung, 1/2007, S. 14-17.

Klein, Armin (2003): Kulturpolitik. Eine Einführung, Opladen.

Kimminich, Eva/Rappe, Michael/Geuen, Heinz/Pfänder, Stefan (Hrsg.) (2007): Express yourself! Europas kulturelle Kreaiviät zwischen Markt und Underground. Bielefeld.

Krätke, Stefan (2002): Medienstadt – Urbane Cluster und globale Zentren der Kulturproduktion. Opladen.

Kunzmann, Klaus R. (2006): Kulturwirtschaft und Raumentwicklung. In: Aus Politik und Zeitgeschichte, 34-35/2006, v. 21.08.2006, S. 3-7.

Matzig, Gerhard (2007): Monopoly Deutschland. Der Städtewettbewerb zwischen Ökonomie und Kultur. In: Süddeutsche Zeitung, Nr. 88, v. 30.04./01.05.2007, S. 11.

Ministerium für Wirtschaft, Mittelstand und Energie des Landes NRW (Hrsg.) (2007): 5. Kulturwirtschaftsbericht. Kultur und Kreativwirtschaft. Medien – Wettbewerb – Innovationen. Düsseldorf.

Misik, Robert (2007): Das Kult-Buch. Glanz und Elend der Kommerzkultur. Berlin.

Mittag, Jürgen/Tenfelde, Klaus (Hrsg.): Europäische Kulturhauptstädte. Anfänge, Ausgestaltung und Auswirkungen europäischer Kulturpolitik. Essen.

Mooney, Gerry (2004): Cultural Policy as Urban Transformation? Critical Reflections on Glasgow, European City of Culture 1990. In: Local Economy, Vol. 19, No. 4, S. 327-340.

Müller, Jan (2007): Unser Pott soll schöner werden. Spiegel online v. 26.08.2007 (http://www.spiegel.de/politik/deutschland/0,1518,500430,00.html; zuletzt abgerufen 24.11.2007)

Nieland, Jörg-Uwe (2006): Und der Letzte macht das Licht aus! Vom Anspruch und Scheitern sozialdemokratischer Popkulturpolitik. In: testcard # 1, April 2006, S. 119-124.

Nieland, Jörg-Uwe (2008a): Pop und Politik. Politische Popkultur und Kulturpolitik in der Mediengesellschaft. Köln (in Vorbereitung).

Nieland, Jörg-Uwe (2008b): Popmusik in NRW. Schimäre oder Impulsgeber? In: Matejovski, Dirk/Kleiner, Marcus S./Stahl, Enno (Hrsg.): Pop in R(h)einkultur. Oberflächenästhetik und Alltagskultur in der Region. Essen, S. 43-65.

Nieland, Jörg-Uwe (2008c): Europa braucht Kultur – braucht die Kultur Europa? Beobachtungen und Anmerkungen zur medialen Wahrnehmung des Kulturhauptstadtjahrs 2007 der Großregion Luxemburg. In: Mittag, Jürgen/Tenfelde, Klaus (Hrsg.): Europäische Kulturhauptstädte. Essen, S. 167-190.

Peck, Jamie (2005): Struggling with the Creative Class. In: International Journal of Urban and Regional Research, Vol. 29.4, S. 740-770

Renner, Tim (2004): Kinder, der Tod ist gar nicht so schlimm. Über die Zukunft der Musik- und Medienindustrie. Frankfurt a.M.

Renner, Tim (2007): Die Zukunft hat viele Namen. Creative Class und Digitalisierung, Kultur und Kreativwirtschaft. In: Platzeck, Matthias/Steinbrück, Peer/Steinmeier, Frank-Walter (Hrsg.): Auf der Höhe der Zeit. Soziale Demokratie und Fortschritt im 21.

Jahrhundert. Berlin. S. 182-188.

Raunig, Gerald/Wuggenig, Ulf (2007): Kritik der Kreativität. Wien.

Scharenberg, Albert (2005): Musik und Metropole. Die kreative Klasse und die Politik der Ermöglichung. In: Blätter für deutsche und internationale Politik, 10/2005, S. 1257-1265.

Scharenberg, Albert (2007): Musik-Subkultur und Politik in Berlin. Ms. (Vortrag am Kulturwissenschaftlichen Institut, Essen, im Rahmen der Tagung: »Jugend und Musik: Politik, Geschichte(n), Utopie(n)«; 05.-06. 07.2007) 8 Seiten.

Scharenberg, Albert/Bader, Ingo (Hrsg.) (2005): Der Sound der Stadt. Musikindustrie und Subkultur in Berlin. Münster.

Scheytt, Oliver/Sievers, Norbert/Wagner, Bernd (2007): Europäische Kulturpolitik – Kulturpolitik für Europa. In: Wagner, Bernd/Sievers, Norbert (Hrsg.): Jahrbuch für Kulturpolitik 2007. Essen. S. 11-16.

Schlesinger, Philip (2007): Creativity: from discourse to doctrine? In: Screen 48, 3, S. 377-387.

Schneider, Beate/Weinacht, Stefan (Hrsg.) (2007): Musikwirtschaft und Medien. Märkte – Unternehmen – Strategien. München.

Schwencke, Olaf/Rydzy, Edda (2006): Kulturelle Vielfalt – Agens europäischer Entwicklung und Herausforderung deutscher Kulturpolitik. In: Institut für Kulturpolitik der Kulturpolitischen Gesellschaft (Hrsg.): Jahrbuch für Kulturpolitik 2006. Band 6: Diskurs Kulturpolitik. Essen. S. 85-95.

Scott, Allen, J. (2000): The Cultural Economy of Cities. Essays on the Geography of Imageproducing. London.

Wiesand, Andreas J. (2003): Kultur- und Wirtschaftspolitik – eine Mesalliance? In: Kulturpolitische Mitteilungen, Beiheft 1, 2003, S. 19-23.

Wiesand, Andreas J. (2006): Kultur- oder »Kreativwirtschaft« Was ist das eigentlich? In: Aus Politik und Zeitgeschichte, 34-35/2006, v. 21.08.2006, S. 8-16.
Zuber, Helene (2007): Was Städte sexy macht. In: Der Spiegel, 34/2007.

ANMERKUNGEN

1   Eine Einordnung des Glanz und Elend der zeitgenössischen Konsumkultur legte jüngst Misik (2007) vor. Er beleuchtete neuartige Strategien der Konsumkritik als Antwort auf die »designer capitalist society«. Misik schlägt vor, dass die Kritik am Kulturkapitalismus nicht um das »Echte« und das »Künstliche« zu führen sei, sondern warum manches Künstliche anderem Künstlichen vorzuziehen ist (2007: 186) und dass der Konsument Souveränität zurückgewinnt, wenn er »die Regeln des Spiels« kenne (ebd.: 189). Weitaus skeptischer argumentieren Joseph Heath und Andrew Potter (2004). Sie entzaubern den Mythos der Gegenkultur indem sie diese zu Vorsetzung und Motor der modernen Konsumkultur erklären

2   Der vor allem durch die Arbeiten von Richard Florida ausgelöste Hype hat zahlreiche Kritiker auf den Plan gerufen; vgl. stellvertretend Raunig/Wuggenig 2007; Schlesinger 2007.

3   Ein Insiderbericht zur Krise der Musikindustrie stammt von Tim Renner (2004). Vgl. auch die Beiträge in Schneider/Weinacht 2007.

4   Eine Pionierleistung stellt in diesem Zusammenhang der Band von Flender/Husslein/Jerrentrup (1999) dar. Dagegen fehlt in dem Sam-

melband von Canars/Rüsen (2001) eine Auseinandersetzung mit der Popkultur in NRW.

5   Vgl. aktuell den 5. Kulturwirtschaftsbericht (hrsg. v. Ministerium für Wirtschaft, Mittelstand und Energie des Landes NRW). Vgl. mit einer grundsätzlichen Einschätzung und Würdigung der Kulturwirtschaftsberichte Wiesand 2006 sowie zu den Daten und Fakten der Kulturwirtschaft Ertel 2006.

6   Dabei wurde Kulturpolitik in erster Linie als Wirtschaftspolitik verstanden. Diese Phase begann in den 1990er Jahren; sie stellt die ökonomische Verwertbarkeit und Schaffung von Standortvorteilen für die Wirtschaft in den Vordergrund (v. Beyme 2006: 244). Vgl. grundsätzlich zum Verhältnis von Kultur- und Wirtschaftspolitik Wiesand 2003 und zu den Potenzialen der Kulturwirtschaft im Strukturwandel des Ruhrgebiets Ebert/Gnad 2006.

7   Vgl. zu den Debatten über die Umsatzeinbrüche der Tonträgerbranche, über Copyrightfragen und die fehlende Angebotsvielfalt bspw. Renner 2004; Gebhard 2005; die Beiträge in Schneider/Weinacht 2007; Nieland 2008h.

8   Das Ergebnis ist eine neue Wettbewerbssituation für die Städte. Als Gewinner treten die Städte auf, die ökonomische und kulturelle Stärken verknüpfen; vgl. Kaschuba/Färber/Gdaniec 2007; Matzig 2007; Zuber 2007.

9   Die Segmentierung umfasst: die aufgewertete innerstädtische Luxusstadt, zunehmend vom Zentrum abgetrennte Vororte, alte Arbeiter- und Mietquartiere und Ghettos; vgl. Scharenberg 2005: 1258; grundlegend Scott 2000; Krätke 2002.

10 Vgl. mit einer umfassenden Aufarbeitung der Kulturpolitik in Deutschland Klein 2003. Die Politikwissenschaft hat zwar die »policies«, die Politikfelder, entdeckt, die Kulturpolitik spielte dabei aber (bislang) kaum eine Rolle. Nach Ansicht von Klaus von Beyme (2006: 243) muss die Forschung über Kulturpolitik im modernen Sinne – also jene, die die Steuerungsversuche des Staates analysiert – vor allem eine vergleichende Perspektive einnehmen.

11 Eine Fundstelle, die den Prozess bzw. die unterschiedlichen Positionen dokumentiert, liefern die jährlich erscheinenden Jahrbücher zur Kulturpolitik, die vom Institut für Kulturpolitik herausgegeben werden, sowie die Zeitschrift »Kulturpolitische Mitteilungen«.

12 Dabei unterschieden sich Stile und Arbeitsschwerpunkte der bisherigen vier Bundesbeauftragten für Kultur und Medien (Naumann, Nida-Rümelin, Weiß und Neumann) stark voneinander. Gleichwohl weisen alle Amtsinhaber eine erfolgreiche Bilanz auf.

13 Hier zitiert nach dem Leitantrag »Kultur ist unsere Zukunft« vom 20.08.2007; www.spd.de; [abgerufen zuletzt 20.11.2007]

14 Damit soll nicht behauptet werden, die Sozialdemokraten hätten die ökonomische Begründung der Kulturpolitik vorangetrieben; im Gegenteil: in der Ära Brandt wurde das Konzept der »Neuen Kulturpoltik« entwicklet und vor diesem Hintergrund in den Kommunen eine Stärkung der Soziokultur herbeigeführt (vgl. bspw. Klein 2003; v. Beyme 2006: 244f.). Was aber bislang fehlt ist die Korrektur des seit einigen Jahren favorisierten Weges, nahezu ausschließlich die ökonomischen Aspekte von Kulturpolitik zu sehen – für eine solche Korrektur bieten das neuen SPD Grundsatzprogramm und die Regierungsbeteiligung (v.a. im Bund) zentrale Ansatzpunkte.

15 Der Governance-Begriff ist in den letzten Jahren zu einem Modewort und Analyseinstrument in der Politikwissenschaft aufgestiegen. Er bezeichnet eine neue Form des Regierens, bei der die starren Goverment-Strukturen in Auflösung begriffen sind und die Frage der Demokratie in der neuen Weltpolitik zu beantworten gesucht wird. Die Governance-Perspektive sieht den Staat, den Markt und soziale Netzwerke als »institutionelle Regelungsmechanismen, die in variablen Kombinationen genutzt werden.« (Benz 2004: 20)

16 Die Thesen orientieren sich an meinem Beitrag auf der Podiumsdiskussion »Standortfaktor Pop« im Rahmen der Tagung: »Pop in R(h)einkultur. Oberflächenästhetik und Alltagskultur in der Region« am 18.10.2007 in Düsseldorf. Vgl. auch Nieland 2008b

17 Vgl. mit einem detaillierten Vergleich zwischen der »Metropolregion RheinRuhr« und anderen (europäischen) Metropolen das Kapitel 6.2 des Kulturwirtschaftsberichtes (Ministerium für Wirtschaft, Mittelstand und Energie 2007: 210ff.).

18 Die Kulturwirtschaft ist eine relevante Größe: 7,5 Prozent aller steuerpflichtigen Betriebe sind diesem Bereich zuzurechnen, den Schwerpunkt bilden Unternehmen des Kunst-, Design- und Werbemarktes. Im Ruhrgebiet überwiegen die »Kreativen« (nicht nur Künstler und Musiker, sondern auch Designer, Architekten, kleine Buch-, Musik- und Zeitungsver-

lage). Außerdem ist die Kulturwirtschaft eine relevante Säule des
regionalen Arbeitsmarktes: 53.000
Personen waren im Jahr 2005 in
der Kulturwirtschaft beschäftigt
(hinzu kommen 10.000 bis 20.000
Personen, die nebenberuflich in
der Kulturwirtschaft arbeiten);
Ebert/Gnad 2006: 32.

19 Motor.FM, ein Radiosender, der
ausschließlich Newcomer und
hauptsächlich deutsche Produktionen spielt, startete im Sommer
2004, als die Debatte um eine
Deutschquote im Radio ihren ersten Höhepunkt hatte.

Hartmuth Malorny

Der Nordmarkt
Geschichte

Der Nordmarkt-Park ist schillernder Schnittpunkt für Orient und Okzident inmitten der Ruhrgebietsmetropole Dortmund. Säufer, Prostituierte, Arbeitslose und Drogenabhängige, sowie Rentner, Arbeiter, Kinder und Schüler prägen das soziale Bild – Kaftan und Turban, Schleier und Kopftuch, Jeans, fleckige Hemden, ballonseidene Jogging-Anzüge und knallenge T-Shirts die internationale Mode. Dem Betrachter von draußen bietet sich die kleine Grünfläche multikulturell: zwei Mädchen, eins mit Kopftuch und gesenktem Blick, das andere furchtbar keck und in engen Jeans – lachend flanieren sie vorbei.

Das backsteinerne Toilettenhaus, Anfang des 20. Jahrhunderts erbaut, endlich renoviert und frisch gestrichen, wird eigentlich nur von den Frauen frequentiert; die Männer verrichten ihr flüssiges Geschäft hinter den Sträuchern, der nächste Regen wäscht es fort. Urban II, ein Projekt aus dem Topf der EU und mit fast zehn Millionen Euro zur wirtschaftlichen und sozialen Erneuerung der Dortmunder Nordstadt gefördert, hat dem Park gar nichts, der Toilettenanlage drei Eimer Farbe und eine funktionierende Klospülung gebracht.

Bei schönem Wetter sind die umliegenden Fenster der Wohnhäuser sperrangelweit geöffnet, man betrachtet das Geschehen auch gerne aus der Distanz. Der Drogenhandel, so scheint es, ist fest in türkischer Hand und wird dezent vollzogen, doch der Konsum geschieht öffentlich. Alle paar Wochen veranstaltet die Polizei eine Razzia, aber schon im Vorfeld, wenn sich Streifenwagen an den Ausgängen positionieren oder Beamte in zivil den Park betreten, also noch bevor der Ring geschlossen wird, wissen viele bereits Bescheid und es herrscht ein kurzes, kaum wahrnehmbares Treiben: man entledigt sich der Drogen. Hektisch wirkende Polizisten werden auch diesmal wenig finden, denn sämtliche Dealer arbeiten mit Depots, der ungefährlichen Variante im Geschäft.

Einer der Dealer sagte voller Ironie: »Man kann Freitag schon sehen, wer Samstag zu Besuch kommt«, denn jeder Profi hat seine Späher, und alle Informanten, meist mit Handys ausgerüstete Junkies, beobachten ständig die Peripherie des Parks. Manche Konsumenten tragen selbst im Sommer eine ungewöhnliche Blässe, so als kämen sie mal wieder aus einer Strafanstalt, und begegnen dem Polizeiaufgebot mit erweiterten Pupillen und der fast stoischen Unfähigkeit, die letzten Reste Gras, Koks oder Amphetamine einfach im nächsten Gebüsch verschwinden zu lassen. Dementsprechend sind sie Zeugnis des einen oder anderen Achtungserfolges der Razzien, bzw. statistische Opfer, nach dem Motto: Die Dummen verlieren, die Klugen haben Erfolg und die Guten das Nachsehen.

Der Nordmarkt ist Schmelztiegel verschiedener Nationen, doch keineswegs als bedrohlich anzusehen, man hat sich größtenteils arrangiert, wie man sich generell nördlich des Hauptbahnhofes verständigen musste. Kein Grund zur deutschen Nervosität, der Immigrationsprozess ist längst Teil eines Ganzen. Er zeigt ja nur die Wirklichkeit. Unterschiede gibt es in jeder Hierarchie, eine Kluft zwischen arm und ärmer auch, aber wenn Politik zur Sprache kommt herrscht Konsens, denn egal welche Ideologien man diskutiert, am Ende eines Tages steht die Frage: Wer bekommt was?

Viel lieber erzählt man seine Geschichte über die verkorkste Kindheit, Staatsgewalt, Behördenwillkür, Armut. Typische Gründe warum man hier ist. Nicht jeder sucht den Dialog, der Einsame bleibt einsam und hockt nur da, während seine Erinnerungen Revue passieren, er sieht vielleicht wild aus und hat den Blues im Blut. Die Griechen dagegen

sind besonders kontaktfreudig, sie wollen ein Schwätzchen halten, süd-
ländische Kommunikation im Schatten der Kastanie zur Mittagszeit, mit
wem auch immer.

Der Grieche neben mir holt Fotos aus der Tasche, er zeigt mir alte und
junge Gesichter seines Familienclans – Frau, Mutter, Vater, Töchter, Söhne und Enkel. Ich denke, sie schaffen ein soziales Netz und vermutlich
ist unsere Ein-Kind-Philosophie der Grund, warum wir soviel Einzelgän-
ger hervorbringen. Frauen, die sich hier prostituieren, sind mehrheitlich
Gelegenheitsnutten. Sie wollen, dass du ihnen Bier oder Schnaps spen-
dierst oder eine Currywurst-Pommes, sie setzen sich zu dir, sie gehen für
wenige Euros in deine Wohnung und sagen am nächsten Morgen halb
verkatert: »Ich bin mit der Miete im Rückstand«, oder sie brauchen was
Neues zum Anziehen.

Hermann, ein galanter 40-jähriger Drogenabhängiger, sagt nie; »Kann
ich eine Zigarette haben?« Er *leiht* sich Zigaretten und erzählt gerne von
der Zeit im Strafvollzug. Er bewertet die Tatsache hoch, dass er mehr als
die Hälfte seines Lebens im Knast gesessen hat. Ansonsten ein netter
Kerl. Hermann lächelt und legt seine Hand über meine Schulter, sie
hängt da wie ein emotionsloses, totes Stück Fleisch und signalisiert jene
Art von Kameradschaft, um sich gleich noch ein Bier von mir zu *leihen.*

Der Nordmarkt-Park hält allen eigene Nischen frei: zur Lortzingstraße
hin ein Kinderspielplatz, wo besonders der türkische Nachwuchs mit
Förmchen im Sand spielerisch Besitz und Eigentum erlernt; oben, bei
den Toiletten an der Mallinckrodtstraße, hocken Späher verschiedenster
Provenienz, weil sie gerade hier einen guten Überblick haben. Östlich
drei Bänke für Griechen, westlich der arabische Treffpunkt; überhaupt
sind die Koordinaten im Raum festgelegt. Die Versorgungslinie zwecks
Nahrung und Getränken führt zur jeweils gegenüberliegenden Straßen-
seite, wo Kioske, Döner-Buden, Getränkemärkte und Imbissstuben aneinander gereiht sind.

Die Kommunalpolitiker können und wollen nicht viel machen, in der
Nordstadt wurde eine Art Diaspora geschaffen und die Misere der Aus-

länder springt so sehr ins Auge, dass sie von den Politikern übersehen werden muss, damit sie ihre Jobs nicht hinschmeißen. Um etwas zu ändern, müsste man den Norden Dortmunds zum unabhängigen Vielvölkerstaat erklären.

Im Park werden zwischenmenschliche Beziehungen geknüpft, alte Freundschaften erneuert, neue Feindschaften beschlossen; der Park als Mikrokosmos urbaner Globalisierung. Natürlich hört man aus jeder Ecke, dass »fremde« Religionen immer die schlechtesten Glaubensbekenntnisse sind, andere Götter ungerecht, aber die Realität ist ein harter Überlebenskampf und selten vom Schicksal steuerbar, notfalls funktionieren Allianzen grenzenlos. Hermann zeigt mir, wie man aus einer simplen Bierdose einen Bong baut. Er zieht kräftig und hält den Rauch in seiner Lunge. Beim Ausatmen entwickelt sich ein enormer Rauchpilz, der sogar entfernt sitzende Kiffer neidisch werden lässt. Schon sind zwei Türken bei uns und fragen, ob wir was brauchen. Nun, hier ist der Kunde noch König. Aber sie sind diskret, die Dealer-Seele wird verständlicherweise unter der Haut getragen. Weniger diskret ist eine ältere dicke Frau, die gerade aus dem ›Haxen-Grill‹ kommt. Ihr Kopf ist errötet, Bluthochdruckgesicht, sie scheint einen Spleen zu haben, murmelt unflätige Worte und niemand weiß, wen oder was sie zu Hause erwartet. Der Grieche, Hermann und ich grinsen gleichzeitig, denn Grund zum Lächeln gibt's öfter.

Hermann sagt, dass man eigentlich immer einen jungen Mann ohne Job trifft, dem es schlecht geht und der mit Gewissheit eine noch jüngere »Schwester« hat, die gerne eine Nacht mit jemandem verbringen würde der Geld besitzt. Solche »Zufälle« gehören zur Tagesordnung, sie werden filigran inszeniert. Ein andermal treffe ich eine junge Iranerin. Sie will auf ihrem Weg nach Hause ausruhen und setzt sich neben mich. Sie heißt Miriah und wohnt bei ihren Eltern in der Nordstraße. Ihre Eltern seien ziemlich konservativ, sie halten nichts von den Deutschen.

Wie ich über den Iran denke?
»Tja, niemand kann mit Anständigkeit an der Macht bleiben. Aufrichtigkeit ist der schlimmste Feind der Demokratie«

Miriah lacht und für mich ist die Distanz der Orte kein Problem, aber sie besteht auf ein politisches Gespräch und ich bekomme raus, dass iranische Politiker nur herumsitzen und gelehrte Reden führen, ihre Stammbäume rühmen und sich an den Bärten zupfen. Nun, ich sage ihr, dass es eigentlich keinen großen Unterschied zur europäischen Politik gibt, doch lange Bärte müsse sie sich wegdenken. Als sie wieder geht, hinterlässt sie eine arabische Spur.

Der alte Jude aus Haifa ist halb so redselig, er spreche zu Hause hebräisch, ansonsten deutsch. Er komme öfter in den Nordpark, um alleine zu sein, er unterscheidet Alleinsein und Familie mit einem einzigen Satz: »Im bequemen Sessel auf Godot oder im Büßerhemd auf den Messias warten.« Die zwei Bänke in der linken äußeren Reihe sind Stammplätze einer Handvoll Rentner. Sie treffen sich sozusagen anonym, schon nach dem Gruß versinken sie. Ihre Konversation beschränkt sich aufs Wesentliche. Sie trinken schweigsam Bier. Erst wenn es die äußeren Umstände erfordern, liefern sie einen Kommentar.

Ein paar Meter weiter lebt ein Mann. Er lebt wirklich dort, ein halbes Dutzend ausgebreiteter Plastiktüten unterstreicht seinen Anspruch. Die Sitzgelegenheit ist sein Domizil, der Müll sein Hausrat. Er meint, er habe und brauche nicht viel, nur eine kleine Nische in dieser zersetzten Stadt, die so völlig ausländisch sei. Dann wird es langsam dunkel. »Morgen ist Markt«, sagt der Mann von der Bank und lehnt sich zurück.

Abends wird die Ruhe eingeteilt, wiewohl auch stellenweise Aktivität herrscht. Ich versuche die verschiedenen Stimmen zu analysieren, selbst fünfsprachig wäre ich aufgeschmissen. Eine Gruppe verwegen aussehender Jugendlicher nimmt beim Toilettenhaus Platz. Man füllt Plastikbecher mit Cola und Schnaps, Straßenlaternen beleuchten die Szenerie.

Ein kühler leichter Wind streicht durch den Park, im Geäst der Kastanienbäume hocken Tauben. Vereinzelt hört man Motoren getunter Autos, hin und wieder überschallt ein dröhnender Bass die Geräuschkulisse. Ringsherum, in den Wohnhäusern, verlöschen die Lichter. Nun werden einige Bänke zu Schlaflagern. Kurz nach Mitternacht macht sich

Stille breit. Der Mann von der Bank sagt, während ich langsam vorbei-
gehe: »Nur der Mensch allein ist fähig, sein eigenes Bild zu zerstören.«
»Oscar Wilde«, antworte ich. Drei Stunden später rückt die städtische
Müllabfuhr an, ihre Reinigungsfahrzeuge umkurven jeden Baum, jeden
Strauch, jede Bank.

Ein neuer Tag beginnt.

Maren Volkmann

Schwestern im Rock?

Frauenbands und feministische Strukturen im Ruhrgebiet

»Nach nur einer Stunde Fahrt checken wir in der Ruhrgebietsmetropole Essen ein. Heute Abend steht eine namhafte Örtlichkeit auf dem Programm: niemand Geringeres als die Zeche Carl. [...] Im langen Gang der ehemaligen Waschkaue, der Halle, in der die Bergleute früher ihre Arbeitskleidung an Haken unter die Decke gezogen haben und wo später glorreicher Punk und Hardcore zelebriert wurde, lagen grundsätzlich schlafende Irokesen herum. Man musste über sie hinwegsteigen, um die Basilika des wilden Ruhrgebietes betreten zu können.«

(Hilmar Bender: *Die Schönheit der Chance.*
Tage mit Tomte auf Tour, S. 76)

Es gibt Beziehungen, die halten zusammen wie Pech und Schwefel. Menschen, die es nur im Doppelpack gibt und die selbst nach einer Trennung noch lange in den Köpfen des Freundeskreises nur zusammen existieren. Ähnlich scheint es sich mit dem Ruhrgebiet zu verhalten: Bergbau, Kokereien, Eisen- und Stahlhütten gehören einfach zum Ruhrgebiet wie das Amen in die Kirche. Trotz Strukturwandels und des engagierten Versuchs, im Rahmen der Kulturhauptstadt 2010 das Ruhrgebiet zu einer »Metropole neuen Stils« zu formen, lassen sich bestimmte Bilder einfach nicht auslöschen. So bedienen sich Ortsfremde oft und gerne aller gängigen Klischees, die den ›Mythos Ruhrgebiet‹ noch verstärken. So wie Claudia Kaiser in ihrem Buch *Rock und Hosen.*

Unterwegs mit meiner Band, die mit den ›Moulinettes‹ auf Deutschland-Tour einen Zwischenstopp in Dortmund einlegt: »Wir sind zum ersten Mal im ›Pütt‹. Hier gibt es gordische Autobahnknoten und von Kohlenstaub geschwärzte Häuser«. »Wie bekommen die Ruhrgebietler nur den Dreck unter den Fingernägeln wieder weg?«, wird sich der Nicht-Ruhrpottler fragen. Keine Sorge: Auch Dortmund ist bald Umweltzone!

Schiebt man seine gekränkte Ruhrgebiets-Eitelkeit für einen Moment zur Seite, leuchtet ein, dass diese Bilder nicht von ungefähr kommen: Die Geschichte des Ruhrgebiets ist seit jeher die Geschichte der Montan- und Stahlindustrie – und die Geschichte des Mannes. Die Arbeitswelt im Ruhrgebiet ist bereits seit Anfang des 19. Jahrhunderts stark von Männern, die im Bergwerk ›malochten‹, geprägt. Den Frauen hingegen war es gesetzlich untersagt, im Bergbau angestellt zu sein. Sie mussten sich einer strengen Rollenverteilung unterwerfen: Der Mann war Ernährer, die Frau die Pflegerin der Familie. Da der Bergbau Konkurrenz befürchtete, hatten frauentypische Industrien wie Textil- oder Bekleidungsfirmen keine Möglichkeiten, im Ruhrgebiet ansässig zu werden. Dementsprechend niedrig war die Frauenerwerbstätigkeit. In den Nachkriegsjahren erfolgte ein schneller Wiederaufbau, da die Bergleute während des Krieges für die Rüstungsindustrie eingesetzt und deshalb nicht eingezogen wurden. Dementsprechend änderte sich an der konventionellen Rollenverteilung in diesen Jahren nahezu nichts.

Der viel diskutierte Strukturwandel setzte Ende der 60er Jahre mit der so genannten Kohlenkrise ein. Innerhalb von zehn Jahren verlor ungefähr die Hälfte der Bergleute ihren angestammten Arbeitsplatz. Es fand ein harter Übergang von der Industrieproduktion zum Dienstleistungssektor, die Tertiarisierung, statt. Durch den Rückgang der Montanindustrie siedelten sich nun Industrien im Ruhrgebiet an, die Frauenarbeitsplätze schufen. Da viele Männer ihren Arbeitsplatz verloren, stiegen immer mehr Ehefrauen in die Berufswelt ein; motiviert wurden sie u.a. durch den höheren Lebensstandard, der sich ihnen dadurch eröffnete. Gerade die Einführung der Teilzeitarbeit Ende der 1950er Jahre schien wie für sie gemacht zu sein: So ließen sich Pflichten im Haushalt und Erwerbstätigkeit ideal miteinander verbinden.

Aber nicht nur die Erweiterung des Dienstleistungssektors war bedeutsam für die steigende Erwerbsbeteiligung der Frauen; auch der Bildungsstand erwies sich als ausschlaggebend. Das Ruhrgebiet gilt als traditionell bildungsschwache Region, worunter besonders Frauen lange zu leiden hatten. Da vielen Eltern eine Ausbildung für ihre Tochter zu teuer war und/oder ihnen in einer männlich orientierten Arbeitsmarktstruktur als überflüssig erschien, mussten sich Frauen meist mit schlecht bezahlten Jobs zufrieden geben. Die Bildungsreform in den 60er Jahren brachte eine Wende: Das Schulgeld für Gymnasien wurde abgeschafft; neue Hochschulen wurden gegründet. So hatten die Frauen — zumindest theoretisch — die gleichen Bildungschancen wie Männer.

Im Jahre 2006 schreibt die Koreanerin Yong-Suk Jung im Rahmen eines Forschungsprojekts am Institut der sozialen Bewegungen an der Ruhr-Universität Bochum einen Artikel mit dem Titel »Strukturwandel und Frauenarbeit im Ruhrgebiet: Geschlechterrollen wirken lange nach«, der den Strukturwandel in Hinblick auf die Chancen der Frauen im Ruhrgebiet unter die Lupe nimmt. Bestätigt sich der Eindruck, dass Frauen durch bessere Bildungschancen und eine höhere Erwerbstätigkeit die Gewinnerinnen des Strukturwandels sind? Die Autorin kommt zu dem Ergebnis, dass die ›Gewinnerinnen-These‹ nur bedingt stimmt, da sich im bundesweiten Vergleich immer noch gravierende Unterschiede feststellen lassen. Im Jahre 1987 waren rund 50 Prozent der Frauen im gesamten Bundesgebiet erwerbstätig; im Ruhrgebiet waren es, abhängig von der jeweiligen Stadt, nur zwischen 33 und 42 Prozent. Zehn Jahre später sind es im Ruhrgebiet immer noch nur 46,6 Prozent, während bundesweit rund 63 Prozent der Frauen arbeiten. Im Ruhrgebiet wirken immer noch die geschlechtsspezifischen Rollenzuteilungen nach, so die These von Jung. Dafür spricht u.a. auch, dass der Prozentsatz der Teilzeitarbeiterinnen im Ruhrgebiet wesentlich höher ist als in anderen Regionen; Jung nennt das ein »familienorientiertes Erwerbsverhalten«. Während die Kinder in der Schule sind, darf Mutti arbeiten gehen, aber um Punkt 12 Uhr hat das Essen zuhause auf dem Tisch zu stehen. Und so sehr man den Strukturwandel als Chance für die Frauen auch loben mag: Im bundesweiten Vergleich sind die Erwerbschancen der Ruhrgebietlerinnen immer noch schlechter als woanders.

Doch nicht nur auf der Ebene der Erwerbsbeteiligung scheinen Frauen im Ruhrgebiet nicht ihren rechten Platz zu finden und eine eher passive Rolle einzunehmen. Geprägt von einer männlichen Geschichte um Kohle und Stahl ist es ohnehin schwer vorstellbar, inwiefern sich Frauen mit dem Ruhrgebiet identifizieren können. Regionalbewusstsein scheint in diesem Kontext wohl eher den Männern vorbehalten.

Auf musikalischer Ebene zeigt sich dieses meist durch Bandfotos, auf denen langhaarige, lederbehoste Schwermetaller nach schätzungsweise 48 Stunden Schlafentzug und einem anscheinend nicht so gut gelaufenen Tag vor Stahlrohren, Hochöfen und Förderbändern posieren, die genauso wie die Protagonisten schon bessere Tage gesehen haben. »Lass mal zur Zeche Zollverein fahren« ist wahrscheinlich der am häufigsten akzeptierte Vorschlag im Ruhrgebiet, wenn es darum geht, neue Schnappschüsse für die bandeigene Website zu fabrizieren. Wenn es sich dabei um eine Industrial-Rock-Band handelt, die wenigstens in ihrer Genre-Bezeichnung einen Bezug zu den zweifelhaften Schönheiten der verblühten Industrie hat, mag man das mit einem Schmunzeln hinnehmen. Wem seine Glaubwürdigkeit etwas wert ist, sollte es allerdings von vornherein bleiben lassen.

In den neun Jahren, in denen ich Gitarristin bei meiner Band ›Pristine‹ bin, gab es glücklicherweise nie Diskussionen über den künstlerischen Wert von zerfallenen Zechengeländen. Was nicht selbstverständlich ist, schließlich schrieb man zu Gründungszeiten das Jahr 1999 und die Stadt hieß Essen. Wie Hilmar Bender bereits im anfangs angeführten Zitat belegt hat: Das war und ist die Stadt des Metals — im doppelten Wortsinn. Ob das daran liegt, dass Essen die Geburtsstätte der legendären Band ›Kreator‹ ist, oder daran, dass man als Baby Kruppsche Stahl-Sporen mit der Muttermilch aufgesaugt hat, kann ich nicht genau eruieren. Fakt ist: Diese Stadt ist den harten Männern geweiht, die ihre Identifikation mit dem Ruhrgebiet gerne auf Bandfotos beweisen. Harte Männer mit stahlharten Körpern, die vor Stahlrohren ihre Stärke demonstrieren. Das sind Umstände, die Frauen oder Mädchen nicht gerade ermutigen, selbst zum Instrument zu greifen. Wenn ich zurückblicke, sind die Essener Bühnen im Jahre 1999 dementsprechend weitgehend frauenfrei.

Allerorts fehlen Vorbilder, an denen man sich orientieren kann. Ein kulturelles Ödland – wahrscheinlich nicht nur für die Frauen selbst. Der ausschlaggebende Faktor, der mich trotzdem bewogen hat, durch die harte Schule der Akkordumgriffe zu gehen und meine Zeit fortan in muffigen Proberäumen zu verbringen: ›Tocotronic‹. Wenn es schon keine Frauenbands gibt, von denen ich Fan sein konnte, musste ich mir eben etwas anderes suchen. ›Tocotronic‹ spielten sich mit der nötigen Femininität und ihrem charmant wirkenden Dilettantismus in mein Herz. Hier ging es nicht um die dicke Hose und darum, sich beim Moshen einen möglichst ausgeprägten Stiernacken anzutrainieren, sondern um Themen, die mich bewegten. Auf die Frage »was kostet die Welt?« hatte ich nun endlich eine mir logisch erscheinende Lösung auf den Lippen: »Drei Akkorde«. ›Tocotronic‹ lehrten mich, dass es nicht Virtuosität und Ego-Soli sind, die beim Musikmachen zählen. »Less Is More« anstatt »Less Is A Bore«. Das war anders als alles, was ich als rege Konzertbesucherin in den Essener Jugendzentren kennen gelernt hatte. Endlich hatte ich den Mut gefasst, die Konzertgitarre meines Vaters vom Dachboden zu holen und mir die ersten Blasen an den Fingern zu erspielen. »Wir sind hier nicht in Seattle, Dirk« war mein erster selbst gespielter Gassenhauer. Genau, wir sind hier immer noch in Essen, Maren.

Das alles ist jetzt schon über ein Jahrzehnt her. Die Stadt heißt nach Essen und Bochum nun Dortmund. Aus subjektiver Sicht würde ich behaupten, dass sich inzwischen nicht nur im Musikfernsehen immer mehr Frauen tummeln, sondern dass auch auf den hiesigen Bühnen Frauen nicht mehr den Status der Exotin haben. Was bleibt, ist dennoch das Gefühl, dass im Ruhrgebiet im Vergleich zu anderen Regionen immer noch ziemlich wenig in Hinblick auf Frauenbands und -netzwerke passiert. Grund genug, den Dingen auf den Grund zu gehen und nachzufragen. Bei Bands, Veranstalterinnen und anderweitig engagierten Frauen. Ist das Ruhrgebiet den Frauen einfach nicht geweiht oder sprechen wir hier von einem globaleren Problem?

Mit Stift und Block sitze ich in meiner Dortmunder Zwei-Zimmer-Wohnung und versuche, das Papier mit Namen zu füllen, die mir Auskunft geben können. Die in irgendeiner Art und Weise Auslöser oder Teil feministischer Impulse im Ruhrgebiet sind. Das Blatt bleibt eine ganze Weile leer, nur schleppend reihen sich die Buchstaben aneinander. Ganz klar: Das Ruhrgebiet scheint auch 2008 nicht das feministische Mekka zu sein.

Ich treffe Sibylle Bremicker, die lange Zeit beim Dortmunder Projekt ›rocksie!‹ mitgearbeitet hat. Die Diplom-Pädagogin ist eine von vier Frauen, die ›rocksie!‹ seit ihrer Gründung im Jahre 1991 geleitet haben. Bremicker sagt, dass Dortmund für Frauen eine gute Stadt sei — eine Aussage, die meinem Eindruck widerspricht. Was wahrscheinlich an unseren unterschiedlichen Perspektiven liegt: Wenn ich von Musikerinnen spreche, habe ich das Bild von aufmüpfigen, Gitarre spielenden Mädchen im Kopf, die in bester Riot-Grrrl-Tradition den Männern zeigen, wo es lang geht. Bremickers Musikerin hat Jazz-Gesang studiert, komponiert nebenbei Musik fürs Fernsehen, hat ein kleines Studio und kann so ganz gut von der Musik leben. Professionelle Musikerin, wie lebt es sich im Ruhrgebiet? »Es gibt hier viele Musikerinnen, aber ab einem bestimmten Level ziehen sie in eine andere Stadt. Die Frauen, die ich hier kennen gelernt habe, bewegen sich im guten Mittelfeld«, so Bremicker. Ob Saxophonistin, Bassistin oder Keyboarderin: Weltberühmt sind sie alle nicht. Das bestätigt wieder einmal den Eindruck, dass man anscheinend nach Berlin oder Hamburg ziehen muss, um im Umfeld der großen Plattenfirmen den Sprung nach oben zu schaffen. Das gilt sowohl für Frauen als auch für Männer.

Doch Weltruhm hat bei ›rocksie!‹ sowieso nicht oberste Priorität. Unterricht, der auf die Bedürfnisse von Mädchen und Frauen abgestimmt ist, ist ein wichtiger Bestandteil der Arbeit. Für Frauen sei es einfacher, wenn eine Frau unterrichtet, weil so das Nachahmungslernen erleichtert werde, erklärt Bremicker: »Du hast ein Bild im Kopf, du kannst eins-zu-eins übersetzen. Das ist besonders im Anfängerbereich wichtig, wenn die Musikerin unsicher ist. Die Jungs können drei Akkorde, stellen sich auf die Bühne und sagen: »Wir sind eine Band« — und die Mädchen grölen. Bei den jungen Mädchen ist es so, dass sie üben und üben und immer noch kein Konzert machen. Und da ist es schön, wenn eine Dozentin vermittelt oder eine ältere Frau anfängt. Ab einem gewissen Fähigkeitsgrad, wenn es um die Details geht, ist es unserer Erfahrung nach ganz egal, ob es ein Mann oder eine Frau ist, der oder die unterrichtet«. Dann ginge es nicht mehr um das ›ob‹, sondern um das ›wie‹. Dieser erste Schritt sei sehr wichtig, den Mädchen die Hand zu reichen und zu sagen: »Du schaffst das!«

Ein Konzept, das schon lange Bestand hat und im Ruhrgebiet ziemlich alleine da steht: Im Jahre 1991 wurde ›rocksie!‹ im Rahmen der Dortmunder Frauenkulturwoche ins Leben gerufen. Stefanie Thomczyk von der Kulturkooperative Ruhr fiel damals auf, dass das Thema »Frau und Musik« kaum beachtet wurde, also wurden kurzerhand Musikerinnen-Workshops als Teil der Veranstaltung aufgenommen. Nach der beachtlichen Resonanz wurde ›rocksie!‹ als eigenständiges Projekt weitergeführt. Fördergelder wurden beantragt, die Stadt Dortmund und das Kulturministerium Nordrhein-Westfalen als Geldgeber ins Boot geholt. Ein Konzept am Puls der Zeit: In den Jahren 1995/96 erlebte ›rocksie!‹ einen regelrechten Boom. »In 12 Städten NRWs gab es insgesamt 40 Workshops pro Saison. Europäische Vernetzungen mit Dänemark, Frankreich und Holland machten den Austausch noch größer«, erzählt Bremicker. Netzwerke mit dem Frauenmusikzentrum in Hamburg und dem Frauenmusikbüro in Frankfurt halfen, Dozentinnen untereinander zu vermitteln. Über einige Jahre konnte sogar ein Stipendium für Musikerinnen ausgeschrieben werden, das Bremicker zwar einige Überzeugungsarbeit kostete, aber in ihren Augen dringend notwendig erschien: »Statistiken besagen, dass Stipendien in der Kultur ganz selten von Frauen genutzt werden, also wollte ich gerne in meiner Branche – Frau und Popularmusik – ein Stipendium ausschreiben.« Mit ›Pristine‹ haben wir im Jahre 2005 dieses Stipendium bekommen und konnten davon unser erstes Album finanzieren.

Das klingt alles durchweg positiv. »Da geht was für die Musikerinnen im Ruhrgebiet«, möchte man fast ausrufen, doch die Schattenseiten bestimmen den momentanen Zustand von ›rocksie!‹. Der rege Zulauf der Workshops und die Anzahl der daraus entstehenden Bands ist merklich abgeflaut. »Die letzte Frauenmusikwoche hat mit 30 Teilnehmerinnen stattgefunden, das war schon recht wenig«, so Bremicker. Seit dem letzten Regierungswechsel ist das ausgeschriebene Stipendium kein politischer Wille mehr und wurde deswegen gestrichen. Seit 1993 beträgt die öffentliche Förderung gleich bleibend 5.000 Euro, mit denen das ›rocksie!‹-Festival inzwischen nicht mehr finanziert werden könne. »Peinlich« sei das Ergebnis, das sich mit diesem Betrag auf die Beine stellen ließe. Sponsoren sind ebenfalls nach und nach abgesprungen, weil ihre Verkaufserwartungen nicht erreicht wurden: Weder seien mehr Instrumente verkauft, noch mehr Zeitschriften von Frauen abonniert worden. Bremicker sieht das ganz nüchtern: »Wir sind einfach keine Wachstumsbranche. Hier geht es nicht um höher, schneller, weiter«. Es ist kein Geld mehr da für das Thema Frau und Popularmusik. So ergeht es nicht nur ›rocksie!‹, sondern auch dem Frauenmusikzentrum in Hamburg, das durch eine Spendenaktion vorerst bestehen bleiben konnte. Die Musikprojektgelder reichten in den vergangenen Jahren nicht einmal, um die damit verbundenen Stellen von ›rocksie!‹ zu finanzieren. Ein beliebter Tipp von oberer Stelle: »Dann mach' es doch ehrenamtlich«. Nach fast 17 Jahren Arbeit im Namen der guten Sache muss sich das wie ein schlechter Scherz anfühlen. »Das Bewusstsein für elementare Frauenfragen fehlt einfach«, bemängelt Bremicker. Wie es mit ›rocksie!‹ weitergeht, steht noch in den Sternen. Vom Idealismus alleine wird man eben immer noch nicht satt.

Szenenwechsel. Weg von den Fördergeldern, hin zu D.I.Y. Wenn man sowieso keine Unterstützung erwarten kann, macht man es am besten sofort selbst. So gibt es im Ruhrgebiet neben ›rocksie!‹, das man am ehesten in die Tradition der zweiten Welle der Frauenbewegung und deren Projektphase einordnen kann, seit kurzem auch das ›Ladyfest‹, und das gleich in zweifacher Ausführung: ›Ladyfest Ruhr‹ und ›Ladyfest Mülheim‹. Dass Sibylle Bremicker auf Nachfrage noch nichts von den beiden Veranstaltungen gehört hat, spricht für die wenigen Berührungspunkte, die institutionelle Frauenförderung und Vertreterinnen des ›Third Wave Feminism‹ anscheinend gemeinsam haben.

Doch auch die beiden hiesigen Ladyfeste haben Differenzen in der Durchführung der Veranstaltung. Saß man einst mit dem Ziel eines

›Ladyfest Ruhr‹ an einem Tisch, spaltete sich bald eine Gruppe ab, die die ursprüngliche Idee des Ladyfests nicht umgesetzt sah und so das ›Ladyfest Mülheim‹ ins Leben rief. »Wir halten es für wichtig, ein Ladyfest im Ruhrgebiet zu etablieren, das auch tatsächlich den Gedanken der Riot Grrrls, des D.I.Y.-Prinzips, der Kapitalismuskritik und vor allem des Queer-Feminismus vertritt«, so Kai Queer von der Mülheimer Fraktion. Im Jahr 2008 hat die Veranstaltung erstmals im Umfeld des Autonomen Zentrums Mülheim stattgefunden, das ohnehin das Zuhause von etlichen politischen und kulturellen Projektgruppen ist. Dementsprechend konkret wurden auch die Ziele des ersten Ladyfests im Vorfeld gesteckt: »Ein Aspekt für die Veranstaltung des Ladyfests ist, gängigen, oftmals unpolitischen Veranstaltungen ein queer/feministisches Gegenstück zu bieten. Nach wie vor wollen wir in bestimmten Bereichen unterrepräsentierten Frauen/Transgender die Möglichkeit geben, fernab von heteronormativer, sexistischer und zwangs-zweigeschlechtlicher Wertung, ihr Wissen in Form von Workshops oder Vorträgen zu vermitteln und zu teilen«. An der Durchführung waren zehn bis 15 Personen beteiligt, die sich in Arbeitsgruppen aufteilten, welche sich wiederum einmal im Monat in einem Gesamtplenum trafen.

Das Ladyfest Ruhr hat vom 3.-5. November 2006 erstmals in Essen und Bochum stattgefunden und wird in diesem Jahr die zweite Auflage erleben. Der Zusatz »Ruhr« wurde dabei mit Bedacht gewählt, wie Veranstalterin Nathalie Rose erklärt: »Das Ruhrgebiet gehört doch irgendwie zusammen und wir empfinden die einzelnen Städte mehr als Stadtteile eines Ganzen. Außerdem ist es doch auch gut, mal die verschiedenen Städte auf diese Art zu vernetzen«. Klares Ziel: Den aktiven und kreativen Frauen im Ruhrgebiet soll eine Plattform für ihre Art der Kunst gegeben werden. Anders als beim ›Ladyfest Mülheim‹ liegt der Schwerpunkt weniger auf Workshops, sondern verstärkt auf Musik. Aber auch einem Filmabend, Yogakursen und mehreren Ausstellungen wurde 2006 Platz eingeräumt.

Trotz aller Unterschiede gibt es Gemeinsamkeiten: Beide Ladyfeste haben den Anspruch, lokale Frauenacts bei sich spielen zu lassen, was jedoch Schwierigkeiten mit sich bringt. »An der momentanen Auswahl der Bands lässt sich erkennen, dass bisher keine lokale Band dabei ist, was darauf zurückzuführen ist, dass es in der näheren Umgebung wenige uns bekannte Bands gibt, die hauptsächlich aus Musikerinnen bestehen«, so Kai Queer. Beim ›Ladyfest Ruhr‹ sollen Frauenbands sogar den höchsten Anteil haben. »Das ist jedoch nicht so einfach, denn anscheinend gibt es nicht so viele Musikerinnen und Bands mit Frauenbeteiligung im Ruhrgebiet«, beklagt auch Rose. Diese Tatsache wird von allen Seiten bestätigt und kann nicht länger geleugnet werden: Im Revier mangelt es an Musikerinnen.

Dass es Parallelen zwischen dem geringen Frauenanteil in Bands und der männlichen Geschichte des Ruhrgebiets gibt, sehen beide Veranstalterinnen allerdings nicht. »Aus unserer Sicht ist immer noch eine gesamtgesellschaftliche Dominanz von Männlichkeit festzustellen. Diese beschränkt sich nicht nur auf bestimmte Regionen, sondern lässt sich u.a. auch in subkulturellen Kontexten wieder finden. Konkret meint das, dass zu beobachten ist, dass gerade in Rock/Hardcore/Punk immer noch die meisten VeranstalterInnen von Konzerten männlich sind, dass meist nur männliche Musiker auf der Bühne stehen und auch das Publikum eher männlich dominiert ist und Frauen dann oftmals an der Kasse oder hinter der Theke sitzen«, so Kai Queer.

Die Spurensuche geht weiter: Wie hängt das Ruhrgebiet als Region und der Mangel an Frauenbands zusammen? Gibt es überhaupt einen Zusammenhang? Und wie ist das denn überhaupt – so als Frauenband im Ruhrgebiet? Seitdem es zum Trend geworden ist, kollektiv als Band nach Berlin zu ziehen, finde ich es ganz persönlich reizvoll, gerade als Band aus dem Pott etwas erreicht zu haben. Und ich gebe zu: Wir kokettieren gerne damit, in Dortmunds verwegenstem Viertel, der Nordstadt, zu proben – und eben nicht in der schicken Mitte oder dem hippen Kreuzberg. Die Bilder, die man bei den Begriffen »Ruhrgebiet« und »Frauenband« im Kopf hat, verhalten sich sehr konträr, deswegen macht es Spaß, diese Erwartungen immer wieder zu durchbrechen – als rockende Frauen in schicken Cocktailkleidern. Meiner Meinung nach hat die Konstellation »Frauenband aus dem Ruhrgebiet« einen weiteren großen Vorteil, der ebenfalls auf ein Überraschungsmoment hinausläuft:

Man wird in zweifacher Weise vom Publikum unterschätzt. Einerseits traut man Frauen an Instrumenten ohnehin keine große Virtuosität zu, andererseits ist das Ruhrgebiet ein weißer Fleck auf der Landkarte der erfolgreichen deutschen Bands. Mit diesem Underdog-Status hat man ein unbezahlbares Ass im Ärmel — vorausgesetzt natürlich, man hat seine Hausaufgaben gemacht und kann musikalisch überzeugen.

Die *Frankfurter Rundschau* titelte letztes Jahr: »Pott auf der Zunge: Die Punkband Pristine hart, aber weiblich im Clubkeller« und zeigte damit, dass das Ruhrgebiet — zumindest in unserem speziellen Fall — wieder salonfähig ist und mit gutem Gewissen als Markenzeichen dienen kann. Wenn wir außerhalb des Reviers Konzerte geben, bekommen wir immer häufiger Reaktionen, die belegen, dass das Ruhrgebiet zunehmend mit positiven Attributen verbunden wird. Gerade im Zuge von Ruhr.2010 finden Ortsfremde, dass momentan sehr viel in der Rhein-Ruhr-Region passiert. Auch die gute Verkehrsanbindung zwischen den Ruhrgebietsstädten ist vielen ein Begriff. Olga Polasik, Sängerin der Essener Frauenrockband ›Sister Dew‹, hat ganz spezielle Erfahrungen gesammelt, wenn man sich auswärts als Band aus dem Ruhrpott vorstellt: »Manche fangen dann an, Grönemeyer zu zitieren, schlimmer noch: zu imitieren. Allgemein sind es aber eher positive Assoziationen und die Leute werden schneller warm«. Dementsprechend verbindet Polasik das Ruhrgebiet auch mit Begriffen wie »Direktheit, Wärme, Echtheit und einem deftigen Humor«. Laura von der Frauenpunkband ›Die Parasiten‹ bestätigt diesen Eindruck vor allen Dingen in Bezug auf die Zuschauer im Pott: »Typisch finde ich, dass das Publikum ziemlich ehrlich und schnell eine Reaktion auf die Band zeigt. Was recht hart sein kann.« Doch wie immer gibt es auch hier eine Kehrseite der Medaille. Meine Bandkollegin Rebecca Kästner beispielsweise hat das Gefühl, dass das Ruhrgebiet durch seine industrielle Vorgeschichte immer noch einen dreckigen Unterton besitzt: »In Hamburg fragte mich ein Zuschauer, was denn eigentlich das ›Galore‹ in unserer Musikbezeichnung »Garage Punk Galore« bedeuten solle. Darauf antwortete ich, dass das sozusagen die Krone, das Schicke am Garage Punk sei. Er erwiderte: ›Ah, das ist also das Düsseldorf zum Dortmund, oder was?‹ Düsseldorf wird im Gegensatz zum dreckigen Ruhrgebiet als die schicke Metropole wahrgenommen«.

Nathalie Rose, Organisatorin des ›Ladyfest Ruhr‹ und musikalisch als Elektroact ›Näd Mika‹ international unterwegs, wurde sogar empfohlen, ihre Herkunft lieber zu verschweigen: »Mir wurde immer wieder geraten, mich als ein Act aus Berlin auszugeben, weil das cooler und besser sei. Aber das ist mir egal. Ich halte die Ruhrgebietsfahne überall hoch«, so Rose selbstbewusst.

Die Kategorie »Frauenbands aus dem Ruhrgebiet« ist die berühmte Stadt-Land-Fluss-Spalte, die immer leer bleibt. »So kann man niemals gewinnen«, denke ich. Wieso verhält es sich im Berlin und Hamburg anders? Ist die Atmosphäre im Ruhrgebiet gar frauenfeindlich? Ich spreche mit einer Person, die den direkten Vergleich hat. Nadine Hefler hat lange Jahre in der Dortmunder Band ›Lorka‹ gesungen, ist nun aktiv mit ›Nadine & die Preußen‹. Im letzten Jahr verschlug sie aber der Wunsch nach kreativer Veränderung nach Berlin. Mit etwas räumlicher Distanz wagt sie eine Einschätzung der Lage im Ruhrgebiet: »An vielen Orten stößt man noch auf das Klischee- und Rollen-Denken in den kleinen Arbeiterstädtchen. An vielen Stellen dominieren seit Jahren irgendwelche Männer, die Gewohntes wollen und nicht offen für Veränderungen sind. Vielen Mädchen fehlt vielleicht die Motivation und das Durchhaltevermögen, sich dort zurechtzufinden, weil sie erst einmal auf Barrieren stoßen und schnell entmutigt werden, sich dann durchzusetzen.« Diesen Eindruck kann ich in der Hinsicht bestätigen, dass es im Ruhrgebiet sehr schwer ist, sich gegen die Bands durchzusetzen, die seit Jahren in denselben Jugendzentren spielen und an deren Klänge die Zuschauer gewöhnt sind. Auch hier herrschen Seilschaften: Bands, die untereinander befreundet sind und partout dafür einstehen, dass sie nur mit ihren Kumpelbands zusammen spielen. Diese Sorte Musiker erliegt den Vorteilen des Ruhrgebiets in sofern, dass sie — geschmeichelt durch den großen Fankreis, meist bestehend aus Freunden und Bekannten — niemals einen Fuß über die regionalen Grenzen setzt. Das Ruhrgebiet als warmes Nest. Als Ballungsraum gibt es hier etliche Städte, die infrastrukturell bestens miteinander verbunden und schnell erreichbar sind. An Auftrittsmöglichkeiten mangelt es nicht, von daher scheint es meist bequemer, in den immer gleichen Jugendzentren vor denselben Leuten zu spielen. Da weiß man, was man hat. Besonders als musikalischer Neuling ist es schwer, sich gegen Bands dieser Ausrichtung durchzusetzen. »Die Leute im Ruhrgebiet wollen Bands sehen, die sie kennen, sonst gehen sie erst gar nicht hin. Das ist definitiv typisch«, wirft Hefler ein. Die guten alten Seilschaften: Auch das Publikum ist da mit inbegriffen – schließlich hat man den Rough Mix des neuen Albums schon ganz exklusiv auf der WG-Party am letzten Wochenende gehört und die Schwester des Sängers ist ohnehin der heißeste Feger zwischen Dinslaken und Oer-Erkenschwick. Wenn man nicht klingt, wie genau diese Band, hat man schlechte Karten. Wenn man eine Frau ist, sowieso. »Eigenbrödlerisch« nennt das Rose: »Wenn alle mal mehr an einem Strang ziehen würden, dann sähe es auch anders aus«.

Hinzu kommt das große Manko, dass es im Ruhrgebiet – besonders auf kultureller Ebene – im Vergleich zu Städten wie Berlin kaum Strukturen gibt. »Das Klima hier ist anders. Denn man hat kein Netzwerk und niemanden, der einen fördert. Man muss sich durchbeißen und durchkämpfen. Dazu muss man schon einen harten Willen haben. Es ist halt wie in allen Bereichen im Ruhrgebiet. Das Leben ist hier nicht immer ein Spaziergang. Es ist ja klar, dass in größeren Städten wie Hamburg oder Köln, wo viele Medien und vor allem Labels angesiedelt sind, andere Strukturen herrschen«, so Rose. Der Eindruck, dass es zu wenige Netzwerke gibt, bestätigte sich in allen Gesprächen, die ich mit hiesigen Musikerinnen geführt habe. Selbst meine Gesprächspartnerinnen, die ich für diesen Text interviewt habe, kannten sich meist nicht untereinander, hatten noch nie etwas von einander gehört. Die Initiative ›rocksie!‹ war den wenigsten ein Begriff und auch die Ladyfeste wurden außer von den ›Parasiten‹ von niemanden zur Kenntnis genommen. Es findet so gut wie kein Austausch zwischen musikalisch engagierten Frauen im Ruhrgebiet statt. Die vereinzelten Frauenkonzerte, die dazu meist unterirdisch schlecht besucht sind, können über diese Tatsache nicht hinwegtäuschen. Feministische Strukturen sind so gut wie nicht vorhanden. Mein persönlicher Eindruck, den ich durch meine Aktivität bei ›Pristine‹ gewonnen habe, bestätigt das. Wir haben kaum Kontakt zu Frauenbands aus dem Ruhrgebiet, pflegen eher überregionale Freundschaften mit »gemischten« oder Jungsbands. Auf Nachfrage geben meine Interviewpartnerinnen Auskunft, dass es sich bei ihnen ähnlich verhält. Es wird meist der Zusatz beigefügt, dass das daran liege, dass es ja kaum Frauenbands gebe.

Ein erster Schritt, um Netzwerke aufzubauen, könnte eine verstärkte Förderung der Musik von Frauen im Ruhrgebiet sein. »Für den Anfang fände ich gezielte Förderungen mit Anlaufstellen nicht schlecht. Man braucht jemanden, der einen unterstützt. Das muss nicht unbedingt nur von Frauen für Frauen kommen. Das sollte generell mehr gemacht werden«, findet auch Hefler. Doch gerade an diesem Punkt scheiden sich die Geister. Ist die institutionelle Förderung wirklich die Lösung, wenn es darum geht, Mädchen den Schritt ans Instrument zu erleichtern? Wenn ich an meine eigenen Anfänge im zarten Teenageralter zurückdenke, wäre mir bei dem Gedanken daran unmittelbar ein Wort eingefallen: Uncool. Auch rAff, Sängerin der ›Parasiten‹, hat Zweifel: »Ich denke, dass durch solche Workshops musizierende Frauen noch mehr als etwas Besonderes oder Exotisches dargestellt würden – dabei sollte es doch das Normalste der Welt sein, dass beide Geschlechter musizieren«. Die Ghettoisierung des Frauenrocks – ein nicht ganz abwegiger Gedanke. Auch Rebecca ist sich dieses Problems bewusst, kritisiert die explizite Trennung zwischen Männern und Frauen, wendet aber ein: »Allerdings kann es sein, dass sich die Frauen in Gegenwart von Männern nicht entfalten können, weil sie sich nicht trauen«. Die Form einer gezielten Förderung von musizierenden Frauen müsste sich in Zukunft also einer genauen Reflexion unterziehen. Dabei wird es natürlich nicht möglich sein, es allen Recht zu machen. »Manchen ist ›rocksie!‹ nicht lesbisch genug, Anderen nicht kreativ genug«, schmunzelt Sibylle Bremicker. Nach 17 Jahren kennt sie das Problem nur zu genüge. Letztendlich weiß sie selbst zu berichten, dass eine Förderung ein erster guter Schritt sein kann, aber nicht muss: »Jeder muss selber aktiv werden. Das kann nicht von außen gesteuert werden«.

Es stellt sich Frage, wo der Kasus Knaxus im Ruhrgebiet nun wirklich liegt. Sind es die bescheidene Förderung und die kaum vorhandenen Netzwerke, die Frauen davon abhalten, Bands zu gründen und langfristig zu musizieren? Oder würde selbst eine verstärkte institutionelle För-derung nichts daran ändern, dass eine gewisse Ruhrgebiets-Mentalität verhindert, das kulturelle Leben in der Region mitzugestalten? »Es ist echt erschreckend, wie wenige Frauen im Ruhrgebiet in der Hinsicht wirklich aktiv sind«, sagt Rose. »Oder sie verstecken sich erfolgreich«. Zirka zwei bis vier Personen bilden den harten Kern, der in der Planung des ›Ladyfest Ruhr‹ involviert ist. Eine Zahl, die nachdenklich macht. Hier werden ganz offensichtlich Strukturen geschaffen, die jedoch kaum wahrgenommen werden. Und das ist kein Einzelfall: Lena Scholz ist ehrenamtliche Mitarbeiterin bei den ›Falken‹ in Essen, die sich explizit für die »Emanzipation der Geschlechter« einsetzen. Doch auch dieses Angebot stößt kaum auf Resonanz: »Früher haben wir schon einmal eine Mädchengruppe gehabt und versucht, die Mädchen an politische Themen wie Umweltschutz, Mädchen in fremden Ländern etc. heranzuführen. Leider sind die Mädchen nach den Ferien nicht mehr wiedergekommen«. Inzwischen sind es insgesamt drei bis vier Frauen, die bei den ›Falken‹ versuchen, feministische Themen in Angriff zu nehmen; u. a. wird alljährlich ein Konzert zum Weltfrauentag organisiert. Nach eigener Auskunft sind die Veranstaltungen mit feministischer Ausrichtung jedoch überwiegend schlecht besucht. »Öffentlichkeitsarbeit ist in diesem Themenfeld unheimlich wichtig«, gibt Scholz zu bedenken. Dass bereits vorhandene feministische Strukturen im Ruhrgebiet verstärkt publik gemacht werden müssen, steht außer Frage. Ob das etwas daran ändert, dass diese Strukturen kaum produktiv genutzt werden, bezweifele ich.

Die Ruhrgebiets-Mentalität — gibt es sie wirklich? Ist sie schuld daran, dass das allgemeine Interesse der Ruhrgebiets-Frauen an feministischen Themen gegen Null tendiert? Ist das Ruhrgebiet tatsächlich von einer vergeschlechtlichten Identitäts- und Identifikationsgeschichte geprägt, die besonders Musikerinnen ihren Platz an den Rändern zuweist? Zieht man erneut einen Vergleich mit Berlin heran, fallen auch hier wieder drastische Unterschiede im Rezeptionsverhalten auf. Gerade das Publikum trägt meiner Meinung nach nicht unbedeutend dazu bei, das Klima einer Musikszene zu prägen. Ein negatives, feindliches oder hyperkritisches Klima kann dafür ausschlaggebend sein, dass Frauen abgeschreckt werden, öffentlich aufzutreten. Hefler liefert den direkten Vergleich: »Die Mehrheit im Ruhrgebiet ist nicht sonderlich offen für neue, ungewöhnlichere Musik und deshalb vielleicht auch nicht offen für Musikerinnen, wenn es sie gäbe. Der Musikgeschmack vieler Verantwortlicher im Kulturbereich erschien mir immer schon als erschreckend einfach und unkritisch, was Innovation angeht – als eher konservativ. In Berlin sind die Menschen offener, lockerer und interessierter. Wenn du hier sagst, dass du malst oder Musik machst, ist das grundsätzlich erst einmal selbstverständlich und wird sofort akzeptiert – egal, wie sich die Beschreibung anhört. Durch die extrem hohe Anzahl an kreativen Menschen bewegt man sich als Musiker/in viel freier, ungezwungener und selbstbewusster, kann viel mehr ausprobieren. Leute kommen zu Veranstaltungen, auch wenn ihnen der Künstler nichts sagt. Die Menschen hier haben scheinbar nie genug von neuen Konzerten, Konzepten, Parties, Projekten und Veranstaltungen«. Ein pulsierendes Pflaster, gegen das das Ruhrgebiet fast spießig und muffig wirkt. Gerade für Frauen scheint dieses Umfeld sehr motivierend zu wirken, eigene Ausdrucksformen zu suchen. Hefler erzählt von ihrem ersten Solo-Auftritt als Neu-Berlinerin: »Ich hatte das Gefühl, keine Angst haben zu müssen, als negativ ungewöhnlich, langweilig oder auch dilettantisch zu gelten. Obwohl ich zu einem Halbplayback gesungen habe, war das Publikum sehr interessiert und hat sogar eine Zugabe gefordert«.

Der erste Schritt als Frau auf die Bühne scheint im Ruhrgebiet viel schwerer zu fallen. Einerseits weil weibliche Vorbilder fehlen, andererseits weil das Publikum das Gewohnte geboten bekommen möchte. Frauen scheinen auf den Ruhrgebiets-Bühnen immer noch »das Andere« zu sein. Feministische Strukturen im Sinne von Förderungen sind – z.B. durch ›rocksie!‹ – im Ansatz vorhanden, haben in den letzten Jahren jedoch mit kaum vorhandenem Feedback zu kämpfen. Nach Netzwerken unter Musikerinnen oder zwischen Musikerinnen und Veranstalterinnen, Projekten etc. sucht man hingegen vergeblich. Ob das gar mit den geographischen Begebenheiten des Ruhrgebiets (viele verstreute Städte über ein relativ großes Gebiet) zusammenhängt, müsste ausführlicher untersucht werden. Was ganz klar fehlt, sind Personen, die eigeninitiativ etwas auf die Beine stellen. Die den nötigen Biss haben und sich nicht allzu schnell entmutigen lassen. Die keine Angst vor Virginia Woolf und feministischen Standpunkten haben. Ein Grund, dass es an diesen

Frauen im Ruhrgebiet an allen Ecken mangelt, ist meiner Meinung nach sicherlich ein Stück weit die Vergangenheit der Region. Vielleicht fällt es uns inzwischen nicht mehr so deutlich auf, aber das Ruhrgebiet ist durch und durch männlich. Fast ein Jahrhundert lang wurde es von Großunternehmen der Kohle- und Stahlindustrie und ihren Malochern geprägt – das lässt sich nicht ohne weiteres aus den Köpfen der Menschen streichen. Das klassische Rollenverständnis ist auch im musikalischen Bereich deutlicher spürbar als in anderen Regionen. Dass es so wenige aktive Frauenbands gibt, liegt nicht nur an den Männern, die Musikerinnen gerne aus ihren Kumpelfreundschaften ausschließen, sondern auch an den Frauen selbst: Nur wer eigeninitiativ tätig wird und sich auf den harten und steinigen Weg nach eigenen Ausdrucksmitteln macht, kann dazu beitragen, überholte Rollenzuweisungen aufzusprengen. Die Zechen sind schon lange geschlossen. Es wird Zeit für frischen Wind!

LITERATUR

Bender, Hilmar (2006): Die Schönheit der Chance. Tage mit Tomte auf Tour. Berlin.

Jung, Yong-Suk (2006): Strukturwandel und Frauenarbeit im Ruhrgebiet: Geschlechterrollen wirken lange nach. In: Rubin 01/06. S. 14-20. (Online: http://www.ruhr-uni-bochum.de/rubin/rbin1_06/pdf/beitrag2.pdf).

Kaiser, Claudia (2003): Rocken & Hosen. Unterwegs mit meiner Band. München.

INTERNET

www.dieparasiten.net

www.falken-essen.de

www.kulturhauptstadt-europas.de

www.ladyfest.org

www.ladyfest-muelheim.net

www.ladyfest-ruhr.de

www.myspace.com/nadineanddiepreussen

www.nadmika.com

www.pristine.de

www.sister-dew.de

www.tocotronic.de

Dirk Siepe

Szenen aus den Szenen

Shakin' Stevens lebt – in Herne

Tom war Ted, ließ es aber in letzter Zeit an der nötigen Überzeugung fehlen. Da die 15jährige Nervensäge bei Ray um die Ecke wohnte und immer mehr von der Faszination des Punkrock ergriffen wurde, gerieten die gemeinsamen Schulwege zu penetranten Löcher-in-den-Bauch-Fragestunden. Ray war damals, im Sommer 1983, gerade aus Neuburg an der Donau zurück in seine alte Heimat Dortmund gezogen, was Tom zu solch schlauen Fragen wie »Tragen die Punks in Bayern eigentlich Krachlederne?« inspirierte. Abends stand er dann regelmäßig vor Rays Tür und die dämlichen Fragen gingen weiter. »Du kennst dich doch mit Drogen aus. Wie viel Haschisch braucht man eigentlich, bis man sich das spritzen kann?« Immerhin war es auch ein großer Spaß, die Naivität des kleinen Tollenträgers mit skurrilem Halbwissen zu füttern.

Tom war ein sehr netter Kerl. Großzügig, treuherzig und beeindruckend musikalisch. Auf seinem Plattenspieler hatten Rays Leihgaben wie Black Flag, Fear, Minor Threat und The Clash Toms alte Lieben Gene Vincent, Eddie Cochran und Stray Cats längst verdrängt. Doch genau die klassischen Rockabilly-Rebellen hatten es Ray inzwischen angetan, nachdem sie ihre gemeinsame Schnittmenge mit Meteors und Cramps bis zum Exzess, d.h. bis zur Analyse obskurer Bootlegs (ihr absoluter Favorit hörte auf den schönen Namen »Nazibilly Werwoelfen n'ont pas de Bausparvertrag«) ausgekostet hatten. Punk war nach all den Jahren immer noch die große Liebe, aber die Zeit des Scheuklappendenkens erledigte sich von selbst, als die einstige Revolution in seltsame Unterkategorien wie Siffpunks, Politpunks, Modepunks oder Skatepunks zerbröselte. Ray war neugierig, welche Rituale in anderen Szenen so zelebriert wurden.

Während er nur spielen wollte, nahm Tom die Sache viel zu ernst. Und so ein Leitmotivwechsel ist keine ganz einfache Sache, denn Punks und Teds hatten sich nicht gerade lieb, sondern führten die kindischen Hauereien weiter, die ein paar Jahre zuvor bevorzugt zwischen Punks und Poppern stattgefunden hatten. Erst letzte Woche hatte es auf der Brückstraße zwischen Punks und Teddyboys heftig gekracht, Messer, Schlagringe und Baseballknüppel gehörten da bei Kämpfen längst zur Grundausrüstung. Bevor Tom seinen Spitznamen »Kleiner Elvis« also endgültig ablegte und seine nicht allzu mächtige Tolle schwarz färbte und in Stacheln vom Kopf weg frisierte, wollte Ray unbedingt noch mal in dessen alte Welt abtauchen. Also wurden eines Abends die Füße in Creepers statt Doc Martens gesteckt, die Haare gewaschen und mit Brisk zurechtgekleistert und von Tom eine mit Leopardenstoff besetzte Jeansjacke ausgeliehen – dem Jugendbewegungskarneval mitten im November stand nichts mehr im Wege.

Als sie der fette Kalla, ein ziemlich dämliches Schweinsgesicht, das als Gabelstaplerfahrer im Hauptlager von Rewe seine Kohle verdiente, mit seinem Fuchsschwanz-Opel abholte, schöpfte er zum Glück keinen Verdacht. Er grüßte sogar recht freundlich. Tom kannte ihn von diversen Ace Cats-Konzerten, wo er Kalla schon als schnell gewaltbereiten Drecksack erlebt hatte. Aus der billigen Poser-Anlage dröhnte Guanabatz und ähnlicher Mist. »Wir holen erst noch Micha ab, dann geht's direkt ins ›Joey's‹ nach Herne«, trötete Kalla mit einer unerwartet hohen Stimme. »Da sind am Freitag immer die geilsten Perlen am Start.« Micha hatte Ray schon kennen gelernt, der hing gerne mal am Schulzentrum ab, obwohl er mit seinen 17 Jahren schon lange kein Klassenzimmer mehr betreten hatte. Bei den Schülern hieß Michael nur ›Pommesbude‹, weil sein Haar öliger war als jede Nordstadt-Friteuse, und Ray musste aufpassen, dass er sich nicht verplapperte.

Im ›Joey's‹, einer stinknormalen Kneipe mit ein paar Südstaatenflaggen und den üblichen Elvis-, Marilyn- und James Dean-Postern als Dekoration, war um halb neun schon ordentlich was los. Aus einer hübsch polierten Fifties-Jukebox dudelte Rock'n'Roll-Mainstream-Zeug, durch Shakin' Stevens' ›Green Door‹ rüber in Elvis' ›Heartbreak Hotel‹, um dort mit Bill Haley rund um die Uhr zu rocken. Dem sichtlich konservativ ausgerichteten Publikum schien es zu gefallen, zur Musik der Eltern die Möchtegern-Rebellen raushängen zu lassen. Die braven Teddyboys wippten lässig mit den schnieken Creepers und die fantasielos gleichförmig aufgebrezelten Mädels tänzelten in der Mitte des Raumes vor sich hin. Kleinkarierte Spießer in ihren Ausgehuniformen. Pommesbude posaunte laut und feucht in Rays linkes Ohr: »Geile Mucke, was?« Als der zu widersprechen wagte, mischte sich ein pickliger Fettsack namens Charly ein. »Wieso, was hörst du denn für'n Kram?« In weiser Diplomatie verschwieg Ray seine wahren Vorlieben und überlegte fieberhaft, mit welchen Sachen er wohl bei diesem Schwachkopf punkten konnte. Von den richtig coolen Rock'n'Rollern hatte Charly natürlich noch nie gehört, aber Eddie Cochran, Chuck Berry und Jerry Lee Lewis kannte zum Glück sogar der Fettsack mit der Boxernase. »Und, wie stehsse zum King?« Die Frage aller Fragen kam vom stiernackigen Heizer, dem Obermacker der örtlichen Schmalztollen-Fraktion, der mit seinen 130 Kilo einen abschreckenden Anblick bot. »Der King ist der King«, entgegnete Ray mit entwaffnendem Fingerspitzengefühl. »Richtige Antwort, Junge!« Heizer lachte und seine Hofnarren taten es ihm eifrig nach. Zeit für ein Bier.

Tom kannte beängstigend viele der geschniegelten Fuzzis mit den schmierigen Entenschwanz- und Surfbrett-Frisuren, die sich am Flipper oder Billardtisch in Pose warfen, um die sich tatsächlich einigermaßen zahlreich tummelnden Petticoat-Mäuse zu beeindrucken. Tom stellte Ray als einen alten Kumpel vor, der von Hamburg nach Dortmund zurückgekehrt sei (Bayern fand Tom zu peinlich und Ray war's vollkommen egal, welcher Ort als Ausgangspunkt für seine Fantasiegeschichten herhalten sollte), woraufhin sie Kommentare wie »Geile Rockabilly-Szene dort, kennsse Macka und Johnny?« ernteten. Natürlich kannte er Johnny, und zudem noch Atze, Harry und Fetzer, die entweder bei den Wild Boppin' Cats den Kontrabass slappten oder die coolsten Tätowierer der Reeperbahn waren. Man schloss Ray und seinen frei erfundenen Freundeskreis schnell ins Herz und stellte ein Bier nach dem anderen vor seine Nase. Und kaute ihm von beiden Seiten munter die Ohren ab. Die meisten Typen waren offensichtlich ziemlich erbärmliche Flachpfeifen, deren Leben allein aus Arbeiten, Schlafen, Saufen und Fressen bestand. Vom Ficken redeten sie zwar in einer Tour, aber für realen Sex reichte es wohl nur bei den tonangebenden Alpha-Tollen, denn Weibchen waren in dieser Szene Mangelware. Teds waren schon damals eine in sich geschlossene, dem Untergang geweihte Sippe ohne natürlich nachwachsende Ressourcen. Auch im ›Joey's‹ kamen auf eine Braut viereinhalb Freier, und ansprechende Optik war auf beiden Seiten die absolute Ausnahme. Toms bester Freund Stachi bekam immer genug Mädchen, denn er war ein begnadeter Dummschwätzer, der bevorzugt bei den ganz jungen Hühnern wilderte. Außerdem kannte Stachi keine Tabus, man sah ihn des Öfteren nach der Schule mit extrem fetten oder gern auch geistig etwas zurückgebliebenen Mädchen abdampfen. Einer seiner Standardanmachsprüche im Bus lautete zum Beispiel »Naa, fährste auch mit'm Bus?« Ob nun aus Verzweiflung, Mitleid oder schierer Blödheit: Gut die Hälfte der so originell Angesprochenen stiegen an Stachis Haltestelle mit ihm aus.

Nach einer gegen Staplerfahrer Kalla verlorenen Partie Billard war eine weitere Runde auf Rays Kosten fällig. Um einen auf weltmännisch zu machen, bestellte er doppelte Whiskeys. Johnny Walker, was Besseres gab es in dem Schuppen nicht. Leider wusste er damals noch nicht, dass ein Mann von Welt seinen Whiskey in aller Ruhe genießt, statt ihn in Sturzbachmanier runterzukippen. Langsam aber sicher schaltete nun die Waschmaschine in seinem Kopf auf Schleudergang, auf dem Weg zum Klo spürte er bereits latenten Brechreiz in der Speiseröhre aufsteigen. »Elvis Is Dead« von Peter & The Test Tube Babies spukte schon den ganzen Abend in seinen Ohren herum, und nachdem er seinen Mageninhalt in ein Waschbecken entleert hatte, folgte Ray einem natürlichen Reflex und holte seinen dicken Edding raus. Fünf Minuten später überdeckten »Elvis is dead!«, »Bill Haley is gay!«, »Better dead than Ted!« und – damals ein Klowandklassiker – »Lieber'n Punk im Schrank als nen Ted im Bett!« die mühsam gemalten Südstaaten-Flaggen samt der üblichen »Rebel«- und »Rule«-Sprüche.

Als er zurückkam, war an der Bar schon deutlich mehr Stimmung, Heizer und Freddie hatten sich die beiden einzigen halbwegs attraktiven Ladys im Laden geschnappt und ließen deren Pettycoats zu Bill Haleys ›Rock Around The Clock‹ durch die Luft wirbeln. Dann gab der mittlerweile sichtlich betrunkene DJ alles und lockte die trüben Tassen mit ›Rockabilly Rebel‹ von den unsäglichen Matchbox auf die Tanzfläche. Muss wohl eine Greatest Hits-Compilation gewesen sein, denn gleich im Anschluss kam noch ein Song der braven Rock'n'Roll-Revivalisten. Eine kleine Blondine mit missratener Dauerwelle schenkte Ray ein Lächeln, das eine verführerische Zahnspange entblößte, und fragte dämlich kichernd, ob er mit ihr zu ›Midnite Dynamos‹ tanzen wollte. Ray schaffte es gerade noch so, eine einigermaßen freundliche Entschuldigung zu lallen, und schleppte seinen sich immer schwerer anfühlenden Körper an die frische Luft. Kaum draußen vor der Tür vernahm er, untermalt von Showaddywaddys ›Johnny Remember Me‹, Kallas aufgeregtes Tenor-Stimmchen. Er schrie, wo zur Hölle der verfickte Kumpel von Tom abgeblieben wäre. Der Typ hätte den King beleidigt. In der Kneipe stieg der Stimmengewirr-Pegel bedrohlich an. Rays spontaner Entschluss, nicht mehr in die Deppendisco zurückzukehren, sondern sich auf die Suche nach dem Herner Bahnhof zu machen, war definitiv die richtige Entscheidung, wie ihm Tom am nächsten Tag angepisst berichtete. Tom hatte ein Veilchen und ein paar eher harmlose Schürf- und Kratzwunden am Körper. Seine Transformation zum Punkrocker verlief dann deutlich schneller als die Wiederaufnahme seiner freundschaftlichen Beziehung mit Ray…

Schwer auf Metall – God save the Fuckers!

Der Typ hieß Werner Potthoff, und so sah er auch aus. Neben Akne und Übergewicht schleppte er aber auch noch andere, nicht ganz so offensichtliche Probleme mit sich herum. Eines davon war, dass er keine Freunde hatte, was ihn dazu veranlasste, Ray in jeder Pause in der Raucherecke der Oberstufe hemmungslos vollzutexten. Er hatte wohl irgendwie mitgekriegt, dass Ray Slayer und Voivod ganz gut fand, und da er sein ganzes, offenbar ziemlich üppiges Taschengeld in die neusten Heavy-Metal-Scheiben investierte, gingen ihm die Themen niemals aus. Ein Gutes hatte die Sache, Werner fragte nämlich gar nicht erst, ob er seine Platten verleihen durfte, sondern brachte Ray und seinen beiden Schul-Punkrock-Kameraden alle paar Tage eine Plastiktüte mit den neuesten Scheiben mit. So bekamen Ray und seine Kumpels Steve und Claudio Mitte der Achtziger unweigerlich alles vom gerade aufblühenden Bay-Area-Thrash-Metal mit. »Kannse haben, so lange du wills. Hab se mir eh noch auf Kassette aufgenommen.« Manche Platten bekam er erst nach einem Jahr zurück, und als sich nach dem Abi die Wege für immer trennten, standen allein in Rays Regalen aus Potthoffs Fundus noch Metallicas ›Kill 'Em All‹, ›Bounded By Blood‹ von Exodus und die Debüts von Sodom und Destruction. Wahrscheinlich hatte Werner sich die Platten schon kurz nach dem Ausleihen noch mal gekauft.

Heavy Metal war schwer am Kommen Mitte der Achtziger. Das Ruhrgebiet zeigte sich in dieser Richtung ganz weit vorne und Dortmund bildete eines der Epizentren. Ein prägnanter Auslöser für die Matten-Manie an Ruhr und Emscher war im Dezember 1983 das »Rock Pop in Concert«-Festival in der Westfalenhalle, damals die größte Konzerthalle in ganz Europa. Maiden, Priest, Ozzy, Def Leppard und die damals noch nicht gar so hochnotpeinlichen Scorpions verwandelten Dortmund für einen Moment in den feuchten Traum aller harten Nachwuchsrocker. Auch Werner hatte sich bei dieser Show fürs Leben prägen lassen und die im Zuge des Booms in Dortmund gegründete Zeitschrift Metal Hammer lag bald als Bibel unter seinem Kopfkissen.

Kuttenträger war Werner zwar nicht, aber ansonsten war er dem Metal bedingungslos verfallen. Manchmal, wenn aus heiterem Himmel der Ozzy mit ihm durchging, brüllte er mitten auf dem Schulhof »Voivod!!!« oder »Slayer!!!« und reckte dazu seine Hand in Pommesgabelform zum Himmel. Seine Klamotten waren unauffällig geschmacklos, zu billigen Jeans trug er meist einen Iron Maiden-Sweater, abgelatschte weiße Turnschuhe und eine von diesen auf alt getrimmten Lederjacken, die schon damals hoffnungslos daneben waren. Der Kamm in der Hosentasche, den er sich regelmäßig durch seinen fettigen Mittelscheitel zog, das Lederhalsband mit Indianerschmuck, das den Blick auf seine ordentlich behaarte Brust lenkte, und eine dicke, billige Armbanduhr mit jeder Menge unsinniger Knöpfe rundeten das Bild perfekt ab.

Nichtsdestotrotz war Werner eine herzensgute Seele, die sich nichts sehnlicher wünschte, als anerkannt zu werden und mit Freunden seine Metal-Träume auszuleben. Die paar Figuren, die er in seiner grenzenlosen Naivität als Freunde bezeichnete, blickten jedoch voller Verachtung auf ihn herab, dabei waren sie selbst nur ganz arme Würstchen, deren ganzer Stolz eine frisierte Kreidler Florett oder ein Paar Cowboystiefel mit Sporen war. Zwei dieser Dortmunder Vorstadtmetaller standen eines Tages mit Werner vor Rays Tür. Den einen kannte er schon, da der mit Susi, der Metalmieze aus seiner Klasse, zusammen war. Susis Macker hieß Atze und trug eine – immerhin – echte Lederjacke mit den üblichen Aufnähern vom Kirmesschießstand, Cowboystiefel aus Schlangenlederimitat und enge, vorgebleichte Stretchjeans. Sein Kumpel hieß Pedda und verständigte sich bevorzugt über Grunzlaute.

»Die beiden ham ne geile Band«, erklärte Werner voller Bewunderung. »Und hömma, die brauchen grade 'nen neuen Schlachzeuger.« Bei Ray auf dem Dachboden standen ein Drum-Kit und zwei Amps samt Boxen, denn dort war bis vor zwei Wochen noch der Proberaum seiner frisch aufgelösten Combo Analkontrolle gewesen. Im Moment war er tatsächlich auf der Suche nach einer neuen Band, aber Heavy Metal? Für dieses Genre fehlten ihm sowohl der nötige technische Background als auch die angemessene Begeisterung. »Wie heißt denn die Kapelle? Kennt man die?« »Wir sind die Fackas, Alter«, quäkte Pedda und ließ dieser Enthüllung einen derben Rülpser folgen. Werners Augen leuchteten vor Stolz, dass er solche Giganten zu seinen Bekannten zählen durfte. »Die sind voll angesacht, die ham sogar schomma mit Steeler und Accept gespielt.« Wow! Ray war wirklich schwer beeindruckt, vor allem als er hörte, wie sich dieses Ereignis vor zwei Jahren in Essen tatsächlich zugetragen hatte. Pedda, Atze und ihr damaliger Drummer Birne hatten rotzbesoffen in einer Umbaupause die Bühne geentert und einen Auszug ihres Krachers ›Sex With A Dead Girl‹ zum Besten gegeben. »Alta, datt war typisch Fackas«, dröhnte Werner voller Bewunderung. Immerhin schrieben sie sich dann aber doch orthographisch einwandfrei The Fuckers, wie Ray auf Atzes liebevoll bemaltem Feinripp-Unterhemd lesen konnte.

Nicht allein der Name befeuerte Rays ohnehin schon lodernde Neugierde. Diese Typen waren einfach, nun ja, authentisch. »Wenn ihr Bock habt, können wir gleich mal ein bisschen Session machen«, bot Ray an. »Gitarre, Bass und Verstärker sind am Start.« Atze winkte mürrisch ab. »Ich zock nur mit meiner eigenen Säge, aus Prinzip.« »Und nüchtern sowieso schon mal gar nich«, schickte Pedda ein weiteres Argument hinterher, präsentierte aber auch sogleich die Lösung, indem er ein paar Büchsen lauwarmes Karlsquell und einen Flachmann Büchter Doppelkorn aus den Innentaschen seines Parkas hervorzauberte.

Werner wurde kurzerhand beauftragt, mit seinem Opel Kadett, stilecht mit Flammenverzierung auf den Kotflügeln, nach Bochum-Langendreer zu fahren, um aus dem Proberaum der Fuckers die Gitarren zu holen. Pedda wollte auch seine beiden Marshall-Boxen mitgebracht bekommen, sah dann aber doch ein, dass das ein bisschen viel von Werner und seinem Auto verlangt war. »Dann pack aber wenigstens alle Effektgeräte ein«, rief er Werner noch hinterher. »Ich will ordentlich Dampf inna Hütte!«

Während der frisch gekürte Fuckers-Roadie unterwegs war, tauschten sich die drei Musiker über ihre Vorlieben aus. Mit Sabbath, AC/DC und Motörhead war der übliche gemeinsame Nenner schnell definiert. Atze enthüllte beim Stöbern durch Rays Plattenkisten sogar Grundkenntnisse in Sachen Punkrock. »Geil, Anti-Nowhere League! Discharge! G.B.H.! Exploited!« Pedda glotzte verständnislos aus der Wäsche. »Muss man datt kennen? Hasse nich was vonne Sex Pistels? Ich kann ›Pretty Vacant‹ und ›God Saves The Queen‹ spielen.«

Als Werner zurückkam, waren die Bierpatronen aus dem Aldi und Rays Brinkhoff's-Reserve aufgebraucht, weshalb der arme Kerl trotz zaghafter Proteste gleich wieder losgeschickt wurde, um Nachschub zu besorgen. Die anderen gingen derweil nach oben und schmissen die Verstärker an. Nach zehn Minuten, die mit so verbissenen wie vergeblichen Gitarrenstimmversuchen verbracht wurden, stand Werner schon wieder vor der Tür. Neben einer Tüte voll Bier und ein paar Schachteln billigen Boonekamps hatte er noch zwei 13-jährige Nachwuchs-Metal-Buben im Schlepptau, die sich des Öfteren an Werner hängten, weil der Geld, Platten und einen Führerschein (der Vorteil seiner zwei Ehrenrunden in der Schule) samt eigenem Auto besaß. Einer von ihnen hatte sich sogar mit Tipp-Ex einen kleinen Fuckers-Schriftzug auf das linke Schulterpolster seiner Motorradlederjacke gemalt. Zu blöd, ihre Gitarren zu stimmen, aber schon ein eigener Fanclub. Ray war mittelschwer beeindruckt.

Pedda drängte aufs Loslegen. »Watt woll'n wa denn zocken?« Sein Kumpel schlug zum Einstieg ein paar allseits bekannte Rock-Gassenhauer vor, da die Fuckers-Nummern »ja viel zu kompliziert« seien. Atze ließ seine Gitarre aufjaulen und wollte gar nicht mehr aufhören, merkte dann aber doch, dass ihm keiner folgen konnte. »Was soll denn das sein?« Ray hatte nicht den leisesten Schimmer, wen oder was dieses durch fünf Effektgeräte verfremdete Riff darstellen sollte. »Mann, das ist ›Charlotte The Harlot‹ von Maiden!« Ah ja. Vielleicht doch lieber was Einfacheres. Ray schlug ›Touch Too Much‹ von AC/DC vor, was allgemeine Zustimmung fand. Pedda drosch auf die Saiten seines Basses ein, was in unbeschreiblich infernalem Gedröhne resultierte, da er seinen Bass mit einem Fuzz verzerrte. Atze stieg gleich mal mit einem Solo ein, was den Soundbrei noch undifferenzierter klingen ließ. Ray zuckte verständnislos mit den Schultern, ignorierte das Spiel der anderen so gut es ging und hämmerte einen schweren Midtempo-Beat auf die Felle.

Die beiden Heavy-Metal-Kids bangten begeistert mit den Köpfen und ließen die noch nicht allzu imposanten Matten kreisen. Werner hatte die Augen geschlossen und ging ganz in seinem Luftgitarrenspiel auf. Dieser Anblick gab Ray den Rest. Er verließ mit angehaltenem Atem den Raum, um sich draußen zur Beruhigung fünf Minuten prustend auf dem Boden zu kugeln. Die anderen hatten sein Fehlen offenbar gar nicht bemerkt, ein eindeutiger Rhythmus war bei der Krawallorgie eh nicht herauszuhören. Als nach etwa einer halben Stunde die Motivation schwand, ließen sie den ›Song‹ in einer Ohrenbluten verursachenden Feedback-Wand ausklingen. Die Kids quiekten und kreischten vor Begeisterung. »Datt is echt Hardcore«, meinte der eine anerkennend, sein Kumpel stimmte ihm zu: »Aber volle Lotte, ey!«

Höchste Zeit für eine Pause, denn am Bass wie auch an der Gitarre waren diverse Saiten gerissen. Während Pedda und Atze sich ans – sichtbar routinierte – Flicken bzw. Austauschen machten, ging Ray zur Tür, wo es offenbar schon seit geraumer Zeit stürmisch klingelte. Nachbar Kandinsky samt renitenter Gattin meldeten Interesse an einem baldigen Ende der Session-Tätigkeit an. Ray versprach, ab jetzt ganz leise zu spielen und ließ das Rentnerpärchen stehen.

Als Nächstes musste Sabbaths ›War Pigs‹ dran glauben, wobei zumindest der Einstieg noch gewisse Ähnlichkeiten mit dem Original erkennen ließ. Atze hatte inzwischen ein Mikro gefunden und mit an den Gitarrenverstärker angeschlossen. Die Worte, die er nun in den Raum hinein brüllte, waren nur schwer zu identifizieren, allerdings kamen ›cunt‹, ›blood‹, ›fuck‹ und ›die‹ in regelmäßigen Abständen vor. Zwischendurch schnappte sich auch Werner mal das Mikrofon und ließ mächtige Urlaute erklingen. Atze gab ihm aber mittels Fußtritt und bösen Blicken zu verstehen, dass er das bitte lassen solle. Song Nummer drei war dann der Session-Klassiker schlechthin, beim unübertroffen simplen ›Louie Louie‹ schafften es die drei Helden sogar, sich halbwegs an die Songstruktur zu halten. Den Text änderte Atze allerdings kurzerhand in »Louie, Louie, kill, fuck and die« um. Die drei Fuckers-Fans lieferten sich derweil heiße Luftgitarrenduelle. Nach drei Nummern und über einer Stunde Hochleistungskrach war das Bier schon wieder alle. An der Tür schellte es erneut. »Mamma auf«, brüllte Pedda, »das muss der Bierlieferservice sein!«

Es waren dann aber doch die Cops, und die hatten weder Bier noch Verständnis für die frühabendliche Hausmusik dabei. »Es liegen verschiedene Beschwerden von Anwohnern wegen Ruhestörung vor«, leierte der ältere der beiden Schnauzbärte seinen Text runter. »Wenn Sie nicht umgehend die Lärmbelästigung unterlassen, müssen wir das Instrumentarium beschlagnahmen und eine Anzeige schreiben.« Ray kamen die ungebetenen Störenfriede gerade recht, denn in seinem Kopf dröhnte es mittlerweile ziemlich schmerzhaft. »Keine Sorge, Herr Wachtmeister, unser Album ist bereits im Kasten und wir müssen sowieso gleich los zur Autogrammstunde.« Der jüngere Grünling schaute etwas irritiert. Als er zu einer Frage ansetzen wollte, stieß ihn sein Kollege in die Seite und meinte: »Lass gut sein, Roland, bloß nicht provozieren lassen. Sehen Sie zu, dass wir nicht noch einmal anrücken müssen, denn dann geht das nicht mehr so glimpflich ab.« Ray schlug die Hacken zusammen und ließ die Haustür ins Schloss fallen.

»Sorry, Jungs, das war's für heute.« Pedda war schwer enttäuscht und schlug vor, zwecks Fortsetzung in den Fuckers-Proberaum überzusiedeln. »Da ham'wa auch noch'n halben Kasten Kronen Ex!« Die anderen waren sofort Feuer und Flamme für diesen Plan, nur Ray winkte dankend ab. »Ich bin raus. Muss dringend noch für ne Klausur morgen lernen.« Das fanden die toughen Rocker natürlich absolut uncool, zogen nach einigen spöttischen Bemerkungen dann aber doch ihres Weges. »War aber geil, Alter«, sagte Atze zum Abschied. »Wollen wir morgen gleich wieder zocken?« Auch die nächste Ausrede war so wenig wahr wie originell. »Übermorgen hab ich ein Referat in Sowi, da muss ich noch einiges tun. Ich melde mich bei euch.« Nach einer Telefonnummer fragte er allerdings gar nicht erst.

Wäre Pedda nicht kurz nach dieser legendären Session – Werner erzählt vermutlich heute noch von diesem schmerzhaften akustischen Inferno – wegen seines schwunghaften Handels mit geklauten Mopeds für ein halbes Jahr in die Besserungsanstalt gekommen, hätte aus den Fuckers locker eine lokale Legende werden können. Eine Punklegende allerdings, denn für Metal waren sie technisch einfach nicht gut genug.

Helden des Sonntags – vereint gegen die Staatsgewalt

Sonntagmittags traf sich eine Garde vornehmlich älterer Dortmunder Punks und Skins regelmäßig auf der großen Wiese im Westpark, zumindest wenn es nicht in Strömen regnete oder schneite. Wenn es richtig warm war, betteten sich manche sogar hinter einem Busch im Westpark zur Ruhe, um nach dem Aufwachen nicht lange überlegen zu müssen, was als Nächstes auf der sonntäglichen Agenda stand. Andere wiederum waren gar nicht erst schlafen gegangen, um den wichtigen Termin nicht zu verpassen. Und so schwitzte sich ein bunt gemischter Haufen dort Woche für Woche die Restgiftstoffe aus dem Körper, nicht selten in fataler Wechselwirkung mit diversen Konterbieren oder Lines.

Zwar gab es 1984 noch kein Einwegpfand, doch Bier gab es bei ihnen immer nur in Flaschen. Dies ist deshalb erwähnenswert, da jeder der furchtlosen Fußballer stolz auf Tasche, Ärmel oder Shirt seine Zugehörigkeit zu Dortmunds berüchtigter Freizeitkickerbrigade zur Schau stellte: Dynamo Dosenbier hieß dieser Club ohne feste Mitgliedschaft, und das Merchandising war mit T-Shirts, Aufnähern und Buttons für damalige Verhältnisse bereits ziemlich weit vorne. Ronnie machte seine bescheidenen fußballerischen Qualitäten durch ganz besondere Hingabe wieder wett und tätowierte sich das offizielle Logo von Dynamo Dosenbier, zwei von Lorbeer umrankte Fußballschuhe, in denen jeweils eine Dose Bier steckte, auf den rechten Oberarm. Ray war zwar auch kein großer Kicker, hatte aber aufgrund seiner Jugend und seiner Vergangenheit als Mittelstreckenläufer gegenüber den meisten Anderen konditionelle Vorteile. Es gab aber noch andere Möglichkeiten, um von mangelhaften technischen Fähigkeiten abzulenken: gesunde Männerhärte. Da etwa die Hälfte der Leute in Straßenklamotten spielte, waren naturgemäß viele Stiefelträger auf dem Feld. Und Doc Martens wurden damals noch bevorzugt mit Stahlkappe getragen.

Die Hippies, die an sonnigen Sonntagen den Westpark mit ihren Bongos, Wurfkeulen und Zottelhunden bevölkerten, konnten kaum glauben, dass sie hier Punks und Skins in harmonischer Eintracht sahen. Doch gerade die älteren Skins hatten mit den Punks kein Problem. Mitte der Achtziger bestand die Skinhead-Szene zum größten Teil aus ehemaligen Punks, denen das Dahinschimmeln als sich mit Klebstoffen und Billigfusel zudröhnenden Siff-Punks als Lebensmodell nicht zusagte.

Solche Siff- und Pattex-Punks fand man in Dortmund an der ›Glocke‹ genannten Reinoldikirche, gleich gegenüber von den Junkies am Platz von Leeds, bei Witzbolden auch als ›Platz von Pieks‹ bekannt. Eine Entwicklung zu verkopften Superpolit-Punks mit veganem Straight-Edge-Dogma kam für gut die Hälfte der Skins allein schon aufgrund ihrer intellektuellen Beschränktheit nicht in Frage, und wenn einem Skaten dann noch zu anstrengend war, wurde man fast ganz von alleine Skin. Oder eben Durchschnitts-Proll. Nach der Arbeit die Rübe volllaufen lassen und dazu simple Songs grölen, vielleicht auch noch mit mehr oder weniger ernsthaften Balgereien das gut gefüllte Aggressions-Reservoir abbauen – so einfach bastelte man sich einen gemeinsamen Nenner. Und beim Outfit musste man sich auch keine Gedanken machen, denn ein Paar Doc Martens plus ne Bomberjacke sind locker drin, wenn Kamm und Shampoo nicht mehr für Defizite im Haushaltsbudget sorgen.

Richtige Nazis waren nur die wenigsten, die meisten waren schlicht zu faul, sich eine eigene Meinung zu bilden, manche kokettierten mit dem rechten Extrem, um die verhassten Scheuklappen-Hippies zu provozieren, und vielen war es auch einfach nur zu blöd, die antifaschistische Gesinnung immer wieder betonen zu müssen. Bei Dynamo Dosenbier jedenfalls spielten neben teutonischen Punks und Skins auch ein Grieche, ein Türke, ein Italiener und ein permanent bekiffter Dreadlock-Freak mit, ohne dass es auf dem Platz und am Tresen nennenswerte Berührungsängste gegeben hätte. Wie auf jedem Fußballplatz setzte es gerne mal deftige Sprüche wie »deine Schwester treibt's mit Griechen« (an die Adresse des Türken) oder »deine Mutter schafft im Türkenpuff an« (in Richtung des in Thessaloniki Geborenen), doch die lachten über solch müde Scherze meist am lautesten.

Ray war der einzige Schüler, die meisten waren arbeitslos (und hatten kein Problem damit) oder verdienten sich ihre Biere mit harter körperlicher Arbeit. Eine Ausnahme hieß Harry, der war Polizeibeamter. Gesetze bedeuteten ihm allerdings noch weniger als den anderen Clubmitgliedern. Harry war nicht zuletzt deshalb beliebt, weil er jeden zweiten Sonntag diverse aus der Asservatenkammer erbeutete Sachen mitbrachte, bevorzugt Drogen und Waffen, einmal sogar ein Bündel Blüten. Eigentlich wollte er sich damit eine kleine Nebenerwerbsmöglichkeit schaffen, doch letztendlich nahm er nie Geld für seine Handelsgüter, sondern gab sich mit irgendwelchen Tauschutensilien (meist Oi!- und alte Hardrock-Scheiben) oder der Aussicht auf ein paar Freidrinks zufrieden. Bomber, dessen Name prächtig zu seinem massigen Körpervolumen passte, arbeitete im größten Plattenladen Dortmunds und hatte immer gutes Tauschmaterial.

Als Harry wieder einmal von seinen Kollegen verspottet wurde, mit was für einem Abschaum er seine Freizeit verbrachte, platzte ihm der Kragen und er vereinbarte ein Duell zwischen Dynamo Dosenbier und dem Bolzteam der Steinwache. Neben der Ehre sollten zehn Kisten Bier auf dem Spiel stehen. Der alte Jacques, Dynamo-Torwart und Aushilfsdrummer bei den Idiots, war von der Idee alles andere als begeistert. »Die Bullen sind doch alle viel durchtrainierter als unser Haufen hier, das ist doch wie Borussias Amateure gegen die verfickten Bayern. Und einfach umtreten können wir die auch nicht, sonst buchten die uns am Ende noch wegen Körperverletzung ein.« Carlos, der griechische Skin und Speedfreak, war der gleichen Ansicht und hatte keine Lust, »irgendwelchen Drecksbullen ihren Rausch zu bezahlen«. Rays Idee, das Bier mit Schlafmitteln zu präparieren und die bewusstlosen Cops später mit Eddings zu verschönern, fand allgemeine Zustimmung, denn das Beschmieren von friedlich schlummernden Betrunkenen, bevorzugt Schwänze und zwiespältige politische Symbole, gehörte auf Dynamo-Gelagen zu den beliebtesten Vergnügungen. Allerdings implizierte diese Lösung, dass man das Spiel verlieren würde. Da hatte nicht zuletzt Zille was dagegen, weshalb er vorschlug, das sportliche Kräftemessen in Aplerbeck auszutragen. »Da kenne ich den Platzwart, der macht da immer den Schiedsrichter. Und der gute Schorschi schuldet mir noch was.« Er hatte dem passionierten Exhibitionisten einst ein Alibi gegeben, als diesem vorgeworfen wurde, sich im Westfalenpark vor ein paar Hausfrauen in »schamverletzender Weise« präsentiert zu haben.

Der Dortmunder Stadtteil Aplerbeck ist über die Stadtgrenzen hinaus bekannt, seit Didi Hallervorden den Standort des westfälischen Landeskrankenhauses in seinem Flachpfeifen-Klassiker »Ich bin der Asphalt-Cowboy von Dortmund-Aplerbeck« besungen hatte. Die psychiatrische Klinik verfügt über eine weitläufige Parkanlage mit diversen Sportplätzen, die gegen eine moderate Gebühr auch von Nichtinsassen genutzt werden können. Schlappe 20 Mark kostete die Miete für zwei Stunden auf dem tadellosen Fußballplatz. Die Nutzung der Umkleidekabinen sowie die Dienste von Schorschi, dem Platzwart und Schiedsrichter in Personalunion, waren im Preis inbegriffen.

Als das Team von Dynamo Dosenbier samt eines bereits souverän alkoholisierten Fanclubs dann eines heißen Sonntagnachmittags im Juli durch den Park des LKH marschierte, nahm außer vereinzelten Besuchern niemand groß Notiz von dem bunten Haufen. Hinweisschilder gab es leider keine, darum fragte Mittelstürmer Malte eine Frau um die 60 nach dem Weg zu den Umkleiden. Die Dame war offensichtlich in ein Zwiegespräch mit einer Birke vertieft, ließ sich aber gerne unterbrechen. »Udo, bist du das? Mein Junge, endlich kommst du mich mal besuchen!« Sie fiel dem verdutzten Malte um den Hals und bedeckte sein unrasiertes Gesicht mit feuchten Schmatzern. »Ich bin nicht der Udo, ich kenn Sie überhaupt nicht, lassen Sie mich bitte los!« Die Alte ignorierte Maltes Abwehrversuche und drückte den armen Kerl noch fester an ihre Brust. »Hast du denn deine nette Freundin gar nicht mitgebracht? Wie hieß sie denn noch gleich, Roswitha?« Die anderen konnten vor Lachen kaum noch gehen, setzten ihren Weg dann aber doch weiter fort und ließen den verlorenen Sohn Malte mit seiner seligen Frau Mama zurück.

Selbstgespräche waren anscheinend sehr beliebt bei den Irren dieser Klinik, überall am Wegesrand standen Leute, die unaufhörlich vor sich hin brabbelten. Nur eine brauchbare Auskunft war von ihnen nicht zu bekommen. Schließlich gelangte die Truppe aber doch ans Ziel. Schorschi begrüßte sie beim Betreten der Umkleide, indem er zackig die Hacken seiner Knobelbecher aneinander schlug und den rechten Arm zu einem heute öffentlich nicht mehr gebräuchlichen Gruß hob. Mit seiner grünen Cordhose und dem bunten Ringelpullover sah er nicht gerade nach einem knallharten Nazi aus, und das war er auch gar nicht, wie Kalle versicherte. »Der ist total lieb, aber eben auch ein bisschen gestört. Der ist halt schon ne Weile zu lange hier.« Schorschi lächelte und zeigte seine makellos vergilbten Zähne, die nicht mehr ganz vollzählig waren. »Auf geht's, Kameraden, Ruhm und Ehre warten auf uns!«

Schorschi marschierte vorneweg und schwenkte dabei die Eckfahnen wie beim Einmarsch von Gladiatoren. Die Bullen waren bereits vollzählig auf dem Platz und spielten sich die Bälle zu. Da waren ganz offensichtlich ein paar gute Kicker dabei und bis auf den Torwart und einen ziemlich korpulenten Enddreißiger machten die gegnerischen Spieler einen beängstigend fitten Eindruck. Dafür hatte Dynamo den 12. Mann am Spielfeldrand, und der Anhang zeigte sich lautstark in Bestform. »Haut die Bullen platt wie Stullen – Dynamo! Dynamo! Schlagt die Polizei zu Brei – Dynamo! Dynamo!« Die Sprechchöre waren nicht gerade geeignet, um die Atmosphäre dieses Spiels in freundliche Bahnen zu lenken. Die Steinwache-Boys hatten zum Glück keine Schlachtenbummler im Schlepptau, lediglich drei peinlich aufgebrezelte Tussen waren zur Unterstützung mitgekommen.

Nach dem üblichen Vorgeplänkel konnte es dann endlich losgehen. Schiedsrichter Schorschi hatte da aber wohl die Sportarten verwechselt, denn er signalisierte den Spielbeginn nicht mit seiner Trillerpfeife, sondern mit einem Schuss aus einer Schreckschusspistole. Bis auf vereinzelte Besucher schien der laute Knall aber niemanden weiter zu beunruhigen. Im weiteren Verlauf bediente sich Schorschi dann aber doch seiner Pfeife, wenn er etwas zum Spiel anzumerken hatte. Und das hatte er im Schnitt alle anderthalb Minuten. Es dauerte keine Viertelstunde, bis Günther, der Kapitän der Beamtentruppe, eine Grundsatzdiskussion über den angeblich Unparteiischen beantragte.

»Was ist denn das für ein Witzbold? Habt ihr dem ne Flasche Korn versprochen, wenn er euch zum Sieg pfeift?« Günther war sichtlich sauer, dabei hatte Schorschi erst drei absurde Freistöße für Team Dosenbier gepfiffen und der Gegenpartei ein Tor wegen angeblicher Abseitsstellung aberkannt. »Sicher ist das nicht gerade ein Profi-Schiri«, versuchte Harry zu beschwichtigen, »aber ganz ohne können wir nicht spielen. Da wären wir ja nur am diskutieren. Also, lass uns weiterspielen. Oder wollt ihr aufgeben?«

Nein, aufgeben wollten sie nicht, dafür fühlten sie sich zu überlegen. Als nächstes säbelte Zille im gegnerischen Strafraum zwei Bullen um – statt Stürmerfoul pfiff Schorschi Strafstoß für Team Dosenbier. Da der Torwart den schwach geschossenen Elfmeter ohne Mühe parieren konnte, ließ der Unparteiische ihn kurzerhand wiederholen. Zum Glück saß der zweite Versuch, denn noch eine Wiederholung hätte zweifelsfrei zu einer Meuterei geführt. Wenn Schorschi auf die Gründe seiner eigenwilligen Entscheidungen angesprochen wurde, wiederholte er immer den gleichen Satz: »Ich kenne die Regeln besser als Sie, meinen Entscheidungen ist bedingungslos Folge zu leisten!« Was wollte man da auch gegen sagen...

Zur Halbzeit hieß es trotz Schorschis wohlwollender Unterstützung zwei zu eins für die Staatsdiener. Die Ersatzspieler nutzten die Pause, um sich ein wenig mit der Lederkugel vertraut zu machen. Als Ray den Ball aus einem nahe gelegenen Gebüsch holen musste, begegnete er dort einer Frau um die 30. Ihr Kleid im Oma-Schürzen-Dekor war mit grünen und braunen Flecken übersät, in ihren zerzausten Haaren schienen sich diverse Kleintiere Nester gebaut zu haben. Den Ball hielt sie fest umklammert, während sie mit entrücktem Blick »Ich bin Satan« vor sich hin murmelte. Ray bat höflich um die Herausgabe des Spielgeräts, doch Frau Satan beharrte darauf, nichts von einem Ball zu wissen. »Dann geben sie mir doch einfach das Ding, was Sie da in den Händen halten«, bat Ray mit gezwungener Engelsgeduld. »Ich habe keine Hände, ich bin Satan«, insistierte die Buschbewohnerin. Die anderen riefen schon nach ihm, also entriss Ray ihr den Ball kurzerhand mit Gewalt, was dazu führte, dass sie ein ohrenbetäubendes Sirenengeheul anstimmte. Zum Glück störte sich in dieser Grünanlage der etwas anderen Art niemand weiter an so was.

In der zweiten Hälfte pfiff Schorschi zwar weiterhin unverdrossen haarsträubenden Unfug, doch hatte er leider vergessen, zu wessen Gunsten er ausschließlich entscheiden sollte. So glichen sich die gesammelten Fehlentscheidungen im Verlauf der Dreiviertelstunde mehr oder weniger aus. Es kam, wie es nicht kommen sollte: Das Spiel endete drei zu drei. Mit diesem Unentschieden konnte vor allem die Dosenbier-Elf gut leben, zumal es letzten Endes ja halbwegs ehrlich erkämpft war. Für eine Verlängerung waren fast alle viel zu fertig, denn 90 Minuten in praller Sonne auf einem großen Spielfeld waren selbst die Fitnesskanonen aus dem Bullenlager nicht gewöhnt. Also wurde beschlossen, es beim Remis zu belassen, beide Parteien sollten das von ihnen mitgebrachte Bier zur eigenen Verwendung behalten.

Den moralischen Triumph der Dynamo-Helden bekamen die mitgereisten Anhänger allerdings gar nicht mehr mit, denn die lagen alle friedlich schlafend am Spielfeldrand. Bambi und Kröte, zwei Punk-Mädels aus Hannover, lagen sogar direkt mit ihren Köpfen unbeeindruckt neben dem Ghetto-Blaster, aus dem »Kill The Poor« von den Dead Kennedys plärrte. Carlos konnte sich denken, war hier los war. »Die Idioten haben sich an dem Kasten mit dem präparierten Bier vergriffen.« Wie sich herausstellte, war gut die Hälfte der Leute gar nicht im Bilde, dass dieser Plan überhaupt noch in die Tat umgesetzt worden war. Zille und Carlos hatten die Aktion quasi im Alleingang durchgezogen. Carlos' Freundin Billie arbeitete bei einem Tierarzt, wo sie sich einige Ampullen Pferdetranquilizer abgezweigt hatte, Zille jobbte zweimal die Woche nachts in der DAB-Brauerei, wo er das passende Werkzeug zum Wiederverschließen von Kronkorken fand. Als Markierung hatten die fraglichen Flaschen lediglich einen kleinen schwarzen Punkt auf dem Etikett.

Aber eigentlich war ja auch angesagt, dass das Preisbier vor Spielende keinesfalls angerührt werden durfte. Wer dieses Gebot missachtet hatte, sollte denn auch nicht ungestraft davon kommen. Jacques und Carlos entfernten die Schnürsenkel an den Docs, Chucks und Springerstiefeln ihrer ›Fans‹, Bomber malte ihnen »Ich bin irre!« und ähnlich lustige Bekenntnisse auf die Stirnen und der wackere Schorschi besorgte im Tausch gegen zwei Kisten Bier eine Handvoll roter Plastikarmbänder, anhand derer das Klinikpersonal ihre Klientel von den Besuchern unterscheiden konnten. Der Dynamo-Fanclub wurde danach nie wieder bei Auswärtsspielen gesichtet.

Zwei Schritte vorwärts – und nicht dabei einschlafen

Angefangen hatte es im ›Orpheum‹, einem alten Kino an der Rheinischen Straße, wo sich heute gerne die Nazis rumtreiben. Während die Punks und Skins draußen vor der Tür Bier und Kümmerling von der benachbarten Trinkhalle in sich hineinschütteten, tanzte drinnen das auf cool gestylte Volk zu Anne Clark, The Cure, Sisters Of Mercy und Depeche Mode. Vereinzelt sah man dort schon konsequent schwarz gekleidete Scheitelträger, deren Tanz eher ein Marsch war, bei dem sie stoisch ein paar Schritte vorwärts schritten, um dann die gleiche Route im Rückwärtsgang zu absolvieren. Doch im ›Orpheum‹ herrschte mittwochs permanente Überfüllung, und für den faulen Pseudo-Tanz brauchte man wenigstens ein bisschen Platz. Und so wurde dieser herrlich dämliche Discotheken-Sport schließlich erst Ende der Achtziger im ›Memphis‹ im nördlichen Innenstadt-Randgebiet an der Bornstraße in seiner Vollendung kultiviert.

Dort spazierten die penibel toupierten Waver zu den immer gleichen Songs von The Cult, Bollock Brothers oder PIL choreographisch einwandfrei nebeneinander die Tanzfläche auf und ab. Die Schnallen an den spitzen schwarzen Schühchen konnte man sogar klimpern hören, wenn in einem Song mal für einen Break lang Stille herrschte. Tanz ist eigentlich kein treffender Ausdruck für das Vor-und-zurück-Spielchen, diese Form des Gehens war ganz klar darauf ausgerichtet, Frisur und Outfit nicht in die Gefahr des Durcheinanderkommens zu bringen und zudem noch lässig Drink und Kippe als Balance-Helfer in den Händen halten zu können. DJ Mike, einem völlig durchgeknallten Nieten-Punk, ging das lahme Gepose sichtlich auf den Sack. Wenn er zu schlimm genervt war, gab es zwei Möglichkeiten: Entweder ließ er die ausufernde Liveversion von U2s ›Sunday, Bloody Sunday‹ und Marleys ›Johnny Was‹ in der Interpretation der Stiff Little Fingers hintereinander laufen und nutzte die 20 Minuten Pause, um sich auf eine Line oder sonst ein Abreagierungsmodul zu verpissen. Oder aber er legte ›Under The Gun‹ von den Circle Jerks und den Plasmatics-Smasher ›Butcher Baby‹ auf und stürzte sich mit zwei, drei unerschrockenen Gefahrensuchern in einen Brutal-Pogo, der alle Schwarzkittel und Föhnwellen blitzartig die Flucht von der Tanzfläche ergreifen ließ.

Später, als das ›Memphis‹ wegen der obligatorischen Gründe (Drogenhandel, bauliche Unzulänglichkeiten, Misswirtschaft etc.) die Pforten für immer schließen musste, starb auch der Spaziergänger-Tanz. Entschärfte Auslaufversionen sah man für kurze Zeit noch in Discos wie dem ›Electra‹ auf der Brückstraße, doch der wahre Kult existierte nicht mehr. Statt erhabener Coolness mussten die Tanzflächen nun wieder wedelnde Arme, stampfende Stiefel und geschütteltes Haar über sich ergehen lassen. So starb in Dortmund mit dem ›Memphis‹ auch ein seltsames, aber unvergessliches Stück Ruhrgebiets-Tanzkultur.

Blut und Spiele – Karneval mal anders

Zum Dekadenwechsel von den Achtzigern in die Neunziger pilgerte die Dortmunder Grunge- und Crossover-Gemeinde dann ins ›New Point‹, um dort zu Prongs ›Beg To Differ‹, Soundgardens ›Big Dumb Sex‹ und ›Beyond The Wheel‹ oder auch ›Epic‹ von Faith No More Matten und Fäuste zu schwingen. Ab und zu schaute auch mal ein Trupp Fascho-Skins vorbei, um sich selbst wichtig und diverses Glas kaputt zu machen. Als eines Abends zwei offenbar blutüberströmte Gestalten an einem Tisch im Point saßen, machte daher gleich das Gerücht die Runde, ein Haufen Faschos hätte die beiden so bedauernswert zugerichtet. Umgehend stürzten sich ca. drei Handvoll im Zeichen von Mutter Courage Geborene auf die Straße, um dem Nazi-Mob eine passende Antwort auszurichten.

Stefan und Olli hatten gar schon ihre Baseballschläger aus dem Kofferraum geholt und schienen zu nahezu allem bereit. Ray ging mit nach draußen, um sich von dem Gefühl der antifaschistischen Solidarität und Einsatzbereitschaft das Herz wärmen zu lassen. Außerdem musste ja wenigstens einer dabei sein, der beschwichtigend hätte eingreifen können, falls zufällig ein ahnungsloser Mensch mit Haarausfall des Weges gekommen wäre. Warum er ausnahmsweise mehr wusste als die anderen? Vielleicht kam es ihm komisch vor, dass die Nazis offensichtlich auch grüne, gelbe und sonst wie kolorierte Körperflüssigkeiten aus den beiden Typen herausgeprügelt hatten. Da informierte er sich lieber aus erster Hand über die Ursache der besudelten Klamotten. Die beiden Splatterfilm-Komparsen kamen von einem Konzert in der ›Zeche Bochum‹ und schwärmten in den höchsten Tönen von der gerade erlebten Show.

Bald waren die alljährlichen GWAR-Konzerte Pflicht. Doch so lustig es auch immer war, sich aus überdimensionalen Pappmaschee-Schwänzen mit schleimigen Flüssigkeiten bespritzen zu lassen, war das Ekel-Konzept so neu schon damals nicht. In ebenjener ›Zeche Bochum‹ hatte zum Beispiel schon 1984 ein gewisser King Kurt mit Eiern, Milch und Mehl die Halle samt Besuchern von oben bis unten eingesaut. Ein Kinderspaß, mit dem man höchstens die Reinigungskräfte schockieren konnte, die den ganzen Schleim wieder wegwischen mussten. Da war Rays erste Live-Begegnung mit den Kassierern schon ein ganz anderes Kaliber.

Die genial-debile Wattenscheider Punkrock-Kapelle um den Extrem-Freak Wölfi trat einst bei einem kleinen Indoor-Festival in einem Jugendzentrum in Wetter auf. Außer ihnen spielten noch ein paar damalige Stars aus dem Umland: Die nervigen Hardcore-Anarchos Bluttat aus Mülheim/Ruhr, die musikalisch fetten, aber propagandistisch zu platten Upright Citizens aus Bottrop und die politisch oberkorrekten Kopfakrobaten EA 80 aus Mönchengladbach. Gerade Letztere stellten eine mehr als gewagte Kombination mit den Kassierern dar, aber noch wusste kaum jemand, was da im Verlauf des Festivals auf die Anwesenden zukommen sollte. Die zwei bis drei anderen Combos, die den bunten Abend eröffneten, hatten sich denn auch sofort wieder aus der allgemeinen Erinnerung verabschiedet, denn das später am Abend Erlebte beanspruchte den ganzen Platz auf der Festplatte.

Als alle schon in überschäumender Stimmung waren, betraten die Kassierer dann endlich die Bühne. Das Publikum hatte ein kollektives

Fragezeichen auf der Stirn. Was war denn das? Ein Haufen seltsam aussehender Typen spielte überkandidelten Schunkel-Punk und sang dabei Zeilen wie »Meinem Onkel Hugo bleibt die Pumpe stehn« und »Komm mit auf mein Schiffchen kleines Haus«. Das war harter Tobak, aber dieser Schwachsinn war so herzhaft komisch dargeboten, dass man sich schnell beim innerlichen Mitsingen erwischte. Die Reaktionen der Leute waren gemischt. Von blankem Entsetzen bis euphorischer Ekstase gab es in den Gesichtern alles zu lesen. Den Kassierern war's eh egal, mit ›Anarchie und Alkohol‹ im Rücken bewarfen sie schließlich das perplexe Publikum mit roher, blutiger Leber und anderen Schweinereien von der Wursttheke.

Nach anfänglicher Lähmung hatten außer ein paar hoffnungslos versteiften Dogmatikern bald alle einen Riesenspaß. Sogar die strikte Vegetarierin Marlene und Straight-Edge-Guru Carsten waren bald eifrig damit beschäftigt, alles was ihnen in die Hände kam, zurück in Richtung Bühne zu feuern. Ein hackenstrammer Irokese göbelte beim Versuch, sich nach einem Stück Eingeweide zu bücken, in hohem Bogen die Jacke seines Vordermannes voll. Der drehte sich um, schüttelte sich kurz und hob dann eine Handvoll Kotze vom Boden auf, mit der er dem Absender des schleimigen Grußes eine Einreibung verpasste. Ein anderer Irrer rieb seinem Nachbarn Hackfleisch in die Stachelfrisur und goss den Rest seines Bieres obendrauf. »Is irgendwie wie Karneval«, brüllte Claudio in Rays Ohr. »Nur mit Carne statt Kamelle!« Oh ja. Politisch korrekt war nun wirklich was anderes, aber die Feiern im Ruhrpott sind nun mal etwas wilder, dreckiger und härter. Ehrlicher halt. Und lustiger.

Christoph Schurian

Spontanmitbestimmung
Fußballverschönerung im Ruhrgebiet

Der Manager war entrüstet. »Ich bin doch kein Mörder!«, schnaubte Klaus
Hilpert. Es wird irgendwann Mitte der Neunziger Jahre gewesen sein. Das
VfouL hatte den Macher beim VfL Bochum mal wieder geärgert. Auf
einer Heftrückseite hatten wir ein Mannschaftsfoto des Bundesligaclubs
abgebildet. Die Gesichter der Spieler und Verantwortlichen bekritzelten
wir mit Pflastern, Bartstoppeln, Augenklappen. Manager Hilpert bekam
eine Henkerskapuze verpasst. Über der Seite stand: »Stoppt Bandenwer-
bung«. Für uns nur ein Kalauer, er hätte uns am liebsten strafrechtlich
verfolgt. Beim Schlichtungsgespräch machte er seinem Unmut gegenüber unserer unabhängigen Gazette Luft. Wer zahlt, bestimme die Musik:
»Gehe ich etwa bei Ihnen zuhause an Ihren Wandschrank?«

»Gute Frage«, dachten wir in dem halbdunklen Besprechungsraum des
Ruhrstadions. Wer zahlt eigentlich den Fußballzirkus? Wer geht wem an
die Schrankwand? Immer mehr Fußballfreunde stellten sich diese Grund-
satzfrage: Wem gehört eigentlich das Spiel? Und entdeckten nebenbei
so etwas wie ein neues historisches Subjekt: Den zahlenden Zuschauer
im Stadion und im Souvenirladen – unmündig, geknechtet, rechtlos. Mit
»Gebt uns das Spiel zurück« fand sich ein tönendes Motto für die ziemlich
politisierten Fußballanhänger.

Heute dürfen die Fans die Musik bestimmen, zumindest beim VfL Bochum. Neulich befragte der Verein seine Zuschauer in einer Internetabstimmung, welcher Musiktitel zum Einlaufen der Spieler, welche Weise bei einem Heimtor erklingen soll. Die Fans wünschten sich ›Song 2‹ von ›Blur‹. Es ist eigentlich kein Zufall, dass der Britpop-Jubler seit Jahren auf St. Pauli zuhause ist, dem Epizentrum der Fanbewegten im Land. Auch dort werden sie sich die Augen reiben, was in nur zwanzig Jahren passiert ist.

Fußball ist zum Kollektivereignis des neuen Jahrtausends geworden. Auf Fanmeilen versöhnt sich Deutschland regelmäßig mit sich selbst. Fußball ist der gemeinsame Nenner, die übergroße Koalition zwischen Generationen, Geschlechtern, Gegensätzen. Es mag den Menschen heute an Überzeugungen fehlen, aber nicht an einem Lieblingsverein oder wenigstens einer Tragetasche in Schwarz-Rot-Gold. Die »Fußballisierung«, wie sie der Düsseldorfer Soziologe Dieter Bott schon lange beschreibt – im Ruhrgebiet ist sie heimisch. Deutschlands Fußballtraditionsregion hat entscheidenden Anteil an der Vermittlung, Ökonomisierung, Aufhübschung, kurz: Vermarktung und Popularisierung des ehemaligen Schmuddelkindes zur Staatsangelegenheit. Fußball hatte schon vorher ein Zuhause im Ruhrpott. In den achtziger Jahren war es aber eine heruntergekommene Bleibe: kalt und nass, brutal und derb. 1972 begannen mit dem Bundesligaskandal um verschobene Spiele fast zwanzig verlorene Jahre des Revierfußballs. Dortmund und Schalke spielten zeitweise zweitklassig, Traditionsvereine gingen Pleite, Clubs saßen seltsamen Sonnenkönigen, Mineralölhändlern und anderen Heilsbringern auf. Und zogen noch seltsamere Anhänger an: Schläger, Neonazis – echte Sympathieträger.

Die Folge der allgemeinen Fußballverdunklung: In anderen Landstrichen waren die Zuschauer und Nachwuchs für immer verloren. Aber im Ruhrgebiet war der Tennisverein keine echte Option. Fußball war zu verwurzelt. Im Strukturwandel blieben die kleinen Sportvereine an der Straßenecke konkurrenzlos, auch konkurrenzlos erschwinglich. Und trotz Fußballbaisse stellten die Profisclubs in der immer noch jungen, verschwimmenden Städtelandschaft des Ruhrgebiets weiterhin die mentalen Landmarken: Essener, Duisburger, Dortmunder, Schalker, Bochumer – wer denkt da nicht an Fußball? Die Gegend konnte nicht aus ihrer Haut.

Zum Beispiel Frank Goosen – Schriftsteller aus Bochum. Damals, in den grauen Tagen, las er viel, dann las er viel vor und irgendwann schrieb er seinen Erstling (*Liegen Lernen*, Eichborn), eine Liebesgeschichte aus den achtziger Jahren, die wie Sven Regeners *Herr Lehmann* gut ohne Fußball auskommt. Weil die Zeiten halt so waren. Heute ist Goosen ein gemachter Mann, Dauerkartenbesitzer, Kolumnist der Bochumer Stadionzeitung, prominenter Fußballfan. Rund um die Fußball-Weltmeisterschaft im eigenen Land ging er auf Tour mit einem Fußballprogramm, gab eine Anthologie zum Thema heraus. Vom Literaturfan wurde Goosen zum »Local Hero«, der ein Stadtquartier für Kreative und Künstler plant und seine Lesungen nach dem Spielplan des VfL Bochum richtet. Eine Ruhrpottkarriere – mittlerweile ist sie ohne Fußball undenkbar, nicht nur für Schriftsteller, auch für Politiker und Professoren. Und genauso selbstverständlich ist es, dass Goosen seinen Lokalpatriotismus an seine Söhne weitergibt, so wie es andernorts seit Generationen im Schützenverein statt auf der Stadiontribüne geschieht.

Auch die neue ökonomische Blüte des Fußballs, die eigentliche Grundlage der »Fußballisierung«, hatte einen Ursprung in der Industrieregion. Lange vor dem Börsengang von Borussia Dortmund küsste den ziemlich abgerockten Verein die medienwirtschaftlich-sportliche Fügung. Dortmund wurde 1989 Pokalsieger, konnte sich eine bessere Mannschaft leisten, profitierte von frei verhandelbaren Fernsehrechten und allgemein steigenden Einnahmen durch die Übertragung der Bundesliga im Privatfernsehen und Ulli Potofskis Dauerfußballwerbesendung. Die Zuschauerzahlen kletterten. Ein verbissener Meistertrainer und ein smartes, weltgewandtes wie sorgloses Management spielten sich die Bälle zu. In den Neunzigern wurde der BVB plötzlich zu Deutschlands dominierendem Club, 1997 gewann er die Champions League.

Der Erfolg des regionalen Erzrivalen trieb auch den FC Schalke 04 an. Was Borussia in den Neunzigern war, wollte Schalke in der ersten Dekade des Jahrtausends werden. Sportlich ist das bis auf eine tränenschwere Vizemeisterschaft nicht gelungen. Dafür bauten sie ein Stadion, zogen aus dem besonders garstigen Parkstadion in eine Arena mit internationalem Format. Schalke wie Borussia Dortmund investierten nicht nur in Beine und Steine. Sie nahmen den Fandiskurs auf. Sie hörten Faninitiativen und Fanprojekten zu, integrierten Fans in die Aufsichtsgremien. Von »mein Schrank, dein Schrank« ist nicht mehr die Rede. Die Clubs überbieten sich in Lob und Dankbarkeit gegenüber ihrem Publikum, ihrer Kundschaft. Wenn sie sich an die Spielregeln hält. Auch beim Um- und Neubau der Stadien sorgten sie für genügend Nestwärme: Dortmund feiert die Südtribüne als Europas größte Stehplatztribüne. Auch Schalke ließ die Fankurven unbestuhlt.

Nicht nur damit sind sie Vorbilder für die neue deutsche Fußballharmonie. Die Allianz-Arena von Bayern München baut auf die gleiche Sozialpartnerschaft des Fußballkonsums: teure VIP-Logen im Oberrang, günstige Stehplätze in der Kurve. Und keiner sagt das den Fußballfans so frech ins Gesicht wie Bayern-Manager Uli Hoeneß: »Wisst Ihr nicht, wer das möglich macht, dass Ihr für sieben Euro in die Südkurve könnt?« Das Original dieses stein gewordenen Solidarpakts steht freilich auf Schalke oder am Westfalenpark. Fußball ist nicht Pop geworden, aber populär wie nie. Ein Produkt hat seine Schattenseiten verloren. Mein erstes Fußballspiel im Ruhrgebiet sah ich im ehemaligen Essener Grugastadion. Ein Kommilitone nahm mich zu einem Freundschaftsspiel mit. Nach dem Spiel packte ein Familienvater seine Kinder in den Kleinwagen, dann schloss er ab und stürzte sich brüllend in die dritte Halbzeit. Ich sah Männer, die auf der Tribüne in leere Bierbecher urinierten und sie fallen ließen. Ich erlebte den Abgang aus der Essener Hafenstraße im Steinehagel. Das ist so lange her, dass sich Jüngere schon zurücksehnen nach dem Fußball der achtziger Jahre, den Selbstverständlichkeiten des Arbeitersports.

Damals war es Verlockung und Mutprobe. Wir kamen uns vor wie Pioniere und wurden bald die Aktivisten für den Stillstand. Als Fußballbohemiens warnten wir vor Kommerzialisierung, wollten das Spiel zurück, was uns kaum gehörte. Wir dachten uns lustige Sprechchöre aus, gaben heitere Fanzeitschriften heraus, nicht brachiale. Stellten darin attraktive Fußballer mit klugen Gedanken vor, brachten Fußball und Theater zusammen. An bunten, lustigen Abenden unter dem Bochumer Schauspielhaus spürte man schon die Harmonie, wenn Spieler mit Fans alberne Quizsendungen nachspielten. Wir tauschten uns bundesweit aus. Die Bündnisse aktiver Fans wehrten sich erfolgreich gegen Nazis, nicht erfolgreich gegen die so genannte »Kommerzialisierung«. Und der Heimsieg der neuen Fanbewegung war dann eine Art Energieerhaltungssatz und ein Paradebeispiel für Spontanmitbestimmung.

Es war natürlich im Ruhrgebiet, genauer an seinem nördlichen Ende in Oer-Erkenschwick, Juli 1997. Das ›Bündnis aktiver Fußballfans‹ (BAFF) versammelte sich zu einem Kongress. Der einstige Sicherheitsbeauftragte des Deutschen Fußballbundes, Willi Hennes, erschien zum Streitgespräch. Es ging um eine UEFA-Anweisung, nach englischem Vorbild die Stehkurven restlos abzuschaffen. Wir Fanaktivisten argumentierten gekonnt gegen die englischen Verhältnisse, gegen »versitzplatzte« Stadien und gesalzene Eintrittspreise: Würden junge Leute dann noch zum Fußball gehen können? Was geschieht mit der Fankultur? Ist Fußball ohne lebendige Kulisse nicht nur ein Kick im Park? Im Salvador-Allende-Haus blieb der DFB-Gesandte noch dabei: Die Stehkurven müssen weg, Hennes bekam trotzdem seine »Standing Ovation«. Und auf lange Sicht setzte sich das ›BAFF‹ durch. Die Versitzplatzung wurde aufgehalten. Kein Wunder: Wie eine Marketingagentur warnten die kritischen Fußballanhänger vor der Produktentwertung und den Folgen für die Fußballverkäufe. Eine Managertagung hätte das nicht besser machen können.

Apropos Manager, apropos Fußballversöhnung: Um die ›Blau-Weißen Montage‹ im Schauspielhaus Bochum kümmerten sich seinerzeit Hooligans, Ultras, Fanzinemacher, Fansozialarbeiter und ein Lizenzspieler. Thomas Ernst war damals Torwart, jetzt ist er Klaus Hilperts Nachnachfolger als Manager des VfL.

Nur für die Musik bezahlt in Bochum freilich immer noch derselbe.

Rolf Lindner

Zentrale des Underground

»In Bottrop stieg ich aus dem Zug und marschierte den Bahndamm entlang und dann die Straße mit den Klinkerhäusern runter, bis ich das Haus gefunden hatte, das ich suchte. Aldo Moll empfing mich mit einem tiefen Gähnen und einer Flasche Bier. Er arbeitete als Programmierer bei Krupp, und wenn er nachmittags seine Siesta hinter sich hatte, hockte er sich in eine Abstellkammer und beackerte die Gegenkultur. So etwas hatte ich noch nie gesehen – bis zum Plafond war alles gestapelt, was in der Bundesrepublik, in der Schweiz, in Österreich die kleinen Klitschen und die libertären Grüppchen, die Makrobiotiker und die Anhänger von Gesundheitssandalen, die Anthroposophen und die Anarcho-Syndikalisten, die Befürworter des bewaffneten Kampfs und all die frommen Adepten der Gewaltlosigkeit, des handgeschöpften Büttenpapiers und des Siebdrucks ans Licht der Öffentlichkeit brachten. Dass dieses Licht sich mehre, hatte Aldo Moll zu seiner Freizeitbeschäftigung, ja zu seiner revolutionären Aufgabe, zu seinem Lebenswerk erklärt. Hier in seinem Abstellraum, in dem es nach abgestandenen Bier, kaltem Schweiß und Druckerschwärze roch, befand sich die Relaisstation für all die ungezählten Wirrköpfe, Geschäftemacher, politischen und religiösen Fanatiker, angehenden und abgehenden Schriftsteller, ernsthaften Büchermacher und tanzenden Derwische sämtlicher Spielarten des Irrationalismus, die offenbar das ausmachten, was Moll die ›Szene‹ nannte« (Fauser 1994: 119f.)

Mit Bottrop wird, zumindest um 1970, die Zeit, in der unsere Geschichte spielt, weniger ›Underground‹ assoziiert als vielmehr ›unter Tage‹, und es ist schon eine eher absurde Vorstellung, auch wenn nicht ohne einen gewissen Witz, dass sich ausgerechnet in einer Zechenstadt die Relaisstation der bundesrepublikanischen Undergroundszene befunden haben soll. Aber die Provinz war immer schon radikaler als die Metropole, wenn es um die Verwirklichung von Utopien, zumindest aber um den bedingungslosen Glauben an diese ging. Das zeigt sich nicht zuletzt daran, dass das Gros der bundesdeutschen Underground- und Alternativpresse aus der Provinz kam.

In den letzten Jahren hat man damit angefangen, der Underground-Bewegung in der Kulturgeschichte eine wichtigere Rolle einzuräumen als dies bisher geschehen ist. Charakteristisch dafür ist eine Arbeit von Anja Schwanhäußer (2002) über die *Stilrevolte Underground*, in der die Alternativkultur als Agent der Postmoderne erscheint. Spannt man den Rahmen weiter, dann beginnt man zu ahnen, dass die Studentenbewegung weniger ein politisches Kontrastprogramm zur Gegenkultur bildete, als vielmehr ihren politischen Zweig. Diese Behauptung trifft sicherlich in besonderem Maße für die USA zu, wo deutlicher ist, dass die Aktivisten des kulturellen Underground – denken wir nur an multimediale Gestalten wie Ed Sanders, Tuli Kupferberg oder Allen Ginsberg – auch Aktivisten des politischen Protests waren. Für die Bundesrepublik gilt es überhaupt erst den ideellen und personellen Zusammenhang von künstlerischer Avantgarde, Gegenkultur und politischer Bewegung zu rekonstruieren, wie es etwa Greil Marcus am Beispiel der künstlerischen Avantgarden des 20. Jahrhunderts, insbesondere in Hinblick auf die Lettristen, Situationistische Internationale, den Pariser 1. Mai 1968 und das Phänomen Punk getan hat (vgl. Marcus 1996). Auch hierzulande spielte die Situationistische Internationale über die Künstlergruppe ›Spur‹ und die ›Subversive Aktion‹ eine gewisse Rolle (bis hin zur Bewegung um die ›Kommune 1‹ in Westberlin). Zu beachten wäre aber auch der Einfluss des ›Project Sigma‹ um Alexander Trocchi und die bislang zu wenig beachtete Heidelberger ›PANic‹-Gruppe um den Cut-up-Literaten und Beat-Übersetzer Carl Weissner, der mit *Klakto* eines der frühesten Underground-Magazine in der Bundesrepublik gründete. Die Underground-

Presse ist jedenfalls Teil einer breiten, kulturrevolutionär verstandenen Strömung, die ihren Ausgang in den Vereinigten Staaten nimmt und unter anderem Film (von Kenneth Anger bis Andy Warhol), Literatur (von William S. Burrough bis Harold Norse), Theater (wie die ›Mime Troup‹ in San Francisco oder das ›Living Theatre‹ von Judith und Julian Beck) und Musik (von den ›Fugs‹ bis zu ›Velvet Underground‹) umfasst. Schon bald aber wird, über die kulturelle Revolte hinaus – die immer schon mehr als die ›Künste‹ meinte – mit ›Underground‹ der bewusste Entwurf und Aufbau einer Gegengesellschaft innerhalb oder besser: unterhalb der bestehenden Gesellschaft, dem so genannten Establishment (dem eigentlichen Gegenbegriff zum Underground) assoziiert. Vorgedacht war eine solche Gegengesellschaft, als imaginierter *coup du monde*, in einem Manifest des mit der Situationistischen Internationale verbundenen Aktionskünstlers Alexander Trocchi, der die »kulturelle Revolte« als »leidenschaftlichen Unterbau einer neuen Ordnung« (womit er Marx definitiv auf den Kopf stellte) beschwor. Der Underground-Presse kommt in diesem Kontext größte Bedeutung für Kommunikation und Kohärenz zu. Dabei prägte der Stil des Underground das Kommunikationsmedium ebenso wie er vom Kommunikationsmedium geprägt wird. Auf die Underground-Presse trifft in besonderer Weise die Formel »Das Medium ist die Botschaft« zu, die die Medientheorie revolutionierte und ihren Schöpfer, Marshall McLuhan, zum ersten Pop-Philosophen machte.

Das typische Erscheinungsbild der U-Presse, die Komposition von Text- und Bildcollagen, die Wiedergabe handschriftlicher Texte, die Verwendung von verfremdeten Comics und Cartoons, eine Technik, die die Situationisten entwickelt hatten und als »detournement« bezeichneten, überhaupt das verwirrende und verworrene Layout ist Ausdruck der Einheit von Form und Inhalt, von Produktions- und Rezeptionsbedingungen. »Der Stil der Undergroundpresse« schreibt Anja Schwanhäußer, »drückt sich ... weniger in den für die Collage ausgewählten Objekten, als in der Collagetechnik selbst aus. Nicht (nur) einzelne Motive innerhalb der Zeitschriften, sondern gerade die Zeitschriften selbst sind Gegensymbole« (Schwanhäußer 2003: 61). Dies alles wird möglich, aber in gewisser Weise auch geradezu nahegelegt durch das sowohl für den kulturellen Underground wie für die politische Studentenbewegung zentrale Aufkommen und die Verbreitung des photomechanischen Offset-Druckverfahrens, das die Verwendung von Klischees überflüssig machte. Das Experimentieren mit einer Druckvorlage aus gewöhnlichem Papier ermöglichte eine Ästhetik der Unmittelbarkeit, die spontane Materialisierung von Ideen, in der das übergreifende Merkmal der Underground-Kultur von der Cut-up-Literatur bis zum Living Theatre zu sehen ist. Schon an der Oberfläche sollte die Kritik an der bestehenden Ordnung, Ordnung hier durchaus verstanden im doppelten Sinn von System und Zustand, ablesbar sein. Diese Leseweise wird bezeichnenderweise auch für die wissenschaftliche Subkulturanalyse in den 1970er Jahren bestimmend, und zwar in der Stilanalyse von Subkulturen des Centre for Contemporary Cultural Studies, Birmingham, bei der von der Übereinstimmung von ›Stil‹ und ›Sinn‹ ausgegangen wurde.

»›Ich seh das so‹, sagte Aldo Moll und schob mir noch ein Bier zu, ›die große deutsche Underground-Zeitung kommt, und wenn deine Leute in Frankfurt die Kohle haben, dann seid ihr natürlich vorne‹« (Fauser a.a.O.). Die große deutsche Underground-Zeitung, deren Vorbild die legendäre IT, die Londoner *International Times* sein sollte, ist nicht gekommen, aber es ist noch heute instruktiv nachzulesen, welche Ressorts und, um es vergleichsweise konventionell auszudrücken, welche Ressortleiter vorgesehen waren. Nachzulesen ist dies im *Ulcus Molle Info* (Nr.9/10 vom September/Oktober 1972), einem Blatt, dem man in seiner chaotischen Gestaltung, in seinem hoffnungslos unübersichtlichen Durch- und Nebeneinander, wie es der Cut-up-Pionier Jürgen Ploog formulierte, den unbedingten Willen zum Underground ansah. Problematisch war nur, dass es sich bei diesem Info zugleich um einen Versandkatalog handelte. Wie in diesem Chaos die Bestellung ausführen?

Ulcus Molle ist Aldo Moll und Aldo Moll ist Josef Wintjes. Der hatte 1969 in Bottrop ein so genanntes ›Nonkonformistisches Informationszentrum‹ gegründet, das bald zur Drehscheibe und zum Umschlagplatz der alternativen Literatur-Szene wurde. Jörg Fauser, der Ich-Erzähler, vom Zweitausendeins-Versand als »einer Großen der Nachkriegsliteratur« annonciert, hat diese Episode in seinem Schlüsselroman *Rohstoff* erzählt. Im April 1971 hatte Fauser Wintjes besucht, um sich Tipps für seine geplante Zeitschrift mit dem Titel *ZOOM* einzuholen, von der dann auch eine Nummer erschien. Schon im *Ulcus Molle-Info* Nr.5 vom 15. Mai wird die *ZOOM* angekündigt: »ZOOM versteht sich als erste Zeitung, die allen offensteht, die dazu beitragen will, Alternativen zu den totalitären Konzeptionen eines angeblich dualistischen Universums zu entwickeln. Es geht nicht mehr um Ost oder West, ML oder KP, Geist oder Fleisch, Jesus oder Mohammed, dich oder mich – es geht um nichts anderes als den unverfälschten Code des Lebens, das sich noch in der Retorte des Biochemikers in Alfaville manifestiert«. Nummer 2, die laut Ankündigung im Ulcus Molle Info »radikaler, anarchistisch gestimmter und definitiver underground werden sollte«, wurde auf Geheiß des Geldgebers, einem Frankfurter Diskothekenbesitzer, der Probleme mit dem Rauschgiftdezernat bekommen hatte, eingestampft. So »definitiver underground« sollte es dann wohl doch nicht sein.

Das Schicksal des frühen Todes teilten freilich viele Blätter, sei es, weil sie verboten wurden, sei es, weil sie eingestampft wurden, weil der Drucker nicht bezahlt werden konnte, sei es, dass sie sanft entschliefen, weil die Energie der Initiatoren oder, was eher die Regel war, deren Finanzen nicht für mehr als ein paar Ausgaben reichten. Das Ulcus Molle Info wurde mit seinen Nachrichten, Berichten, Rezensionen, Projektankündigungen und Diskussionsforen zum wichtigsten Informationsträger einer Szene, die in ihren besten Zeiten aus mehreren »Hundert Blumen« bestand: Literaturzeitschriften wie *Nachtmaschine* oder *Gasolin 23*, herausgegeben von Jürgen Ploog, Jörg Fauser und Carl Weissner; Anarchoblätter wie *Linkeck*, *Agit 883* oder *Fizz*; Organe der Gegenkultur wie *Hotcha*, *Love* oder *Virginity*; alternative Landblätter wie *Humus*, *Kompost und Yamsknoll*; Sprachrohre des neuen Spiritualismus und des New Age wie *Middle Earth*, *Sphinx* oder *Zero* und Magazine für Utopie und Phantastik wie *Alpha*, *Exodus* oder *Naesos* – man kann sich heute kaum noch eine Vorstellung von der Vielfalt der Szene machen.

Die Szene hat für jeden etwas, auch für den Ausgeflipptesten, schrieb Josef Wintjes in seiner Zeitschriften-Schau: für Anarchisten und Alchemisten, für Marxisten und Mystiker, für Fantasten und Freaks, für Spontis und Subrealisten, für Landkommunarden und Stadtindianer, für Acid-

Heads und Schamanen, für Müslis und Zen-Buddhisten, für verkannte Genies und für eine ganze Menge gewöhnlicher Spinner.

In dieser Vielfalt der Alternativ- und Underground-Presse scheint sich aber auch eine deutsche Besonderheit anzudeuten, nämlich das Absplittern von Bewegungen in kleine Glaubensgemeinschaften, die jede für sich vermeinten, den einzig wahren Weg zum Heil zu weisen. Vielleicht schlägt sich hier in der Tat, wie in den verschiedenen KPD/ML-Aufbauorganisationen Anfang der 1970er Jahre, die deutsche Vereinsmentalität nieder. Während in der US-amerikanischen Underground-Presse politische, lebensreformerische und künstlerische Aktivitäten durchaus miteinander vereinbar waren, bildeten sich in der Bundesrepublik rasch von heiligem Ernst durchdrungene Fraktionen, die nicht miteinander vereinbar waren. Das zeigte sich unter anderem am Scheitern einer dem angelsächsischen Underground Press Syndikat nachgebildeten Koordinationsstelle, der so genannten ›Freien Deutschen Partisanenpresse‹, deren Koordinator sich rasch als eine Art Politkommissar entpuppte, der über die Einhaltung der richtigen »Linie« wachte. Vielleicht müssen wir auch im Bereich der Underground- und Alternativpresse von einem deutschen »Sonderweg« sprechen.

Doch zurück nach Bottrop. »›Die tausend Grüppchen kriegst du nie unter einen Hut‹, sagte ich, ›und dann, wer soll den Vertrieb unternehmen? Nee, Aldo, für so was brauchst du eine Metropole wie London oder New York‹« (Fauser a.a.O.). Nein, brauchte man offensichtlich nicht, das konnte man auch in Bottrop machen, wenn man verrückt genug war und im Literaturvertrieb eine Alternative zum Job als Programmierer bei Krupp sah. 1969 gründete Josef Wintjes, genannt »Biby«, in Bottrop das ›Nonkonformistische Literarische Informationszentrum‹ (später strich er das dem Zeitgeist geschuldete »nonkonformistisch«) sowie den Info-Dienst *Ulcus Molle* und schaffte damit quasi im Alleingang ein Netzwerk und Drehkreuz der Gegenkulturszene. Für mehr als ein Jahrzehnt wurde (ausgerechnet) Bottrop das unbestrittene Zentrum der alternativen Literaturszene und Wintjes Wohnung, Büro und Lager, zunächst in der Bahnhofstraße, später auf der Böckenhoffstraße, zu so etwas wie einem Mekka der Alternativszene. Für Autoren, die sich, wie Fauser, später einen

Namen machten, vor allem aber für zahlreiche verkannte Genies und Möchtegernschriftsteller, die Biby stets mit einer Flasche Bier in der Hand antrafen: »Dieses Info (UM Nr.5 vom 15.Mai 1971, R.L.) hat deshalb Verspätung, weil im April/Mai-Monat zuviel Besuch zu verkraften war in unserer kleinen Wohnung! Das kostete Zeit: Jörg Fauser/Zoom, Niehörster/2x/JPD, Elisabeth Alexander mit ihren 3 Kindern, Silja (Deutschlands jüngste Dichtern TV), mit Falk (s. Foto o.)+Matthias/dann waren da Volker Degner/Frank Göhre (Hrsg-Kollektiv UM-Scenen-Reader), Rittendorf mit dem Spiegel-Redakteur Brügge, Felix Schröder/ Tramper, Michael Grunert/Scenentyp mit Superstarfreundin, Harald Gröhler/Lyriker mit Brigitte, Thomas M. Neuffer/Stuttgart. Auf diese Besucherzahl nimmt Arbeitgeber KRUPP erst recht keine Rücksicht – trotzdem zeigt es die Schmelzpunktartigkeit des Zentrums«.

Im September 1995 ist Josef Wintjes verstorben. Der umfangreiche, allein mehr als 1000 Zeitschriftentitel umfassende Nachlass ist aufgrund der großzügigen Schenkung von Annemarie und Raoul Wintjes noch im selben Jahr in den Fundus des Instituts für Europäische Ethnologie an der Humboldt-Universität zu Berlin gelangt, wo er den Grundstock des ›Archivs für Alternativkultur‹ bildet, das als Dokumentations- und Forschungszentrum dient. Die zitierte Arbeit von Anja Schwanhäußer über *Stilrevolte Underground* ist aus diesem Zusammenhang hervor gegangen.

LITERATUR

Fauser, Jörg (1994): Rohstoff. In: Jörg Fauser Edition Bd. II , Hamburg.
Marcus, Greil (1992): Lipstick Traces. Von Dada bis Punk. Eine geheime Kulturgeschichte des 20. Jahrhunderts, Hamburg.
Schwanhäußer, Anja (2003): Stilrevolte Underground. Die Alternativkultur als Agent der Postmoderne, Berlin.

Thomas Hecken/Katja Peglow

Buddy Holly war nie auf der Wilhelmshöhe

Wolfgang Welt ist der einzige Berührungspunkt zwischen dem Ruhrgebiet und der großen Pop-Welt, daneben gibt es nur noch Helmut Salzinger und Herbert Grönemeyer. Aber Salzinger ist bloß in Essen geboren
und war dort Referendar, bekannt ist er im Gegenteil dafür, dass er sich
nach *Rock Power oder Wie musikalisch ist die Revolution?* als Antwort in
den 70ern aufs norddeutsche Land nach Odisheim zurückzog, um von
dort die auswärtige Zivilisation mit seinen alternativen Rock-Haikus und
-Kolumnen wachzurütteln. Und Herbert Grönemeyer lebt in London
und ist ein »Mensch«. Welt dagegen ist J.R. aus *Dallas*. Doch dazu später,
das steht erst am Ende seiner literarischen Geschichte.

In Wirklichkeit ist Welt gar nicht J.R., sondern ein verkrachter Student,
der sich mit Aushilfsjobs durchs Leben schlägt, als Nachtpförtner im
hochsubventionierten Bochumer Schauspielhaus etwa, als freier Musikjournalist und kurzzeitiger Redakteur bei einem unterfinanzierten Stadt-
magazin. Den ersten Job hat Welt lange, den zweiten nur kurz. In Welts
im Suhrkamp-Verlag veröffentlichter Werkausgabe *Buddy Holly auf der
Wilhelmshöhe* ist trotzdem nur von Letzterem zu lesen. Welts autobiographische Romantrilogie – bestehend aus *Peggy Sue* (1986), *Der Tick* (2001)
und dem finalen *Der Tunnel am Ende des Lichts* (2006), in dem der Autor
seine kurzzeitige J.R.-Manie als psychischen Zusammenbruch beschreibt
– geht auf dem Papier nahtlos ineinander über und schildert über weite

Strecken Welts Hochphase als Musikjournalist in den frühen 80er Jahren beim mittlerweile eingestellten Bochumer Stadtmagazin *Marabo* und als Schreiber für diverse andere Blätter wie das Düsseldorfer *Überblick* und das Hamburger Musikjournal *Sounds* (ungefähr das, was später *Spex* ist). In dieser Zeit legt Welt den Grundstein für seine kurze Szenekarriere im Revier und seine schriftstellerische Laufbahn.

Von einer kontinuierlichen Bahn kann allerdings keine Rede sein, Schriftsteller im Berufssinne ist Welt nicht, seine drei Werke erscheinen in großen zeitlichen Abständen und ohne weitreichende Resonanz. Selbst der späte Erfolg, dass sie nun gesammelt in einem Band bei Suhrkamp, dem »Verlag Hermann Hesses« (Welt), erscheinen, kommt wahrscheinlich um einige Jahre zu spät; in der Boom-Zeit der sog. ›deutschen Popliteratur‹ um 2000 hätte er sicher mehr Aufmerksamkeit erfahren, fallen seine Berichte doch genau in eine heroische Phase der Pop-Euphorie, in die Zeit von 1981/82. So bleibt Wolfgang Welt weiter eher Außenseiter denn Teil der Szene, in der Debatte um das ewige Problemkind Popliteratur im Literaturbetrieb bisher kaum einer Fußnote für wert erachtet. Was verwunderlich ist, werden doch oftmals selbst zweitrangige Autoren diesem Genre zugeordnet, ohne dass ihre literarischen Erzeugnisse wenigstens nennenswerte popkulturelle Bezüge besitzen würden.

Auf längere Zeit gesehen – eventuell kann er auf Nachruhm hoffen – wird ihm das vielleicht zum Guten gereichen, nicht mit solchen Leuten zusammen diskutiert worden zu sein; in der *Spex* wird Welt neuerdings (im Jubiläumsheft 300, Sommer 2006) für seine »unpeinliche Heimatchronik« und seinen Mut zur »›Ehrlichkeit‹ an der Olympia-Schreibmaschine« gelobt, weil er die »dröge Jungswelt-Realität« hinter den schillernden Versprechungen der Popindustrie »zum Vorschein« bringe. Richtig ist daran zweifellos, dass sich Sätze wie »Meine Tage verliefen ohne große Abwechslung« oder »Meine bisher größte Leistung auf dem Gebiet des Schreibens war wohl mein Briefwechsel mit meiner englischen Brieffreundin Sue in Sheffield« nur schwer in Einklang bringen lassen mit dem Leben eines angesagten Kritikers, der lieber als Parasit am Pop-Glamour teilhat oder ihn per Hype und Diskurs sogar selbst erzeugt, als sich wie Welt mit einer solch glanzlosen Existenz zwischen Fußball, Tchibo-Kaffee und Currywurst abzugeben.

Ganz falsch ist aber das Wort Heimat. Welt hat keine Heimat im vertrauten Sinne (außer in der Küche seiner Mutter und seinem Zimmer in der Wohnung seiner Eltern, in die er nach seinem Absturz zurückkehrt). Welts Heimat sind nur er selbst und einige ausgedachte bzw. aus der Ferne bewunderte bzw. angebliche Heroen. Selbst die Erinnerung an seinen Helden aus Jugendzeiten Buddy Holly lässt er in einem eingestreuten Artikel bezeichnenderweise andere übernehmen, auch aus dem Grund ist der Titel der Suhrkamp-Ausgabe irreführend. Die drei kurzen, strikt autobiographisch geschriebenen Romane geben allein einen Zusammenhang zu erkennen: die Figur Wolfgang Welt. Von Distanz oder gar fiktionaler Tarnung findet sich in Welts Werken keine Spur. Wolfgang Welt ist ein Dichter der leibhaftigen eigenen Wirklichkeit, und so stehen zwangsläufig in seinen Romanen alle, mit denen er in Bochum und Umgebung einmal mehr als drei Worte gewechselt hat, mit ihrem bürgerlichen Namen notiert (nur der bedeutendste Bekannte Welts, der Schriftsteller Hermann Lenz, wird ab dem zweiten Roman mit dem Namen seines literarischen alter egos Eugen Rapp bedacht). Viele Verweise auf reale Schauplätze runden das Bild ab, ein Kreis, in den sich der Leser allerdings unbefangen begeben kann, weil er die dabei angeführten Begebenheiten und Ereignisse kaum kennen wird. Kennen gelernt hat er am Ende aber den Erzähler, die Vorstellung, es existiere ein nennenswerter Abstand zwischen der Figur und Person Welts wird dem Leser kaum bis gar nicht möglich gemacht.

Ein wichtiges Versprechen, das die Pop-Literatur öfter geben wollte, so direkt und unmittelbar, wie es irgendwie geht, von den Begierden zwischen Alltag und Massenmedium zu berichten, löst Wolfgang Welt damit in seinen Büchern ein. »Ich schrieb wie schon in der Vergangenheit mal wieder automatisch«, heißt es paradigmatisch an einer Stelle in der Suhrkamp-Erstveröffentlichung *Der Tunnel am Ende des Lichts*. Kein Wunder, dass der Bochumer Autor für *Peggy Sue* nur zwanzig Nachmittage benötigt hat, denn: »Ich habe ja alle meine Artikel in einer halben Stunde geschrieben, spontan und schnell.« Der unverstellte Sprachgestus und der unverblümte Bekenntnis-Charakter in seinem Debütroman (»So wie ich es sehe, mögen Mädchen einen Kerl mit einem kreativen Touch. Deswegen habe ich angefangen zu schreiben, um ein bisschen Reklame für mich zu machen und mir zu Bettgenossinnen zu verhelfen«) macht Welt zu einer Mischung aus Verena Stefan und Charles Bukowski, nur meist ohne deren auftrumpfende oder vorwurfsvolle Geste, dafür ist Welt doch wieder insgesamt zuwenig an der Eigenwerbung interessiert, obwohl es ihm ständig um sich geht.

Welt schreibt so, wie man einem Freund oder Zufallsbekannten von den Vorkommnissen der letzten Tage erzählt, die Sachen reihen sich aneinander, man hat selber etwas gesagt und sich von anderen etwas sagen lassen, da bleibt keine Zeit, genau und langatmig die Umgebung zu beschreiben oder Reflexionen anzustellen. Zwar ist Welts Sprache von gesprochener Rede noch weit entfernt, ein Kurz-Satz-Stil beschleunigt den Rhythmus der alltäglich ablaufenden Ereignisse auf ungewöhnliche, faszinierende, aber dennoch unaufdringliche, darum umso wirkungsvollere Weise, einen Heimat-Roman darf man von ihm aber dennoch nicht erwarten, dafür ist die tägliche Umgebung dem schriftlich vor sich hin Plaudernden viel zu vertraut, als dass er darüber viele Worte verlieren würde.

Bleibt also die große Spektakelwelt des Pop. Hier steht Welt auf der richtigen Seite, er (Jg. '52) schwärmt vom »schönen Pop-Sommer« 1964, in der Gegenwart Anfang der 80er Jahre schätzt er wie viele andere Journalisten auch, die mit dem Geschmack Zeitgeist-Karriere machen werden, die ›Lounge Lizards‹, ›Talking Heads‹ etc.; seine Rockabilly-Vorliebe findet neben der avancierten Variante ›Suicides‹ mit den ›Stray Cats‹ sogar einen traditionelleren, aber durchaus zeitgenössischen Kandidaten; zudem hat er als Musikschreiber, der so ungefähr jeden angefangenen Artikel und jede abgeschlossene Schallplattenrezension in seinem Romantagebuch (wieso eigentlich Roman?) erwähnt, Freude daran, traurigen Gestalten wie Heinz Rudolf Kunze und Helen Schneider seine harsche Absage schriftlich zu dokumentieren. Genaueres erfährt man aber nie, Chancen zu theoretischen und anderen Aufschwüngen, die in der Umbruchzeit von der Alternativbewegung zum Pop-Hedonismus für viele andere nahe liegen, missachtet Welt ungerührt. Deshalb ist es keine allzu große Überraschung, dass Diedrich Diederichsen, der *Sounds*-Chef-ideologe und Repetitor englischer Maximen Julie Burchills, Peter Yorks und Paul Morleys für die deutsche Pop-Diaspora, mit dem literarischen Debüt Welts wenig anfangen kann. All seine an den ›Lounge Lizards‹ u.a. hochgeschriebenen Ideen um Künstlichkeit, Stil und subversive Affirmation sieht er von dem betroffenen, wenn auch letztlich seltsam stoischen Erzähler Welt nicht verwirklicht. In einer Sammelrezension unter dem Titel »Neue Deutsche Literatur für angehende Erwachsene« (*Spex*, Nov. 1986; S. 64-65, hier S. 64) heißt es darum:

> »Die meisten Geschichten hat er [Welt] mir damals, als er nämlich auch für ›Sounds‹ schrieb, schon am Telefon erzählt, aber das tut nichts zur Sache. Was ich nicht verstehe, ist dieser Geständniszwang und welche Belohnung er dafür erwartet. Das Kompliment ›schonungslose Ehrlichkeit‹? Aber was ist das wert? Zumal es so verworfen und sensationell nicht zugegangen ist, in seinem damaligen Leben (eine Viertelstunde Frühstück bei Kippenberger bringt da mehr Ungeheuerlichkeiten an den Tag) zwischen ›Marabo‹-Redaktion und nächtlichen Damenbesuchen in Wuppertal (wo er dann die Adresse nicht fand, was dem Leser unwahrscheinlich leid tut). Ist es das Mitlied [sic] der schönen Frauen? Oder ist es der pure Katholizismus? (Hinterher ist einem wohler.) Oder ist es gerade gut, dass mal nicht Jean Genet, sondern ein ganz normaler, etwas geschwätziger Bier-Trinker die Hosen runterlässt?«

Die teilweise sinnvolle Frage beantwortet Diederichsen jedoch im Rahmen seiner fehlgeleiteten Foucault-Phrasen, die Wolfgang Welt, dem agnostischen Reporter seiner selbst, ganz zu Unrecht Innerlichkeit und normalisierte Subjektivität unterstellen, notwendigerweise falsch:

> »So unterhaltsam es sein kann, sich diese Geschichten anzuhören (oder sie meinetwegen auch zu hören), die Geste, ohne Beschönigung, Verklärung, Wahnsinn und vor allem ohne irgendeinen Gedanken mir das komplette, langweilige Leben vor die Füße zu knallen, hat was von Nötigung und Rockism«.

Als wäre es beim Rockism nicht gerade immer um das Gegenteil, die ekstatische Verklärung echter Moral und Gemeinschaft gegangen, nicht bloß um den potentiellen Endlos-Rap alltäglicher Vorkommnisse.

Diederichsens Einschätzung überrascht insofern, als neben dem theoretisch übertrieben ausgekleideten Abschied von der Betroffenheitslyrik der Alternativbewegung zur Pop-Doktrin ja auch die These vom Klatsch als materialistischer Waffe gehörte – die gerne wiederholten Geschichten Jörg Schröders, des Verlegers der ersten Pop-Underground-Literatur, über Sex und Geld im Literaturbetrieb und der linken Bohème standen gerade bei Diederichsen hoch im Kurs. Bei Wolfgang Welt hat man es nun mit einer interessant abgewandelten Variante zu tun. Dessen Sicht auf das Szene-Treiben ist zweifellos abgeschmackt und von Ressentiments getrieben, ein gutes (schlechtes) Beispiel ist dafür eine Momentaufnahme, die Welt von Diederichsen selbst liefert, als dieser, zurück von einem Interview mit Lou Reed in New York, in der Hamburger Marktstube »sofort umringt« wird und den Umstehenden berichtet, was Reed ihm erzählt habe: »Als wir mal einen Moment allein waren, gab ich Diederichsen einen Southern Comfort aus. Das war kein Einscheißen. Immerhin hatte er mir eine lange Story abgenommen, deren zweiten Teil ich noch nachliefern würde. Ich dachte einen Moment, wir würden Freunde werden, aber schnell war er wieder umlagert, und er schwadronierte weiter, diesmal, glaube ich, über Chic. Ich kannte diese schwarzen Amerikaner alle nicht.«

Auf der überraschend positiven Seite kann man dafür aber vermerken, dass Welt den Klatsch eben nicht davon abhängig macht, ob größere Namen und spektakuläre Ereignisse (die »Kippenbergers« Diederichsens) in ihm vorkommen. Über die Musiker, die er interviewt und manchmal auf der Tour begleitet, erfährt man bei ihm wenig, deutsche Prominente stellen sich erst im Nachhinein als solche heraus, als Welt sie kennt, sind sie noch in Bochum, das sagt bereits genug, erklärt aber nicht, wie sie dort herausgekommen sind.

Herbert Grönemeyer, der Name muss noch einmal fallen, lebt zwar Anfang der 80er Jahre schon 50 Kilometer weiter in einer größeren

Stadt, fährt aber noch nach Bochum (in den Veranstaltungsort ›Zeche‹), um Promotion zu machen, darum kann er in Welts Erinnerungen auftauchen:

»Grönemeyer war mir ja nie unsympathisch gewesen, ich mochte nur seine Songs nicht« – das Geschmacksurteil ist des Menschen Himmelreich, viel weniger die Wirklichkeit – »Wir verabredeten uns für die Zeche, wo er mir seine dritte oder vierte LP überreichen wollte. Wir trafen uns dann an dem Abend, an dem die Inauguration von Mau Mau gefeiert wurde, unten in der Kneipe, und er hatte seine Freundin Anna Henkel dabei, über deren Tod er jetzt nicht hinwegkommt. Damals sah sie noch ganz gesund aus. Sie hatte mal nackt in dem intellektuellen Porno *Dorotheas Rache* mitgespielt, war aber inzwischen eine anerkannte Theatermimin geworden, weshalb sie nun auch beide in Köln wohnten, wo sie im Schauspielhaus auftrat.«

Welts Gedächtnis, besser gesagt sein Aneinanderreihungsstil ist mitunter gnadenlos und grausam; Anerkennung ist ein hohes Gut:

»Er [Grönemeyer] hatte die Platte dabei, aber kaum hatten wir angefangen, uns vorsichtig zu nähern, störte uns Herbert Ludwig, einer der Betreiber der Zeche, und sagte zu Grönemeyer: Was willst du denn mit dem? Worauf ich wortlos oder sprachlos wegging ins Restaurant zu der Party, die die Polydor schmiss. Grönemeyer war noch bei Intercord unter Vertrag, und keiner der Journalisten, die ihm zwei Jahre später in den Arsch kriechen würden, nahm von ihm Notiz, als er mich offensichtlich in dem Restaurant suchte, aber nicht fand. Ich machte ihn aber auch nicht auf mich aufmerksam. Also ging er mit der Platte, die ich nie hören sollte, wieder raus. Dieser fiese Herbert Ludwig schnitt ein paar Monate später barfuß seinen nassen Rasen mit einem elektrischen Rasenmäher, was er nicht überleben sollte. Ja, das war die Rache.«

Eigentlich nimmt Welt aber auf andere Weise – nun, auch keine Rache, er lässt vielmehr den noch selektiveren Alltag der Erinnerung für sich arbeiten. Wie es in der ›Zeche‹ aussieht, darüber liest man nämlich bei Welt nichts, auch so bleibt Ludwig vergessen. Gleiches gilt für die anderen Lokale und Diskotheken, die Welt aufsucht. Außer ihren Namen erfährt man wenig über sie, ein Kulturhistoriker, der sich in fünfzig Jahren über Welts Buch beugt (was er in Deutschland wahrscheinlich ohnehin nicht tun wird), weiß hinterher sicher nicht mehr als zuvor darüber, wie die Leute ausgesehen haben und was sie an Schönheitsversprechen und ideologischen Leidenschaften angetrieben hat. Das Ganze bleibt irgendwie zeit- und ortlos (der Ton im Nachklang der linken, männlichen Szene der 70er Jahre ist nur für Altersgenossen gut erkennbar).

Der Grund dafür ist nicht in Welts Egozentrik zu suchen, überlagert werden die übrigen Dinge nicht von seiner Eitelkeit, sondern von den präzise geschilderten, ihrerseits leider bislang tatsächlich zeitlosen Problemen, im Leben finanziell über die Runden zu kommen. Die Musik, um die sich vordergründig alles dreht, wird dadurch zum Nebenthema. Einer der nicht wenigen Höhepunkte des alltäglichen Strampelns ist erreicht, als Welt das Angebot einer Plattenfirma bekommt, mit Alan Vega ein Telefoninterview zu führen, nach New York vom Apparat des Münchner Sitzes der Firma. Nicht nur Buddy Holly oder Alan Vega, selbst ein bezahltes Ferngespräch kann nie zur Wilhelmshöhe kommen, das bleibt im Münchner Ariola-Haus oder an anderen Adressen, die man fern wohl kaum nennen darf, die aber angesichts von Welts festsitzendem, verloren kleinbürgerlichen Habitus unerreichbar bleiben müssen – ein Habitus, der ihn dazu führt, sich ausgesprochen jede Frau, die er kennen lernt, bloß als Sexobjekt vorstellen zu müssen, offenkundig weil er selbst im festen Glauben ist, zu unattraktiv und erfolglos auch nur für irgendeine Form der Zuneigung zu sein.

Am Ende (des Bandes) halluziniert sich der Bochumer Welt auf einmal bis zum Zusammenbruch in die große Medienwelt hinein, glaubt Teil des internationalen *Dallas*-Komplotts und -Drehbuchs zu sein. In seinen drei Lebensberichten hat Welt aber einen ganz anderen Weg gefunden, ohne jede Einbildungskraft oder gar Irrsinn. Am Münchner Beispiel, das sich dann doch eher als Bochumer Pop-Variante herausstellt, kann man dies gut sehen: Augenblicklich verschwindet das Gespräch mit Welts Helden Vega hinter seitenlangen Beschreibungen, wie Welt versucht, das Geld für die Fahrt nach München aufzutreiben; die Mutter und ein Kleinkredit der Bank richten es schließlich. Ob gewollt oder nicht, so verschwindet nicht nur Vega, sondern die ganze Pop-Szenerie hinter den üblichen Fährnissen, um überraschenderweise den Erzähler als Helden hervortreten zu lassen, der hier, auf dem Papier, durch das Reportieren der täglichen Geschichten den Anteil bekommt, der ihm sonst noch stets verweigert wird.

Geradezu ins Extrem getrieben wird der Zusammenfall von Realitätsprinzip und Schreibhaltung, als Welt über seine Tage als journalistischer Begleiter einer England-Tour von ›Motörhead‹ Auskunft gibt. Auch hier siegen wieder Welts knappe Mittel und sein daraus folgender zwanghaft verklemmter Habitus über Freiheit und Abenteuer; Welt schleppt die Wilhelmshöhe überall mit sich herum. Ohne den erwarteten Spesenvorschuss der Plattenfirma bleibt sein ganzes Interesse in England über die Tage darauf gerichtet, irgendwie an Essen heranzukommen, für ästhetische Betrachtungen gibt es da keinen Platz, typischerweise ändert sich das bei Welt aber auch im Nachhinein, bei der Abfassung des Romanberichts nicht.

Vor dem Konzert: »Abends nahm mich Laura im Taxi zur Newcastler City Hall mit, wo wir sofort mit unsern Access-Karten in die Garderobe durchmarschierten. Wieder stand ein großer Papierkorb mit Hunderten von Eiswürfeln und etlichen Dosen Bier in der Mitte. Auch einige Flaschen Wodka standen wieder rum. Ich hielt mich schadlos. Tatsächlich hatte auf dem großen Tisch in der Mitte ein Buffet gestanden. Es lagen aber nur noch vertrocknete Salatblätter an den Rändern der Platten. Ich griff gierig zu, damit ich überhaupt was außer Bier in den Magen bekam.« Der Auftritt: »Für meine Story, die ich für den ME nicht aus dem Blick verlieren durfte, wollte ich ein paar Besucher fragen, was sie an Motörhead so gut fanden. Eben die Härte. Ein junges Mädchen sagte, die Band sei *mad*. Na dann. Ich ging zurück in die Halle, mußte an neuralgischen Punkten meinen Ausweis zücken und sah mir dann das Konzert an. Auf den Schnickschnack, mit einem Korb von der Bühnendecke heruntergelassen zu werden, hatten sie diesmal verzichtet. Dann war das Konzert aus.«

Der Tag darauf: »Am nächsten Morgen dasselbe in Grün. Ich traute mich nicht, in den Frühstücksraum zu gehen, weil ich Schiß hatte, die würden mir ein paar Pfund für Schinken und Ei abknöpfen. In der Lounge genehmigte ich mir dann wieder einen Kaffee.« Später: »Nachmittags sah ich Lemmy und ›Fast‹ Eddie in der Bar. Zum Glück lud er mich zu einem Bier ein. An ihrem Tisch saßen zwei junge Mädchen, die so vierzehn, fuffzehn sein mochten. Sie hatten sich auf den langen Weg von der Stadt ins Holiday Inn gemacht.«

Selbst die Ablenkung mit den Mädchen funktioniert nicht. Die Leute von ›Motörhead‹ sind satt, der Reporter nicht: »Als die beiden Musiker (ohne die Mädchen!) in ihre Suiten gingen, ging ich auf mein Zimmer. Ich hatte im stillen gehofft, Phillip, der jetzt anscheinend als Video-Produzent viel Geld verdiente, würde mich anrufen, und dann könnte ich ihm sagen, schick mal in einer Blitzaktion 100 Pfund. Aber er rief nicht an, und ich traute mich nicht, seine Nummer zu wählen. Ich legte mich also aufs Ohr, und abends lief dieselbe Show. Ich gierte wieder nach den Salatblättern. Es war diesmal sogar noch ein Stück Pastete da.« Danach Interviewtermin: »Außerdem waren die Eltern von Phil, dem Drummer, da. Ich hätte sie gern gefragt, was sie von der Karriere ihres Sohnes hielten, aber ich ließ sie in Ruhe.« Phantasie: »Ich malte mir im Bett den schlimmsten Fall aus. Ich stünde nach dem Konzert allein auf weiter Flur da und käm nicht weg. Die deutsche Botschaft war in London.«

Nächster Satz, vorm Einschlafen: »Ich hatte immer noch nicht den richtigen Bock, mir einen runterzuholen. Immerhin hatte ich seit Weihnachten nicht mehr gebumst, und jetzt ging es bald ans Ostereiersuchen.« Aufgewacht: »Am nächsten Morgen hatte ich nach der Tasse Kaffee noch knapp ein Pfund und zwei Fünfmarkstücke, die ich für die Fahrt vom Düsseldorfer Flughafen nach Bochum brauchte. Die würde mir sowieso keine Bank umtauschen.«

Überall ist die Wilhelmshöhe, nur Buddy Holly lebt woanders.

Thomas Ebke

Die präzise verfehlte und die spiegelverkehrte Heimat.
Über die zwei utopischen Konfigurationen
des Ruhrgebiets bei Nicolas Born.

Zerreißt der namenlose Ich-Erzähler in Nicolas Borns *Die erdabgewandte
Seite der Geschichte* (1976) gleich zu Anfang der Romanfiktion einen
Brief an seine Tochter Ursel, dabei den Vorsatz fassend, am selben Abend
einen neuen Anlauf zum Schreiben zu nehmen, und begibt er sich auf
einen sehr halbherzigen Einkaufsbummel mit dem kläglichen Ertrag
eines Dutzends Bleistifte und eines Schals, der gleich in der hintersten
Ecke seines Kleiderschranks verschwindet, so erscheint dieser winzige
Ablauf als eine Chiffre für jenen Zustand der Welt, in dem der Ich-Erzähler bis zuletzt verharren wird: Ein Zustand, in dem jeder Anfang zu
einem Aufschub gerinnt.

Ein Liebesverhältnis (mit Maria), in dem der Sex, die alltäglichen Haus-
halttätigkeiten und die zärtlichen Worte nur so aufeinander folgen, dass
sie sich immerfort unterbrechen und verhindern; eine Männerfreund-
schaft (mit Lasski), die sich zunehmend nur noch über Notizen zu lange
zurückliegenden gemeinsamen Spaziergängen und die melancholische
Registrierung von Alters- und Krankheitserscheinungen definiert; das
Ende einer Ehe (mit Erika), das sich in quälende Pendelfahrten zwischen
Berlin und dem Ruhrgebiet, in »Geldfragen«[1], juristische Streitigkeiten
und ambivalente Erinnerungen verzweigt; und eine Schreibarbeit, die
fortlaufend an der Unmöglichkeit des Schreibens zerbricht und schließlich ganz gegen die »mit dem Filzstift geschriebenen Buchstaben«[2] der

kleinen Tochter verblasst, die sich über das Ausbleiben der väterlichen Briefe wundert[3] – all dies sind in der *Erdabgewandten Seite der Geschichte* Szenen eines Lebens, in dem »alles (…) liquidiert von der Zeit«[4] scheint, »ein Museum der toten Dinge, eine schwache Erinnerung an Bewegungen, die einmal stattgefunden hatten«.[5]

Bekanntlich hat die Literaturwissenschaft Borns Ästhetik unter den Ansatz der Neuen Innerlichkeit oder Neuen Subjektivität subsumiert[6]. Spätestens seit Erscheinen der *Erdabgewandten Seite* ist Born neben Handke, Strauß, Wellershoff, Buch, Schneider oder Delius als Exponent einer Literatur begriffen worden, die nach dem Scheitern der revolutionären Utopien der späten 60er Jahre den Weg einer Poetik individueller Innerlichkeit, d.h. einer »Neuen Subjektivität« einzuschlagen suchte. Verbindet sich mit der Ästhetik der »Neuen Subjektivität« nun tatsächlich die Rückwendung zu »einer betont subjektiven Schreibweise, [die] dabei aber jegliche Wertung im Sinne von »Innerlichkeit« kontra »Gesellschaftlichkeit« ausschließt«[7], so wirft die Lektüre der *Erdabgewandten Seite* durchaus Zweifel auf, ob es sich bei dem Begriff der Subjektivität für Born nicht vielmehr um eine problematische und naive Kategorie handelt.[8] Der Text scheint dominiert vom Horror einer allgegenwärtig als sinnentleert erfahrenen industriegesellschaftlichen Realität, die nicht nur die einmal begonnenen Ansätze zu einer kollektiven politischen Selbstbefreiung getilgt hat, sondern, drastischer, jede Möglichkeit einer Realisierung des Utopischen überhaupt dementiert.

Worin auch immer die Grundlinie des Utopischen in Borns literarischem Universum bestanden haben mag: Bemerkenswert ist, dass sie eng mit einem Sujet korreliert, das in der Rezeption seiner Texte bis in die gegenwärtige Forschung hinein unterschätzt wird. Wohl wahr, dass es sich dabei um ein zurückhaltendes und peripheres Thema handelt, eines, das »zwar nicht mehr unter die Haut aber unter die Fingernägel«[9] geht – die Rede ist von Borns biographischer und geographischer Provenienz: dem Ruhrgebiet. Zusammenhänge zwischen den Wandlungen in Borns literarischem Selbstverständnis und dem Wechsel seiner Wohnorte sind vielfach hervorgehoben worden.[10] Da wäre zunächst im Jahr 1966 der Umzug von Essen nach Berlin, der mit der Radikalisierung der Studentenbewegung koinzidiert und Born eine intime Perspektive auf das politische Milieu der Hauptstadt ermöglicht; der Rückzug nach Nürtingen 1969[11]; und schließlich das Wendland, wo sich Born einer ökologischen Bürgerinitiative gegen die Wiederaufbereitungsanlage Gorleben anschließt, eine Erfahrung, die im Hintergrund seines lyrischen Spätwerks steht.[12]

Borns sehr bündige autobiographische Äußerungen über das Ruhrgebiet vor Augen, fällt es schwer, diesem Thema Relevanz in seiner Lebens- und Werkgeschichte beizumessen.[13] In *Autobiographie* heißt es aufreizend beiläufig:

>»Das Ruhrgebiet war meine Heimat, als ich aufwuchs, aber ich glaube, das bedeutet nicht viel. Ich habe auch das Ruhrgebiet nicht richtig verstanden, hatte manchmal den Eindruck, es sei überhaupt unverständlich. Andere meinten später, das Ruhrgebiet müsse für einen Schriftsteller eine Goldgrube sein; für mich war es eher eine Fallgrube.«[14]

Und doch: Schon der folgende Satz mischt diesem Bericht von einem biographischen Zufall in einer »überhaupt unverständlichen« Gegend einen Ton bei, der aufhorchen lässt. Born schreibt, er sei

>»eines Tages (…) aus dem Ruhrgebiet getürmt, obwohl ich mich sicher vom Dreck und von den Bildern vom Dreck nicht lösen konnte, jedenfalls bin ich nie richtig sauber geworden und das Ruhrgebiet holte mich immer wieder ein. Es geht zwar nicht mehr unter die Haut aber unter die Fingernägel; der Steinstaub bleibt für alle Zeit auf den Stimmbändern. Ich bin unzufrieden geblieben. Vielleicht ist das ein chronischer und krankhafter Zustand, der mich aber (wahrscheinlich) zum Schreiben gebracht hat.«[15]

Das Ruhrgebiet erscheint also als ein subkutaner Ort, von dem Born noch 1965 in der *Berliner Morgenpost* schreiben konnte, er sei »noch immer für die Literatur ein unentdecktes Land«[16] – dann aber, zum anderen, ein blinder Fleck, eine Krankheit, die ebenso monströse wie offensichtliche Verkörperung der Megamaschine? Das als *Autobiographie* betitelte, wohl Mitte der 70er Jahre entstandene Fragment, in dem Born sein denkwürdiges Verhältnis zur »Fallgrube« Ruhrgebiet artikuliert, vollführt hier einen unvermittelten Sprung: Die knappe Passage über seine Herkunft, die ihn »(wahrscheinlich) zum Schreiben gebracht habe«, führt Born keineswegs fort zu weiteren biographischen Rückblicken auf die für ihn so prägenden Stationen Berlin, Nürtingen, Iowa City oder Lüchow-Dannenberg. Vielmehr bricht der winzige Text abrupt in eine sehr grundlegende Reflexion auf den Begriff der literarischen Fiktion um, wenn es heißt:

»Schreiben besteht aus Beschwörungsformeln, die Wirklichkeiten oder Tatsachen in Bann schlagen sollen. Es ist ein Modifizieren dieser Tatsachen, ein Durchlöchern dieser Tatsachen, ein Überbelichten dieser Tatsachen, ein Überwinden dieser Tatsachen. (...) Der dingliche oder besser faktische Sektor ist nicht säuberlich getrennt von dem verbalen. (...) Eine Situation kann ich nur genau bewerten, wenn mir gleichzeitig eine Art überwirkliche Entsprechung aus Worten oder Bildern vorschwebt, ja die ganze Wirklichkeit, wie sie von mir erfahren wird, braucht ein Überbild von sich selbst in meinem Kopf. (...) Aber das Leben muß mit Präzision verfehlt werden, Kunst darf nicht einfach am Leben vorbeigehen. Sie muß das Leben verfehlen in gleichzeitig sicherer und gefährlicher Distanz.«[17]

Die Schlusspointe der Ausführungen spielt schließlich das Motiv der Kindheit noch einmal ein – und es erscheint nun deutlich in die vorab umrissene Poetik der »überwirklichen Entsprechung« eingefügt:

»Als Kinder hatten wir einen radikalen und absoluten Anspruch an die Welt: den Anspruch auf Glück, Unsterblichkeit. Dieser Anspruch muß wieder eingeführt werden. Erst dann werden wir uns voll bewusst, was wir alles entbehren und um was wir alles betrogen sind.«[18]

Borns unsystematische Notiz umrahmt also unter dem Titel *Autobiographie* jene utopische Poetik, die spätestens in den 70er Jahren den Schlüssel zu Borns ästhetischer Position darstellt – und wohl auch deshalb das Zentrum des Texts besetzt, mit einer Reminiszenz an das Ruhrgebiet, das in seiner autobiographischen Rolle dezidiert herabgestuft wird, jedoch in den Motiven von Heimat und Kindheit in den letzten Sätzen wieder präsent ist. Immerhin bietet Borns so unausgeglichen anmutender, sprunghafter Autobiographie-Text einen Denkanstoß für folgende Hypothese: Das Ruhrgebiet, das Born als Thema seiner Lebensgeschichte so nachdrücklich herunterspielt, gewinnt in seinen literarischen Texten in dem Maße utopische Signifikanz, in dem es sich einem Prozess der Herausbildung von »Gegenrealität«[19], »von Wunsch- und Gegenbilder[n] zur herrschenden Realität«[20] unterwerfen lässt.[21]

Aus der Binnenperspektive dieses Utopieverständnisses kann das Ruhrgebiet nicht abgetan werden als »überhaupt unverständliches«[22] Terrain oder als »Industriemaschine«[23], die eine »zweite Wirklichkeit (...) kalkulierter Reize, Süchte und Vibrationen«[24] generiert. Vielmehr existieren bei Born zwei heterogene Konfigurationen des Ruhrgebiets, die wiederum auf eine innere Heterogenität, auf einen Umschlag des Utopieproblems bei Born zurückweisen. Zwar gelangt die Born-Rezeption inzwischen durch eine differenzierte Lektüre seiner Texte zunehmend zu Konsens über den heterogenen Charakter des Utopischen in Borns Werk[25], doch fehlt es bislang an Versuchen, die übliche Identifizierung Borns als Ruhrgebietsautor in gleicher Weise zu differenzieren.[26] Denn selbst den Anthologien und diversen historischen Rekonstruktionen der Ruhrgebietsliteratur, die Borns Texte traditionell mit aufnehmen, bleibt es letztlich fraglich, worauf diese Identifizierung – unabhängig von der biografischen Zufälligkeit – gründen soll.[27]

Meine These lautet also: Es gibt bei Born so etwas wie eine »präzise Verfehlung« des Ruhrgebiets, und diese literarisch-kunstvolle Verfehlung speist sich aus einer positiven Utopie, die Born noch Mitte der 60er Jahre auf die gesellschaftlichen Verhältnisse im Ruhrgebiet projizierte.

Das Ruhrgebiet, mit Präzision verfehlt: »Libuda« (1965)

In einem Beitrag für die *Neue Ruhr Zeitung* aus dem Jahr 1965 berichtet Norbert Brügger über Born, dieser wolle »in Zukunft mehr auf das Ruhrgebiet eingehen«[28] und »die Landschaft entdecken, abseits vom Kohlenpott-Klischee«.[29] Handelt Borns Debütroman *Der zweite Tag* noch von einer in Essen beginnenden Zugfahrt, die durch Zwischenhalte in der Provinz, Verwandtschaftsbesuche und neue Bekanntschaften, die der Ich-Erzähler unterwegs schließt, schließlich ihr Ziel gänzlich aus den Augen verliert, so machen die Erzählungen aus *Täterskizzen* die Bewegung des Aufbruchs gewissermaßen rückgängig und thematisieren den Prozess einer Rückkehr ins Ruhrgebiet. Borns Entdeckung der »Landschaft«, sein fiktionaler Anlauf auf das Ruhrgebiet, findet denn auch zu einem Zeitpunkt statt, da er seiner Heimat selbst den Rücken zugekehrt hat: Nach einem ersten Aufenthalt an Walter Höllerers Literarischem Colloquium in Berlin-Wannsee 1963 hatte er für zwei Jahre seinen gelernten Beruf als Chemigraph in Essen wiederaufgenommen, dann aber, nach der Trennung von seiner Frau, ab 1966 den endgültigen Wechsel nach Berlin vollzogen, wo er den Schritt in die Existenz als freier Schriftsteller wagte. Borns Ruhrgebietsfiktionen in den *Täterskizzen* sind mithin, weit entfernt von Realismusansprüchen, »retrospektiv, in einem Prozeß sprachlicher Aneignung«[30] komponierte Miniaturen.

Ein Signal dieser nicht-realistischen, sondern konstruierten Perspektive ist bereits der erste Abschnitt der Erzählung:

> »Ansichtskarten helfen dem nicht weiter, der von Norden kommt. Ein Streifen Brachland verläuft quer zur Straße, zieht sich lang hin. Man kann den Eindruck haben, dass hier alle Geräusche augenblicklich versickern, dass Pioniertrupps unentwegt darin gehen, ohne Boden zu gewinnen, ohne Spuren zu hinterlassen und ohne jemals wieder herauszufinden.«[31]

Die Verfehlung des Gegenstands durch seine Repräsentation geschieht nicht nur im Offensichtlichen – in den Klischees (»Ansichtskarten«) –, sie betrifft auch, wider Erwarten, die historische Hermeneutik, denn es gibt eben keine »Spuren«, welche die Identität des Gegenstands indizieren könnten. Und wenn schließlich, im unmittelbar folgenden Satz, auch der Stadtplan noch aus der Hand gegeben werden muss, so ist nicht mehr zu übersehen, dass der Ort, an dem wir uns befinden, nicht positivistisch zu erfassen ist. Born unterstreicht die Suspendierung der Topografie mit einem Tempuswechsel ins Imperfekt:

»Libuda lässt auch den Stadtplan beiseite. Hier, wo er Spatzen schoß mit einem Luftgewehr, auch anderes Vogelzeugs, wo ein krimineller Flüchtling ein paar Tage und Nächte sicher war, sich dennoch verrannte und schließlich mit entzündeter Lunge herausgeholt wurde, das ist auf dem Stadtplan grün schraffiert und als Kleingartengelände bezeichnet.«[32]

Die Momente, die eine Rückbindung an den Ort herstellen könnten, lassen sich in der Topographie nicht sehen und im apodiktischen Präsens von Ansichtskarten und Stadtplänen nicht aussprechen; sie erweisen sich vielmehr als subjektive Momente, auf die sich Libuda, der Heimkehrer, nur im Modus der Nachträglichkeit beziehen kann. Diese Voraussetzung des Subjektiven führt der Erzähler ein, bevor er uns durch den Blick Libudas schließlich einige Ansichten des Schauplatzes eröffnet, von dem die Handlung ausgeht: Wir bewegen uns den Emscherkanal entlang und passieren ein Elektrizitätswerk in unmittelbarer Nähe des Stinnes-Hafens in Essen-Altenessen. Libuda flaniert, wie wir bald erfahren, den Kanal entlang, denn »er sucht Stellen, wo bis in die fünfziger Jahre hinein Blindgänger Lücken rissen in die Kindheit vieler«.[33] Ein kurzer Besuch in der Heimat, das Auffrischen von Erinnerungen: In diesen sehr ungefähren Rahmen müssen wir die »Handlung« der Erzählung wohl einfügen, doch bleibt dieser Zusammenhang bis zuletzt ebenso im Unklaren wie zweitrangig.

Aufschlussreicher für die Frage, wodurch sich Borns utopische Repräsentation des Ruhrgebiets in den 60er Jahren auszeichnen könnte, ist die literarische Durchdringung dieser ersten Landschafts- bzw. Stadtschilderung, die der Text entwirft:

»Von dem Wind, der hier immer weht, entsteht ein bisschen Wellengang, der sich an der Kaimauer bricht, ein bisschen hochflattert und ein bisschen spritzt. Sonst gibt es nichts mehr außer ebendiesem Kanal, abgestandenes anthrazitgraues Wasser, ölige Brühe, die Böschungen sind gepflegt. (…) Im Sommer sieht man Sprünge von der Brücke, ein ziemlich lustiges Badeleben. Bierflaschen sind an Leinen befestigt und kühlen auf Grund. Lastkähne werden erklettert von blaunarbigen Vätern, von jungen Kumpelvätern, die noch gut beieinander sind. Der Eismann macht sein kleines Geschäft, Skat wird gedroschen, ein Handstand gemacht. (…) Die Armut pflanzt sich fort in Horden von Kanalkindern wie die Horde des Invaliden Poppe, zehn Stück, fünf Jungen, fünf Mädchen. Zwei der Mädchen sind über vierzehn und nicht mehr zu halten. Oder damals die Horde der Libudas, acht Stück, der Spichalskis acht Stück. Es gab Kindergeld, Freifahrscheine und Dörrgemüse aus einem caritativen Fond.«[34]

Auf der Ebene der sprachlichen Konstruktion entsprechen diese Beschreibungen sommerlicher Szenen am Emscherstrand wohl der Distanz des Nicht-mehr-Beteiligten und Fremdgewordenen, der all diese Alltagsabläufe bis zum Typischen und Stereotypen durchschaut. Das »kleine Geschäft« des Eismanns, Skat, der »gedroschen« wird, Kinderscharen, die als »Horde« auftreten und natürlich die Muster wohlfahrtsstaatlicher Nachkriegsrealität in der Bundesrepublik (»Kindergeld, Freifahrtscheine und Dörrgemüse«): All diese Bilder stehen Libuda in ihrem *allzu* wirklichen, klischeehaften Charakter vor Augen.[35]

Diese Welt der Klischees jedoch, der sich Libuda, der Heimkehrer, ausgesetzt sieht, gibt sich als solche nur zu erkennen, weil ihr ein kritisches Subjekt gegenübersteht, das nicht selbst von Klischees kontaminiert ist. Die Haltung der Differenz und Distanz, die Libuda der Heimat gegenüber annimmt, reagiert weniger auf eine als alternativlos empfundene Uniformität und Stereotypie der Lebenswelt im Ruhrgebiet. Vielmehr legt sie sich diese Phänomene als Gegenstände ihrer eigenen Kritik überhaupt erst vor; sie ordnet sie an und fokussiert sie, indem sie die Verfremdungserscheinungen dem Subjekt, das sich mit ihnen konfrontiert sieht, gleichsam vom Leib hält. Wenn daher in dem Verzicht auf die Kartografie zu Anfang der Erzählung durchaus eine Disqualifizierung des Realismus liegen mag, so nicht deshalb, weil die Nichtobjektivierbarkeit des Orts gegen seine bloß subjektive Erlebbarkeit romantisch ausgespielt würde. Die Perspektive, die sich zu Beginn des Texts installiert, konstruiert ihre Objekte zwar gegen den Realismus zu einer »übersichtliche[n] Einheit«[36] in einem »verfügbare[n] Raum«[37], jedoch nur, um ihre Objektivität durch diese Operation umso klarer und kritischer einsehen zu können. In dieser frühen erzählerischen Konfiguration entgeht das Ruhrgebiet keineswegs einem externen Blick, der die allgegenwärtige

Unfreiheit des Alltags[38], die nur angemaßten und zu Posen geronnenen Gesten der Ermächtigung und Authentizität[39], die Übermacht der Industriemaschinen[40], die latente soziale Gewalt[41] registriert. Die Entzweiung mit der Heimat, die Entfremdung von ihren Bewohnern ist der Preis, soll die in sich stabile Subjektivität gewahrt bleiben.[42]

Mit der Struktur einer ungebrochenen kritischen Subjektivität ist getroffen, was Born Mitte der 60er Jahre, kurz nach dem Wegzug aus der Heimat, gemeint haben könnte, als er das Ruhrgebiet als das »unentdeckte Land« der Literatur apostrophierte: Es birgt in sich das Material für eine souveräne erzählerische Durchformung, die einen Zustand oder »Weltausschnitt« (Kremp) dann zur Entfaltung bringt, wenn sie ihn »mit Präzision verfehlt«[43], will sagen ihn »in gleichzeitig sicherer und gefährlicher Distanz«[44] re-konstruiert. Mit Blick auf genau diese Struktur der Distanz legitimiert sich die Rede von einem utopischen Ansatz innerhalb der frühen literarischen Repräsentation des Ruhrgebiets bei Born. Dabei ist interessant zu sehen, dass die von Libuda durchlaufene Topographie – angefangen beim Badestrand des Industriehafens über die kolossale Architektur der Zeche Emil-Emscher, dann einige vorstädtische Straßenzüge bis zum Viehofer Platz und zum Hauptbahnhof, schließlich stadtauswärts entlang des Baldeneysees zur Ruhr – ihrerseits den Prozess der Immersion in die und der Befreiung aus der Urbanität des Ruhrgebiets verzeichnet. Das versöhnliche Schlussbild der Erzählung entlässt Libuda aus der Stadt, der er sich »wie eine Kinderkrankheit«[45] entledigt, in »das offene Land«.[46] Die noch intakte Sphäre, die sich dem Ruhrgebiet nicht hat assimilieren lassen und zur zweiten Heimat derjenigen geworden ist, die ihm entwachsen sind – sie erscheint als die Manifestation von Borns Gedanken der Wiedereinführung eines »Anspruchs auf Glück«, vor dem sich abhebt, »was wir alles entbehren und um was wir alles betrogen sind«[47]. Der Auslaufhorizont der Erzählung stellt mit der Abreise aus dem Ruhrgebiet die Möglichkeit einer »Gegenrealität«[48] in Aussicht, »damit unsere einzige, die Realität transparent wird, gemessen werden kann am Besten«.[49] Diese Auffassung der utopischen Möglichkeiten der Literatur, die Born am Phänomen des Ruhrgebiets ausbuchstabiert hat, sollte indessen in seiner Ästhetik nur von kurzer Dauer sein. Nur wenige Jahre später findet sich eine verschobene Konstellation der Themen vor.

Man darf sich über das in *Libuda* vorgeführte Moment der »Subjektbewahrung«[50], das die Konstitution des Ruhrgebiets als ein erzählerisches Sujet überhaupt ermöglicht, keine Illusionen machen. Bereits in dieser relativ frühen Auseinandersetzung erweist sich die Distanz gegenüber den als inakzeptabel wahrgenommenen Lebensverhältnissen in der Region als in sich gespannt und fragil. Dies lässt sich nicht nur mit Blick auf die traumatische Erinnerung behaupten, die Libuda gegen Ende der Erzählung einholt: Er sieht sich mit den Bildern an den sogenannten »Essener Blutsonntag« konfrontiert, als während einer Kundgebung der West-FDJ gegen Wiederaufrüstung und Generalvertrag im Grugapark am 11. Mai 1952 der Demonstrant Philipp Müller von der Polizei niedergeschossen wurde. Das zwanghafte und freudlose »Libuda muß weiter«[51] erfährt eine düstere Kontextualisierung durch das Trauma der Kindheit, denn Libuda, der bei den Ausschreitungen anwesend war, lief schon damals fluchtartig davon – »das hielt er für sehr schlimm und gefährlich, was er da gehört hatte«.[52] Auch die eigenartige Angleichung des Protagonisten an eine Legende des Ruhrgebiets-Fußballs, die zudem durch ein von Libuda imaginiertes Interview Helmut Rahns, das den Mittelpunkt des Texts ausmacht, überdeterminiert wird, unterläuft den »Anspruch auf Glück«[53] und die im Text inszenierte Distanz zur Klischeeförmigkeit der Lebenswelt: Um eine vom Mythos unabhängige Identität für sich reklamieren zu können, verfällt Rahn in der Interviewsequenz in genau jene sprachlichen Stereotypen, die den Mythos weiterhin generieren.[54] So kann man sich auch bei Libuda nicht im Klaren sein, ob sich hinter dem Heimkehrer das Schicksal des gefeierten Fußballers verbirgt, der vergebens versuchen wird, auf einer nicht vermittelbaren, entmythologisierten Authentizität zu insistieren.

Das spiegelverkehrte Ruhrgebiet: *Sind wir schon Utopia?* (1968)

Beim Anblick eines Siedlungskomplexes in der Nähe der Zeche Emil-Emscher fragt sich Libuda (gleichsam aus heiterem Himmel): »Was sagen die Soziologen?«.[55] Zwei Jahre nach Vollendung der Erzählung wirft Born in einer aufschlussreichen städtebauästhetischen Intervention diese Frage noch einmal auf. Mit seinem Kurzessay *Sind wir schon Utopia?* (1968)[56]

reagiert Born auf ein Manifest, das der in Essen arbeitende Stadtplaner Eckhard Schulze-Fielitz für den *Republikanischen Club* in Berlin mitverfasst hatte. Schulze-Fielitz formuliert dort das Projekt einer systemischen urbanen Architektur, einer »Raumstadt«[57], die »eine der Entwicklung folgende Agglomeration von verschiedenen Raumstrukturen«[58] sein und »die unvermeidliche Wucherung [der Subsysteme, Anm. TE] in geordnete Bahnen«[59] lenken soll. Der Übervölkerung der Städte und der Dominanz von Maschinentechnologien müsse entgegen getreten werden, jedoch weder durch das regressive Paradigma der »Gartenstadt« noch durch »die gigantische Fortsetzung des sozialen Wohnungsbaus«[60], sondern durch eine technokratisch koordinierte systemische Interaktion von Wohn-, Stadt-, und Landschaftssystemen. Das Prinzip der Raumstruktur als »modulationsfähige Makromaterie, [die] sich auf wenige Elementarteilchen zurückführen lässt«[61], ist dazu angetan, »durch die Überbauung von Verkehrsflächen und Wasserläufen (...) eine Lösung der Zirkulationsprobleme in den Ballungszentren«[62] zu implementieren, gleichzeitig aber dank der »Vielfalt ihrer Materialisation Raum für Individualität und Anarchie«[63] zu verschaffen.

Worauf Born bei seiner Interpretation dieses urbanistischen Projekts polemisch abstellt, ist das »auch von Avantgardisten noch nicht aufgegebene[n]«[64] Vorhaben einer Verteidigung von Individualität unter den komplexen Bedingungen des Spätkapitalismus. In dem Anspruch, unter voller Anerkennung der modernen »Kolonialisierung der Lebenswelt« (Habermas) eine Art minimaler Individualität auszuzeichnen, die mit den »Fertigteilen«[65] eklektisch zu spielen versteht, vermag Born nur den »Täuschungscharakter«[66] zu erkennen. Die Vorstellung einer nichtverdinglichten, einer distanzierten und sich aktiv distanzierenden Subjektivität ist für Born haltlos geworden. Vielmehr charakterisiert es das Regime der »Megamaschine«, ein »Welt-Surrogat«[67] in Umlauf zu setzen, d.h. eine durchgängig verwertbare, mediatisierte und maschinisierte Wirklichkeitsform, die »unsere Sinne, Stoffwechsel und Nervensysteme allein auf sich (...) fixiert«.[68] Das für Born zentrale Motiv einer »zweiten Wirklichkeit«, die »auf eine komplexe Halluzination (...) gekürzt« sei und eine Degeneration alltagsweltlicher Orientierung, sprachlicher Ausdrucksformen etc. hervorrufe, hält Einzug in Borns architekturkritische Intervention:[69]

»Nein, ich städtebaulicher Laie weiß auch keinen Weg zurück in den Individualismus. Ich sehe aber auch nicht ein, warum die Avantgarde nicht konsequent ist und zugibt und sagt, dass es in ein paar Jahrzehnten keine individuellen Wohnmöglichkeiten mehr geben wird. Dahin führt kein Weg mehr zurück. (…) Individualismus wird zunehmend zur asozialen Haltung erklärt werden. Die Gesellschaft will es so. Noch muß man da nicht mitmachen, noch kann man die Avantgarde ignorieren und sich höchst individualistisch zurückziehen in Hinterhöfe und Kellerwohnungen, aber bitte, solche Extravaganzen kosten den Verzicht auf Bad und Wasserklosett.«[70]

Born spricht die Veränderung deutlich aus, die seine Konzeption literarischer und gesellschaftlicher Utopie inzwischen affiziert hat: »Landnahmen für utopische Gemeinwesen sind nicht mehr möglich. Kein unentdeckter Kontinent wartet auf uns«.[71] Heißt es in der Welt der Maschine ganz analog, Doderers »Absicht (…), diese Verbindlichkeiten abzustreifen, um sie beschreiben zu können, und vor allem die unermessliche Tiefe der eigenen Wirklichkeit und der der Dinge wieder beschreiben zu können«[72], sei »unlösbar«[73] gewesen, so ist mit Händen zu greifen, dass Born hier genau jenen Utopiebegriff disqualifiziert, den er exemplarisch in Libuda noch selbst angedacht hatte. Denn auch diese Erzählung hatte Züge der »totalitäre[n] zweite[n] Wirklichkeit«[74] und einer Serialisierung der Sprache, die die Möglichkeiten des Erzählens selbst kontaminiert, aufgewiesen – aber eben auch eine Instanz, die sich in »sicherer und gefährlicher Distanz« zu den Verdinglichungsprozessen halten und die, indem sie das Wirkliche »mit Präzision verfehlt«, die Destruktion der Wirklichkeit dezidiert verhindern konnte.[75] Das Ruhrgebiet als Schauplatz der Megamaschine hatte zuletzt an seinem »südlich gezackten Rand«[76] eine Fluchtlinie geöffnet und Libuda schließlich in ein »offenes Land«[77] entlassen. Aus Borns ästhetischen Repräsentationen des Ruhrgebiets verschwindet dieses »offene Land« in den späten 60er Jahren, so dass die Einschätzung, Born stelle »Veränderungen fest, die mit den Leuten und Städten im Fließband-Zeitalter geschehen sind«[78], die Pointe des Spätwerks verfehlt: Der Anspruch auf und die Geste der Feststellung machen sich den destruktiven Charakter der Verhältnisse, um deren Feststellung es gehen soll, selbst zu eigen.

Der eindrücklichste Niederschlag dieser Transformation lässt sich womöglich in einer Schilderung des Ruhrgebiets finden, in das der Ich-Erzähler der *Erdabgewandten Seite der Geschichte* für einen Kurzbesuch reist, um seine minderjährige Tochter aus der gescheiterten Beziehung mit Erika wiederzusehen. Dort heißt es:

>»Der Zug fuhr durch ein falsches, verschränktes, wie spiegelverkehrtes Ruhrgebiet; es sah aus, als führe er nur unendlich lange Rückseiten von Orten und Vorstädten ab. Die offenen Industriehallen, die Rangiergelände und dann wieder die dunklen, wie beschwichtigt zurückliegenden Wohnhäuser waren von einem so abgestandenen und würgenden Grau, dass ich sie mit keinem Bekannten von früher in Verbindung bringen konnte. Sie würden alle diese Umgebung entrüstet von sich weisen. Ein niederdrückender, dickflüssiger Himmel, in den der Rauch aus Schloten ockerfarben wie dicke Teichklumpen einsank. Eine zerdrückte, in Schollen abtreibende Landschaft, weiter entfernt neugebaute Schulen und Turnhallen, einzelne Bäume, kahl, händeringende Gestalten, Basalthaufen und Hochspannungsleitungen, hinter eingesunkenen Zäunen Reihen verwaschener Kohlstrünke. Teppichstangen. Eine lange Autoschlange vor der Bahnschranke. Einer wischte von seinem Sitz aus mit einem Lappen die Scheibe ab.«[79]

Wenn als Auslaufhorizont des Ruhrgebiets am Ende von *Libuda* das »offene Land« erscheint, so enthält dieses Szenario eine frühe utopische Grundgeste Borns: Das Subjekt (Libuda, aber auch der Autor als Instanz) vergewissert sich des Zustands der (sozialen) Realität von einem kritischen Standpunkt aus, der nicht seinerseits durch die beschriebene Realität bestimmt ist. Das Moment des Utopischen betrifft die Annahme, dass es diesen Standpunkt der Differenz – zumindest in der literarischen Fiktion, aber implizit auch in der politischen Kritik – gibt. Was Born in der *Erdabgewandten Seite* vorführt, rückt das Ruhrgebiet und die Möglichkeit seiner literarisch-utopischen Thematisierung in ein sehr anderes Licht. Das »offene Land« ist zur »zerdrückten Landschaft« geworden, die Objekte infizieren die Möglichkeit ihrer Beschreibung und induzieren auf Seiten des Subjekts eine unkurierbare Paralyse. Im Kommentar zu den vorüber ziehenden Industrielandschaften wird dieser Entzug von Distanz explizit:

»Dann sah ich dem allen nichts mehr an; ich spürte nur noch, wie dieses Bild durch mich hindurchwuchs, so dass ich mich gar nicht mehr distanzieren konnte und gleichgültig, wie ein beruflich Reisender, alles an mir vorbeiziehen ließ.«[80]

Die industriegesellschaftlichen Verfremdungserscheinungen haben nicht nur die avantgardistische Vermittlung von Individuum und Moderne Lügen gestraft, sie zerstören vielmehr schon im Ansatz jeden Versuch, sich der »Maschine« zu entziehen: Die Flucht (Libuda), der Selbsthass, der Zynismus sind keine Reflexe gegen die, sondern Reaktionen innerhalb der »zweiten Wirklichkeit«, welche nun als alternativlos erfahren wird. Damit ist klar: Born bestimmt unter den Ideen der »Megamaschine«, der »zweiten Wirklichkeit« oder der »Großen Brüder[n] und Schnellen Brüter[n]«[81] das Ruhrgebiet als die paradigmatische Region für den irreversiblen Funktionalismus der modernen Industriegesellschaft. Seine Utopie hat sich, wie im Architekturessay von 1968 ablesbar, vom Topographischen selbst abgelöst: Ihr sind alle Orte gleich geworden.

Das bedrückende Paradigma der »Megamaschine«, das Born in seinen Essays, seinen Romanen und seiner Lyrik seit den späten 60er Jahren stets aufs Neue variiert hat, lässt vergessen, dass er in einer früheren Phase seines Werks so etwas wie eine »Raumstrategie« ins Spiel gebracht hatte – eine ästhetische Strategie der utopischen Überformung spätkapitalistischer Lebenswirklichkeit durch das Subjekt, deren privilegiertes Sujet das Ruhrgebiet, Borns Heimat, ist.

LITERATUR

Beicken, Peter (1980): »Neue Subjekti-
vität«. Zur Prosa der Siebziger Jahre. In:
Lützeler, Paul Michael/ Egon Schwarz
(Hrsg.): Deutsche Literatur in der Bun-
desrepublik seit 1965. Königstein.
S. 164-182.
Born, Katharina (2006): Flucht aufs
Land. Nicolas Borns Jahr in Nürtingen
(= Schriftenreihe Spuren Bd. 73). Marbach.
Born, Nicolas (1965): Das Ruhrgebiet
ist noch immer für die Literatur ein
unentdecktes Land. Industrie und Autor. In: Berliner Morgenpost. 17./18.6.
1965.
Born, Nicolas (1980): (Autobiographie).
In: ders.: Die Welt der Maschine. Aufsätze und Reden. Reinbek bei Hamburg. S. 9-11.
Born, Nicolas (1980): Die Welt der
Maschine. In: ders.: Die Welt der Maschine. Aufsätze und Reden. Reinbek
bei Hamburg. S. 12-29.
Born, Nicolas (1980): Ist die Literatur
auf die Misere abonniert? Bemerkungen zu Gesellschaftskritik und Utopie in der Literatur. In: ders.: Die Welt
der Maschine. Aufsätze und Reden.
Reinbek bei Hamburg. S. 47-54.
Born, Nicolas (1980): »Die Phantasie
an die Macht«. Literatur als Utopie. In:
ders.: Die Welt der Maschine. Aufsätze
und Reden. Reinbek bei Hamburg.
S. 55-59.
Born, Nicolas (1968): Sind wir schon
Utopia? Subjektive Anmerkungen zu
avantgardistischen Stadt- und Ver-
kehrsplänen. In: ders. (1980): Die Welt
der Maschine. Aufsätze und Reden.
Reinbek bei Hamburg. S. 68-74.
Born, Nicolas (1987): Libuda. In: ders.:
Täterskizzen. Erzählungen. Reinbek bei
Hamburg. S. 104-113.
Born, Nicolas (1981): Die erdabge-
wandte Seite der Geschichte. Berlin.

Born, Nicolas (2007): Briefe 1959-1979.
Göttingen.
Brügger, Norbert (1965): Nicolas Born:
Der zweite Tag. Wir stellen den jungen
Essener Autor vor. In: Neue Ruhr Zei-
tung. 1.5. 1965.
Eggerts, Jörg (2002): Langsam kehrten
die Farben zurück. Zur Subjektivität im
Romanwerk, im lyrischen und litera-
turtheoretischen Werk Nicolas Borns.
Frankfurt am Main et al.
Gawlick, Matthias (1993): Lebensstati-
onen, Schreibanlässe: Zu Nicolas Born.
In: Literaturlandschaft Ruhrgebiet.
Eine Ausstellung. Bochum. S. 61-72.
Hallenberger, Dirk (2000): Industrie
und Heimat. Eine Literaturgeschichte
des Ruhrgebiets. Essen.
Hufeland, Klaus (1993): Geleitwort. In:
Literaturlandschaft Ruhrgebiet. Eine
Ausstellung. Bochum. S. I-II.
Kahrs, Axel (2006): Ein paar Gedan-
ken zu Borns Gedicht »Ein paar Noti-
zen aus dem Elbholz«. In: Text + Kritik.
Zeitschrift für Literatur. April 2006. S.
100-111.
Kremp, Jörg-Werner (1994): Inmitten
gehen wir nebenher. Nicolas Born:
Biographie, Bibliographie, Interpretati-
onen. Stuttgart.
Langer, Rudolf (1978): Jedes Wort eine
zärtliche Berührung. Die Gedichte des
Spurensuchers Nicolas Born. In: Süd-
deutsche Zeitung. 11.4.1978.
Laube, Horst (1967): Junger Autor auf
der Durchreise. Gespräche mit Nicolas
Born in Berlin und Essen. (NRZ-Serie:
Autoren in der Industriegesellschaft
IV). In: Neue Ruhr Zeitung. 8.8. 1967.
Maier, Andreas/Christine Büchner
(2006): Schreyahner Nachtigallen. In:
Text + Kritik. Zeitschrift für Literatur.
170, April 2006. S. 112-116.
Ritter, Roman (1977): Die erdabge-
wandte Seite des Intellektuellen. Über
einen Roman von Nicolas Born. In:
Deutsche Volkszeitung. 17.2.1977.
Schütz, Erhard (1987): Das Land der

Städte oder: Der Kohlenpott ist grün. Einleitung. In: ders. (Hrsg.): Die Ruhrprovinz – Das Land der Städte. Köln. S. 11-24.

Schulze-Fielitz, Eckhard (1971): Stadtsysteme I/ Urban systems I. Stuttgart.

Sprockhoff, Anna (2006): Das erzählerische Werk von Nicolas Born nach 1970: ein Beitrag zur »Neuen Subjektivität«? Magisterarbeit an der Leuphana Universität Lüneburg.

ANMERKUNGEN

1   Nicolas Born, *Die erdabgewandte Seite der Geschichte.* Berlin 1981, S. 30.
2   Ebd., S. 10.
3   Ebd.
4   Ebd., S. 12.
5   Ebd.
6   Siehe Roman Ritter, Die erdabgewandte Seite des Intellektuellen. Über einen Roman von Nicolas Born. In: *Deutsche Volkszeitung,* 17.2.1977; Rudolf Langer, Jedes Wort eine zärtliche Berührung. Die Gedichte des Spurensuchers Nicolas Born. In: *Süddeutsche Zeitung,* 11.4.1978; Jörg-Werner Kremp, *Inmitten gehen wir nebenher. Nicolas Born: Biographie, Bibliographie, Interpretationen.* Stuttgart 1994, vor allem S. 39-55; Peter Beicken, »Neue Subjektivität«. Zur Prosa der Siebziger Jahre. In: Lützeler, Paul Michael/ Egon Schwarz (Hrsg.): *Deutsche Literatur in der Bundesrepublik seit 1965.* Königstein 1980, S. 164-182. Siehe kritisch zur Einordnung Borns in die »Neue Innerlichkeit« Jörg Eggerts, *Langsam kehrten die Farben zurück. Zur Subjektivität im Romanwerk, im lyrischen und literaturtheoretischen Werk Nicolas Borns.* Frankfurt am

Main et al 2002, vor allem S. 59-64; ähnlich: Anna Sprockhoff, *Das erzählerische Werk von Nicolas Born nach 1970: ein Beitrag zur »Neuen Subjektivität«?* Magisterarbeit an der Leuphana Universität Lüneburg 2006.
7   Anna Sprockhoff, *Das erzählerische Werk von Nicolas Born nach 1970: ein Beitrag zur »Neuen Subjektivität«?,* S. 14.
8   Siehe Jörg Eggerts, *Langsam kehrten die Farben zurück,* a.a.O., S. 303 bzw. 309.
9   Nicolas Born, (Autobiographie), in: ders.: *Die Welt der Maschine. Aufsätze und Reden.* Reinbek bei Hamburg 1980, S. 9.
10 Für eine Übersicht der geographischen Wanderbewegungen Borns siehe Katharina Borns Hinweise in: Nicolas Born, *Briefe 1959-1979.* Göttingen 2007, S. 448.
11 Siehe Katharina Born, *Flucht aufs Land. Nicolas Borns Jahr in Nürtingen* (= Schriftenreihe Spuren Bd. 73). Marbach 2006.
12 Axel Kahrs, Ein paar Gedanken zu Borns Gedicht »Ein paar Notizen aus dem Elbholz«. In: *Text + Kritik. Zeitschrift für Literatur* Heft 170 (April 2006), S. 100-111; Andreas Maier/ Christine Büchner, Schreyahner Nachtigallen. In: *Text + Kritik. Zeitschrift für Literatur* Heft 170 (April 2006), S. 112-116.
13 Es ist erstaunlich, dass nicht einmal der umfassende Briefwechsel Borns, der u.a. die Korrespondenzen mit Ernst Meister, Peter Handke, Günter Kunert, F.C. Delius und Hermann Peter Piewitt enthält, auf die Rolle des Ruhrgebiets für Borns Ästhetik schließen lässt. Siehe Nicolas Born, *Briefe 1959-1979.* Göttingen 2007. In dem Geleitwort zum Katalog der Ausstellung »Literaturlandschaft

Ruhrgebiet« von 1993 heißt es, Born nehme neben Figuren wie Erika Runge, Max von der Grün, Josef Reding oder der Gruppe 61 eine »Randposition« ein und weise »wenig Berührungspunkte« mit deren expliziten literarischen Fiktionen des Reviers auf. Siehe Klaus Hufeland, Geleitwort. In: *Literaturlandschaft Ruhrgebiet. Eine Ausstellung.* Bochum 1993, S. II.

14 Nicolas Born, (Autobiographie), a.a.O., S. 9.

15 Ebd.

16 Nicolas Born, Das Ruhrgebiet ist noch immer für die Literatur ein unentdecktes Land. Industrie und Autor. In: *Berliner Morgenpost* v. 17./18.6. 1965.

17 Nicolas Born, (Autobiographie), a.a.O., S. 9f. [Hervorh. im Original, T.E.]

18 Ebd., S. 11.

19 Ebd., S. 10.

20 Ebd.

21 Die Problemstellung so zu formulieren, bedeutet, der überwiegenden Mehrheit der Sekundärliteratur gegenüberzutreten, der es nicht gelingt, die textuellen Funktionen des Ruhrgebiets bei Born präzise zu unterscheiden.

22 Siehe Anm. 15.

23 Nicolas Born, Die Welt der Maschine. In: ders.: *Die Welt der Maschine. Aufsätze und Reden.* Reinbek bei Hamburg 1980, S. 17.

24 Ebd., S. 16.

25 Siehe dazu Anna Sprockhoff, *Das erzählerische Werk von Nicolas Born nach 1970: ein Beitrag zur »Neuen Subjektivität«?*, a.a.O., S. 111 bzw. 113: »Die explizite Anklage der staatlichen Maßnahmen weicht einer wesentlich komplexeren Kritik an den Erscheinungen, der Mentalität und insbesondere der Subjektfeindlichkeit der Industrie-

gesellschaft allgemein. [...] Utopie als Anspruch auf eine andere, »wahre« Wirklichkeit, wie sie der *Erdabgewandten Seite der Geschichte* eigen ist, musste bereits in der *Fälschung* der Erkenntnis der Vergeblichkeit dieses Anspruchs weichen, in *Radikale Ernte* ist dem Erzähler selbst die Vorstellung eines besseren Lebens nicht mehr möglich.«

26 Als Ausnahme firmiert Jörg-Werner Kremp, *Inmitten gehen wir nebenher*, a.a.O., vor allem S. 93-117.

27 Siehe Klaus Hufeland, Geleitwort, a.a.O., S. II. Borns Herkunft aus dem und seine peripheren Äußerungen über das Ruhrgebiet werden zitiert, aber nicht kontextualisiert in Dirk Hallenberger, *Industrie und Heimat. Eine Literaturgeschichte des Ruhrgebiets.* Essen 2000, S. 273; Erhard Schütz stellt explizit fest, Borns Name sei »bekannt, berühmt«, doch »dass und was [er] übers Ruhrgebiet geschrieben habe[n], weiß man kaum«. Siehe Erhard Schütz, Das Land der Städte oder: Der Kohlenpott ist grün. Einleitung. In: ders. (Hrsg.): *Die Ruhrprovinz – Das Land der Städte.* Köln 1987, S. 13; eine ebenfalls ausschließlich biografische Begründung entwickelt Matthias Gawlick, Lebensstationen, Schreibanlässe: Zu Nicolas Born. In: *Literaturlandschaft Ruhrgebiet. Eine Ausstellung.* Bochum 1993, S. 61-72. Eine fundiertere Auseinandersetzung mit der Frage leistet Jörg-Werner Kremp, *Inmitten gehen wir nebenher*, a.a.O., vor allem S. 93-117.

28 Norbert Brügger, Nicolas Born: Der zweite Tag. Wir stellen den jungen Essener Autor vor. In: *Neue Ruhr Zeitung*, 1.5. 1965.

29 Ebd.

30 Jörg-Werner Kremp, *Inmitten gehen wir nebenher*, a.a.O., S. 94.

31 Nicolas Born, Libuda. In: ders.: *Täterskizzen. Erzählungen.* Reinbek bei Hamburg 1987, S. 104.

32 Ebd.

33 Ebd., S. 105.

34 Ebd.

35 Völlig treffend stellt Kremp heraus, dass das »Beschreibungsvokabular« der Erzählung »dem Wirtschaftsteil der Zeitungen« entsprungen sein könnte. Der »gesunde Pro-Kopf-Verbrauch«, der den Badegästen anzusehen ist, entstammt ebenso wie die »schwimmenden Sozialprodukte« einem Inventar ökonomischer Phrasen, die auf den derealisierenden, abstrakt gewordenen Charakter der modernen Lebenswelt abstellen. Siehe Jörg-Werner Kremp, *Inmitten gehen wir nebenher*, a.a.O., S. 97.

36 Ebd., S. 95.

37 Ebd.

38 Nicolas Born, Libuda, a.a.O., S. 106: »Einige Angekleidete oder Nichtschwimmer, kleine Kinder auf den Armen oder Huckepack beim Vater, überqueren die Gleise und trennen das Buschwerk mit den Armen, den kleinen Heimatdschungel, sie dringen ein in den Vogelpark. Stimmen, Libuda hört Stimmen aus dem Vogelpark. *Aber es ist gar nicht Sonntag. Die Kumpels haben Freischicht oder Feierschicht oder Stempelschicht.*« [Hervorhebung von mir, TE]

39 Ebd.: »Auf dem Brückengeländer steht einer, übertrieben balancierend, schreit, weil er Publikum braucht, und seine Gesten fragen, ob das Wasser frei ist, kein Kahn, kein Kind, kein greiser Schwimmer. Wie er dasteht und sich aufbläst, die Arme ausbreitet, die

Blicke richtet, beherrscht, fast gleichgültig die Höhe und die Weite misst, hoch über aller Natur steht, hoch über Hafen, Kanal und Eisenbahnstrecke, hat er den Mut, springt er ab (…)«

40 Ebd., S. 107: »Groß und mit flirrenden Konturen erheben sich Bauten aus dem Staub, stehen dicke Mauern, klobig verbunden durch gitterfenstrige Schrägaufzüge, heißen hier Zeche Emil und stehen über allem Land. Schlote ragen, Fördertürme ragen, Schacht eins, Schacht zwei, hier die Seilscheiben sausen und stoppen. Die Seilscheiben stehen still.«

41 Ebd., S. 108: »Die ersten parkenden Autokolonnen, Autoputzkolonnen, aufgekrempelte Nyltestärmel, haarige Arme, hier wohnt Stärke, die fackelt nicht, Wasser fließt in Strömen über die Karosserien. (…) Libuda weigerte sich, seine Milch zu trinken, die zu den sozialen Extras der Firma gehörte. Dafür bekam er Schläge der Gesellen links und rechts um die Ohren.«

42 Siehe Jörg-Werner Kremp, *Inmitten gehen wir nebenher*, a.a.O., S. 97.

43 Siehe Anm. 17.

44 Ebd.

45 Nicolas Born, Libuda, a.a.O., S. 113.

46 Ebd.

47 Sie Anm. 18.

48 Nicolas Born, (Autobiographie), a.a.O., S. 10.

49 Ebd.

50 Jörg-Werner Kremp, *Inmitten gehen wir nebenher*, a.a.O., S. 97.

51 Nicolas Born, Libuda, a.a.O., S.111.

52 Ebd., S. 112.

53 Siehe Anm. 18.

54 Nicolas Born, Libuda, a.a.O., S. 108f.: »Denken Sie noch manchmal an die wundervolle Zeit im Kreise Ihrer Kameraden von der

Nationalmannschaft? – Es war
eine wundervolle Zeit. – An den
Geist von Bern? – Das waren noch
Zeiten. - Wie bitte? – Ich habe gesagt: Das waren noch Zeiten. (…)
Ich habe das Spiel entschieden,
aber Sie dürfen nicht vergessen,
dass es eine Mannschaftsleistung
war. – (…) Klar, Helmut, aber sind
Sie noch der Helmut von früher?
– Ich darf wohl sagen, dass ich mir
selbst treu geblieben bin. Soll'n sie
sich doch mal so einen Rechtsau-
ßen suchen, die Arschgeigen.«

55 Ebd., S. 107.
56 Siehe Anm. 28.
57 Eckhard Schulze-Fielitz, *Stadtsysteme I/ Urban systems I*. Stuttgart
1971, S. 9.
58 Ebd.
59 Ebd.
60 Nicolas Born, Sind wir schon Utopia?, a.a.O., S. 69.
61 Eckhard Schulze-Fielitz, *Stadtsysteme I/ Urban systems I*, a.a.O., S.
8.
62 Ebd., S. 9.
63 Ebd.
64 Nicolas Born, Sind wir schon Utopia?, a.a.O., S. 72.
65 Ebd., S. 73.
66 Nicolas Born, Die Welt der Maschine, a.a.O., S. 17.
67 Ebd., S. 16.
68 Nicolas Born, Ist die Literatur auf
die Misere abonniert? Bemerkungen zu Gesellschaftskritik und
Utopie in der Literatur. In: ders.:
*Die Welt der Maschine. Aufsätze
und Reden*. Reinbek bei Hamburg
1980, S. 51.
69 Born referiert mit der »zweiten
Wirklichkeit« einen Gedanken
Heimito von Doderers. Siehe
Nicolas Born, Die Welt der
Maschine, a.a.O., S. 16.
70 Nicolas Born, Sind wir schon
Utopia?, a.a.O., S. 73.

71 Nicolas Born, »Die Phantasie an
die Macht«. Literatur als Utopie.
In: ders.: *Die Welt der Maschine.
Aufsätze und Reden*. Reinbek bei
Hamburg 1980, S. 57. Das Zitat
ist auch deshalb vielsagend, weil
Born einen Beitrag für die *Berliner
Morgenpost* im Jahr 1965 »Das
Ruhrgebiet ist noch immer für die
Literatur ein unentdecktes Land«
betitelt hatte. Siehe Anm. 16.
72 Nicolas Born, Die Welt der Maschine, a.a.O., S. 16.
73 Ebd.
74 Ebd., S. 18.
75 Siehe Jörg-Werner Kremp, *Inmitten
gehen wir nebenher*, a.a.O., S. 113.
76 Nicolas Born, Libuda, a.a.O., S. 112.
77 Siehe Anm. 48.
78 Horst Laube, Junger Autor auf der
Durchreise. Gespräche mit Nicolas
Born in Berlin und Essen. (NRZ-Serie: Autoren in der Industriegesellschaft IV). In: *Neue Ruhr Zeitung*, v.
8.8. 1967.
79 Nicolas Born, *Die erdabgewandte
Seite der Geschichte*, a.a.O., S. 39.
80 Ebd. [Hervorhebung von mir, TE]
81 Nicolas Born, Die Welt der Maschine, a.a.O., S. 29.

Johannes Springer

»Es gibt immer zu wenig«
Ruhrgebiets-Erfahrung am Beispiel von
Bastian Günthers ›Autopiloten‹

Ein Mann an einer Tankstelle hält auf dem Weg von der Kasse zu seinem
Auto kurz inne. Vom angrenzenden Parkplatz einer Supermarktkette
wehen Playback-Gitarren und eine warme, sonore Stimme herüber. Auf
der von bunten Luftballons gesäumten Parkplatz-Bühne steht vor einer
versprengten Menge in der blassen Nachmittagssonne ein angejahrter
Schlagersänger, der Hintergrund ist mit der funktionalen Blechästhetik
ephemerer Konsumorte ausgefüllt. Lediglich das Logo des Warenhauses
sticht aus diesem heraus und deutet in seiner Riesenhaftigkeit seine auf
Autofahrer zugeschnittene Funktion an. Der Gesang hebt an: »Schönheit
fehlt/ Glanz, der uns verwehrt blieb/ Es gibt immer zu wenig, kommst du
damit klar?/ Ich für meinen Teil ja, dacht' ich bisher/ Inzwischen seh ich
keinen Sinn mehr darin, mich abzufinden/ Wir werden uns umsehen/ Bis
wir etwas besseres finden.«

Dieser von Bernd Begemann stammende Song ›Wir werden uns umsehen‹, für die finale Szene des Films *Autopiloten* durch Schlagersänger-
darsteller Manfred Zapatka neu eingesungen, mag vordergründig stärker
an Liebesbeziehungen und der vergeblichen Suche nach authentischer
Zweisamkeit interessiert sein, im Kontext dieses Films ist es die problematische Beziehung der vier männlichen Protagonisten zur Region
Ruhrgebiet, in der sie sich bewegen und die sie meist in Form von Tran-
sit- oder Nicht-Orten erfahren, die sich als Lesart des Textes aufdrängt.

Die Sehnsucht der Protagonisten ist auf räumliche und personale Zusammenhänge gerichtet, in denen sie ihre Einsamkeit und Rastlosigkeit überwinden können. Von allen Selbstverständlichkeiten befreit suchen sie nach Vergemeinschaftungen, die zumindest situativ bindend und integrierend wirken können. Aber weder durch ihre Arbeit, durch Männergemeinschaften und deren potentielle Lokalitäten, durch Paarbeziehungen noch durch Orte kann irgendetwas auf Dauer gestellt werden. Was bleibt, ist die tentative Aneignung von Räumen, die im Kontext der Diskussion um die im Folgenden näher zu erläuternde Figur der ›Neunten Stadt‹ als spezifische regionale Ruhrgebietsräume begriffen werden können. Das Männerensemble durchquert, bespielt und bewohnt in Ermangelung traditioneller Orte die Transiträume des Ruhrgebiets. In diesem Sinne lassen sich die Vier als Raumpioniere begreifen, die durch ihren Umgang mit den ›Redfields‹ das Ruhrgebiet erst als eigene Kategorie visuell erfassbar werden lassen, losgelöst und abstrahiert von Zuordnungen zu solitären Kommunen, Vierteln oder Straßen. Ihre Mobilität und Existenz mit den Transiträumen ist die notgedrungene, alternativlos erscheinende, in Momenten sentimental und nostalgisch machende, aber auch offensiv angegangene Verkörperung des Überlokalen. Das »Büro« des selbständigen Kameramanns Dieter etwa, das er unter einem Autobahnkreuz improvisiert und von dem er schnell alle Ereignisorte anfahren kann, zählt dazu oder die Konzerttournee von Schlagersänger Heinz, die auf Parkplätzen und in Einkaufszentren stattfindet. Der Vertreter für Badewannenlifter Jörg arbeitet, isst, schläft und vergnügt sich unterwegs, Fußballtrainer Georg fristet eine Hotelexistenz.

Der Umgang mit der Ortlosigkeit wird dabei in der Melancholie der Figuren zwar durchaus als Leiden inszeniert, eine Rückkehr zu alten und fixen Identitätsorten allerdings wird nur ansatzweise angeboten. Nicht nur die Konstruktion der Figuren als im Transitraum des Ruhrgebiets schwebende macht eine Lektüre von Bastian Günthers *Autopiloten* relevant für die Analyse der Inszenierung von Gegenwartsbefindlichkeiten und Transformationsschwierigkeiten des Ruhrgebiets. Auch der Fokus auf fragil gewordene Männlichkeit, die unter prekären Arbeitsverhältnissen, Abstiegsängsten und Individualisierung an gerade im Ruhrgebiet vormals reichlich vorhandener Selbstverständlichkeit eingebüßt hat und zur Aufgabe geworden ist, macht eine nähere Betrachtung sinnvoll. Männlichkeit hat im Film bereits seine selbstverständlichen institutionellen Orte wie Beruf und Fußballbetrieb verloren und ist Gegenstand von Verunsicherung. Diesen Faden gilt es allerdings erst hintanzustellen, um zunächst die räumliche Auseinandersetzung der Figuren mit der ›Neunten Stadt‹ und den Nicht-Orten zu erörtern.

Von ›Redfields‹ als konstitutivem Teil einer ›Neunten Stadt‹ zu sprechen, bedarf selbst in einer Publikation, die sich mit spezifischen Themen des Ruhrgebiets auseinandersetzt, einer Erklärung. Im Rahmen des Projektes ›Städteregion 2030‹[1] wurde in einer Suchbewegung die Frage nach dem Gemeinsamen, dem Regionalen der Ruhrgebietsstädte aufgeworfen. Mit dem Motiv der Neunten Stadt wurde dabei das Gemeinsame in Flächen, Orten und Raumstrukturen identifiziert, die als physische Entitäten existierend gleichsam Möglichkeitsräume, das heißt »Peripherien, fragmentierte Strukturen, Zwischenräume, wilde Grenzen … schwer lesbare, unbedeutende, unterbrochene, unfertige« Flächen darstellen (Davy 2004: 120). Solche also, die zwar in den Grenzen der Ruhrgebietsstädte liegen, aber nicht klassifiziert und genutzt werden, oder welche, deren Bedeutung erst stadtregional kontextualisiert zu Tage tritt.[2] Neben den acht kreisfreien Städten des Ruhrgebiets[3] soll also die ›Neunte Stadt‹ das »Stadtregionale der Städteregion Ruhr« darstellen (ebd.: 256). Aus lauter verstreuten, fragmentierten »Exklaven« bestehend, bilden industrielle und agrarische Brachflächen, regionale Verkehrswege, grenzüberschreitende Gewässer und Wasserwege, also die ›Brownfields‹, ›Greenfields‹, ›Redfields‹, ›Bluefields‹, das Netz, das zusammen genommen einen sehr eigentümlichen, ruhrgebietischen Raum konstituiert. Einen, der ein Gegenbild zur kompakten Formation der europäischen Kernstadt bildet, die Dichte und Kohäsion ihre Grundpfeiler nennt. Dieser Raum entzieht sich normalen Stadtbeschreibungen und gelangt mit dem von Edward Soja entlehnten Begriff der »Exopolis« zu seinem post- und transurbanen Status mit urbanen, metropolitanen, dörflichen, bäuerlichen Orten und solchen des ›Dazwischen‹ und ›Hybriden‹ (vgl. Bormann 2002b: 5ff; Davy 2004: 256). Dies kann als Teil eines Denkens über das Ruhrgebiet qualifiziert werden, der eher das Besonderheitsbegehren als das jahrzehntelang dominante Normalitätsbegehren adressiert. Rainer Danielzyk identifizierte diese beiden Image-Diskurse, wobei letzterer stets vom Bemühen getragen ist, den Beweis anzutreten, dass es sich auch im Ruhrgebiet um eine normale Region mit Kultur-, Freizeit- und Konsummöglichkeiten handelt und vorgegebene Parameter von europäischer Stadtnormalität defensiv zu erfüllen sucht. Das Fokussieren der Besonderheiten geht dagegen offensiv mit Abweichungen der Region um, im Versuch sich über diese zu profilieren (vgl. Danielzyk 2007: 379). Als fundamentales Sonderwegsmoment kann hernach die polyzentrale, flächige Siedlungsstruktur gelten, die von der monozentrischen Entwicklung der europäischen Stadt abwich und in relativer Unordnung und starker Orientierung auf die schwerindustriellen Betriebe im 19. Jahrhundert in wild wuchernder Weise entstand. Die kleinräumige, industriedörfliche Entwicklung sorgte nicht nur lange Zeit für ein Alltagsleben, das an diesen unstädtischen, kleinräumigen Fixpunkten orientiert war, sondern sie sorgte auch im Entgegenwachsen der einzelnen Siedlungen für eine Agglomeration, die weder ländlich, noch wirklich urban war und mit ihrer Mischung aus Zechen und Industriebetrieben, Verkehrsanlagen, Wohnsiedlungen und verbliebenen Landwirtschaftsarealen ein siedlungsräumliches Muster abgab, »das weder nach der Logik von Stadt und Land noch nach der Logik der Raumplanung, sondern allein nach der Logik der montanindustriellen Flächenansprüche entstand« (Blotevogel 2002: 456-457; vgl. zur kleinräumigen Lebenswelt-Orientierung Goch 1997: 596-597).

Der Hintergrund dieser kulturgeographischen Annahmen lässt die ins Bild gesetzten Raumerfahrungen von *Autopiloten* entschlüsseln. Die filmische Konstruktion des räumlichen Agierens der Figur des Kameramanns Dieter zielt auf Mobilität, Anbindung und Improvisation. Eine zentrale Szene zeigt ihn mit seinem widerstrebenden, pubertierenden Sohn, dem er seine Arbeit zeigen will, unterhalb eines Autobahnkreuzes. Die Kamera beginnt in der Vogelperspektive, in der verschiedene Autobahnhochstraßen auf beiden Seiten den auf Erdebene befindlichen Wagen und den außerhalb des Autos gestikulierenden Protagonisten rahmen. Das Auto parkt auf einer undefinierten Restfläche, neben und über ihm zu allen Seiten Straßen. Aber es ist keine Inszenierung von menschenfeindlicher Planung, wie es nahe liegend sein könnte. Stattdessen bekundet er trotzig, von hier aus alle Ruhrgebietsstädte in Windeseile erreichen zu können. Dies geschieht mit einem Gestenrepertoire, das signalisiert, die relevante Welt – von Duisburg bis Gelsenkirchen – vor sich praktisch ausgebreitet zu sehen. »Das hier, ja, das ist sozusagen mein Arbeitsplatz … Entweder hier oder bei der Autobahnraststätte«. Viel Tragik schlägt die Szene aus der Enttäuschung des Sohnes über den gefühlt geringen Status des alleinselbständigen Kameramanns, der paradigmatisch die prekäre Freelancer-Existenz eines kulturindustriell beschäftigten, ständig, flexibel arbeitenden und mäßig verdienenden Arbeitskraftunternehmers verkörpert.[4] Zudem erscheint der Gedanke eines solchen Arbeitskontextes/raumes als pure Antithese zur Idee glamouröser oder irgendwie cooler Medienarbeit jenseits der Festanstellung, so dass die Begeisterung über die Dynamik und Verfügung über den Raum durch Besetzung der improvisierten Büro-Standorte von einem Schatten getrübt ist. Jedoch gewinnt das Motiv der regionalen Zugänglichkeit eine größere Bedeutung im Zusammenhang mit einer vorhergehenden Szene, in der das Scheitern von Vater und Sohn bei dem Versuch, ein Feuer in einer alt und enger bebauten Reihenhaussiedlung zu filmen, gezeigt wird. Angrenzende Straßen sind gesperrt, hermetisch abgeriegelt, undurchdringlich. Der Verkehr fließt nicht weiter, es ist keine Übersicht zu gewinnen, die Weite des Autobahnnetzes präsentiert die Mise-en-Scène danach hingegen als Verführung einer Region, die durch Geschwindigkeit und Bewegung als fragmentierte, doch verkittete Entität erlebbar und real wird. Stefanie Bremer und Henrik Sander formulieren diese Annahme folgendermaßen:

> »Während die Eisenbahn als Verkehrsmittel der Schwerindustrie die Dezentralität unterstützte, erzeugte das Autobahnnetz zum ersten Mal ein Erschließungs- und Orientierungssystem für den gesamten regionalen Raum. … Neben den Flüssen Ruhr und Emscher sind es damit vor allem die Autobahnen, die der Idee einer Region Raum geben. Sie sind bandartige Mutterpausen einer regionalen Identität« (Bremer, Sander 2006: 20).

›Edge-City-Nutzungen‹, ›sprawl‹ und dergleichen Begriffe, die regelmäßig zur Beschreibung der Transformationsprozesse normaler Stadtstrukturen benutzt werden, weist auch das Ruhrgebiet auf, nur dass es kaum eine Peripherie gibt, an der dann ›Edge-City-Strukturen‹ erwachsen, sondern es ein ›Mittendrin‹, ›Dazwischen‹ ist, was den Zwischenstadt-Charakter aus verstädterten Landschaften und verlandschafteten Städten im Ruhrgebiet auszeichnet, man also eher von ›Edge-Cities-Inside‹ sprechen kann (vgl. Schulze Bäing 2002: 9-11). Bewegung erscheint als das Leitmotiv in einer ›Exopolis‹, die Autobahnen zu symbolischen Räumen ihrer Zusammengehörigkeit erklärt (vgl. Bormann 2002b: 27).[5] Autobahnen, auf denen die Region passiert und erfahren wird, die gleichsam als Benjaminsche Schaufenster fungieren und sich dazu anschicken, das Regionale erst zu produzieren (vgl. Bormann 2002c: 10).[6] Das Ruhrgebiet, das *Autopiloten* konstruiert, ist eines, in dem Bewegung der Schlüssel zur Erfahrung der Idee einer Region wird. Es erscheint beinahe so, wie Reyner Banham in Bezug auf Los Angeles formulierte:

»So, like earlier generations of English intellectuals who taught themselves Italian in order to read Dante in the original, I learned to drive in order to read Los Angeles in the original … For the freeway, quite as much as the beach, is where the Angeleno is most himself, most integrally identified with his great city« (Banham 2001: 5, 203).

Weit davon entfernt, dies als Makel zu empfinden, erklärt er das Freeway-System eben zur Ikone der Stadt. Spuren der räumlichen Ordnung Los Angeles' auch im Ruhrgebiet zu identifizieren, ist eine beliebte Argumentationsfigur. Nur der Strand bereitet diesem Topos Probleme. Auch die europäischen Ablehnungen, die Banham in Erinnerung ruft, welche Los Angeles als ›suburbanes wasteland‹, das laut, stinkend und unzivilisiert sei, bezeichnen, erinnern frappierend an solche, die das Ruhrgebiet bis vor wenigen Jahrzehnten bei auswärtigen Kommentatoren provozierte.

Hier wie dort wurden Los Angeles bzw. das Ruhrgebiet nicht als eigene Paradigmen begriffen, sondern gemessen an den Momenten dichter, organisch erscheinender europäischer Städte. Einen Referenzpunkt besitzt *Autopiloten* auch im amerikanischen Regisseur Michael Mann und seinen Visionen von LA, die mit Freeways, Parkplätzen, Motels, Straßenunterführungen, oder Truck Stops alle Register als entfremdend geltender Nicht-Orte bedienen. Mann lässt seine Transitfilme, zuvorderst sind hier *Heat* und *Collateral* zu nennen, aber nicht in einer eindimensionalen Kritik der Räume aufgehen, sondern generiert laut dem Filmwissenschaftler Ramon Lobato eine Form des »urban sublime« durch die Verwendung statischer langer Einstellungen, einer blau-grauen Farbgebung und dem zwischen ambientöser Elektronik und dissonanten Gitarren-Pickings pendelnden Soundtracks (vgl. Lobato 2008: 348). Lobatos These, dass es bei der Zeichnung der Orte des Transits, des Konsums und der Industrie nicht primär zur Entfremdung kommt, sondern in einer surreal-fantastischen Art von Ästhetisierung eine »brutal kind of majesty« generiert wird, findet in den Dämmerungs- und Nachtszenen in *Autopiloten* trotz der beträchtlichen Differenzen im Budget ein unverkennbares Echo.[7]

Grundsätzlich funktioniert die ambivalente Perspektive von *Autopiloten* auf die Räume ihrer vagabundierenden Protagonisten jedoch nicht im Modus der Ästhetisierung als Erhabenes. Die Verortung des Kameramanns Dieter in der Autobahnraststätte, die von einem potentiell entfremdeten zu einem provisorisch Behausung gebenden Raum wird, in dem er die Angestellten mit Namen und deren Arbeitsschichten kennt, zeigt die fragile Ambivalenz der hier entworfenen Transiträume anders. Es kommt dem nahe, was Frank Lloyd Wright als Funktion der Tankstelle imaginierte, die gleichermaßen Versammlungsort, Restaurant, Rastplatz und eher ein Treffpunkt als eine schnöde Station zum Betanken des Automobils sein könne (vgl. Sander 2005: 6).[8] So ist die Szene, in der sich Vater und Sohn am nächsten kommen, auch nicht in warmer, soziale Behausung signalisierender Umgebung inszeniert, sondern in einem autobahnnahen Fast Food-Imbiss. Genau hier kommt es zu einem stillen Verständnis füreinander, Vater und Sohn produzieren Selbstauslöser-Fotos »zum Beweis, dass wir hier waren« und arrangieren sich situativ mit der Kühle und Unbehaustheit.

Auch Peter Merriman versucht einen ähnlichen Gedanken stark zu machen, indem er Autobahnraststätten als Treffpunkte für junge Leute, z.B. beim Warten auf die Instruktionen für die Route zu illegalen Raves, oder für Geschäftsleute, jedenfalls nicht als in erster Linie Entfremdung und Vereinzelung produzierende Orte, beschreibt. (vgl. Merriman 2004: 160-161). Dieser Gedanke lässt sich auf die einleitend beschriebene Szene ausdehnen.

»Wenn nach Wright die Tankstelle das Äquivalent der City ist, dann ist der Parkplatz das Äquivalent für den Park. Der Parkplatz als Übergangszone zwischen der Geschwindigkeit des Automobils und der Geschwindigkeit des Fußgängers ist ein Raum ohne Schwellenängste. Da er nur selten belegt ist, ist er so etwas wie eine temporäre Brache, offen für temporäre Aneignungsprozesse. An diesen Schnittstellen entscheidet sich, ob die ›Stadt der Geschwindigkeit‹ ein bloß bebauter Korridor oder ein lebendiges, urbanes Ganzes wird.« (Sander 2005: 6).

Mit dem Satz »Schön hier, nicht?«, versucht Heinz, während er am mobilen Bierstand auf dem Parkplatz des Ruhrparks steht, das Glück zu performen und zu erzwingen. Doch was hat es zu bedeuten, wenn trotz temporärer Brachen, Möglichkeitsräumen und sogar partiellen Nutzungen und Aneignungen das Glück der Menschen sich nicht einstellen oder durchsetzen will und stattdessen Melancholie, Nostalgie und Einsamkeit regieren? Was hat dies mit den Räumen, in die die Figuren gesetzt werden, zu tun? Eine mögliche Antwort findet man in den Arbeiten Marc Augés. Augé ist als einer der wesentlichen Theoretiker von Transiträumen zu betrachten, die er jedoch als Nicht-Orte und Räume der Einsamkeit entwirft, die von einzelnen, schweigenden Individuen benutzt werden. Ein Nicht-Ort ist für ihn »ein Raum, aus welchem weder Identität noch Beziehungen noch Geschichte ablesbar ist«, ein Ort dagegen »ein Raum, aus dem etwas von den individuellen und kollektiven Identitäten ablesbar ist«, der sich folglich durch Identität, Relation und Geschichte auszeichnet (Augé 1997: 15). Auch wenn Orte nie vollständig verschwänden, Nicht-Orte sich nie vollständig herstellten, würden letztere das Maß der Spätmoderne bilden und quantifizierbar sein,

»indem man ... die Summe bildete aus den Flugstrecken, den Bahnlinien und den Autobahnen, den mobilen Behausungen, die man als ›Verkehrsmittel‹ bezeichnet (Flugzeuge, Eisenbahnen, Automobile), großen Hotelketten, den Freizeitparks, den Einkaufszentren und schließlich dem komplizierten Gewirr der verkabelten oder drahtlosen Netze« (Auge 1994: 94).

Nimmt man seine Annahme hinzu, dass Nicht-Orte in ihrer Anonymität und Austauschbarkeit der Produktion von Einsamkeit, Leere und Entfremdung Vorschub leisten, kann die filmische Rauminszenierung von *Autopiloten* in Teilen als Beitrag zur Visualisierung von Augés Thesen gelesen werden. Aus zwei Hotelfenstern heraus werden z.B. zwei Ikonen des Ruhrgebiets aus der Perspektive der Figuren des Trainers und des Schlagersängers kurz hintereinander geschnitten gezeigt: die in Gelsenkirchen-Buer gelegene Multifunktionsarena des Fußballvereins Schalke 04 und die Bochumer Shopping-Mall ›Ruhrpark‹, die sich direkt an der A40 befindet. Diese zwei »landmarks« der Region spiegeln paradigmatisch Augés Konzept wider. Exemplifiziert wird dies im Gang des fiktiven Schalke-Trainers, der sich kurz vor einem Spiel abwendet und dann während des laufenden Matchs aus dem labyrinthisch erscheinenden Stadion ins warme Licht des Außen entflieht. Unzählige in kühles blaugraues Licht gesetzte Gänge, Katakomben, menschenleere Betonanlagen bis zur Tiefgarage müssen dabei durchschritten werden. Die Inszenierung des Stadions lässt keinen Gedanken an die potentiell gemeinschaftsstiftende Erfahrung von Live-Fußball zu, stattdessen kann die Art, in der die Abwendung von dieser Arena präsentiert wird, als Enttäuschung über einen nicht mehr funktionierenden Modus von Beheimatung in der auf technokratische Mediatisierung und Eventisierung ausgerichteten Multifunktionsarena interpretiert werden (vgl. Zinganel, Zillner 2005). Die von Augé inspirierte Perspektive ist allerdings zu eindimensional, um in Gänze die komplexen Beziehungen der Figuren zum Raum und zur Identität des Ruhrgebiets erfassen zu können. Die Protagonisten zeigen zwar ein Begehren nach Gemeinschaft und Orten, was sich insbesondere als mit der Tradition der lokalen und kleinräumigen Milieu-Orientierung der Menschen in der Geschichte des Ruhrgebiets konform gehend lesen lässt. Jedoch gehen sie eben nicht in der Opferrolle auf, die ihnen durch ihre Existenz im überlokalen, ruhrgebietischen Transitraum laut Augé zustünde. Stattdessen versuchen sie sich in der Aneignung der regionalen Räume und geben ihnen neue Funktionen und Bedeutungen. Die organische, lebendige und selbstverständliche

Milieu-Wärme, die dem alten Ruhrgebiet oftmals zugeschrieben wird, ist unerreichbar, was in vielen misslingenden Interaktionen der Figuren mit ihrer Umwelt zum Ausdruck kommt, aber es ist nun ein produktives, neuartiges Umgehen mit dem transitorischen Stadtregionalen des Ruhrgebiets, das den Figuren temporär Genuss bereitet.[9]

Jenseits der räumlichen Fragestellung lässt sich *Autopiloten* auch in Hinblick auf die allenthalben beschworene Krise von Männlichkeit lesen. Was sich besonders aufdrängt, ist die Nähe dieser ›leidenden‹, melancholischen Männerporträts zu den flexibilisierten Arbeitsverhältnissen, in denen sie präsentiert werden. Nicht nur im Ruhrgebiet, aber gerade dort, wo alternative Karrieren jenseits des fordistisch-industriegesellschaftlichen Normalarbeitsverhältnisses eher selten waren, stellte eben dieses Normalarbeitsverhältnis den Schlüssel zu Männlichkeitskonstruktion und geschlechterstringenter Hierarchisierung und Trennung von Produktion und Reproduktion dar. Die klassische Identität des schwerindustriellen Ruhrgebiets lässt sich ohne die Motive von harter körperlicher Arbeit, Homosozialität und des Männerbunds kaum denken. Wenn aber Männlichkeit fast immer vom als Normalarbeitsverhältnis begriffenen Beruf her konzipiert wurde, muss die Freisetzung in selbstunternehmerische, hochflexible Tätigkeiten verunsichernde Folgen haben. Michael Meuser skizziert, wie der *organization man* des Fordismus, der sich durch seine enge Einbindung in eine männlich-homosozial geprägte Arbeitswelt auszeichnete, zunehmend erodiert. Zeichnete sich dieser dadurch aus, dass er im Arbeitsalltag Räume hatte, in denen männliche Arbeitskultur gepflegt wurde, geht diese mit der Feminisierung und Flexibilisierung von Arbeit verlustig: Kontinuität sozialer Bindungen und Individualisierung im Arbeitsprozess lassen homosoziale Männergemeinschaften brüchig werden (vgl. Meuser 2005: 10-11).

Autopiloten entwirft die Konstruktion einer dieser Identitäten und Gemeinschaften entledigten Männlichkeit, deren homosoziale Bünde für die Protagonisten nicht mehr funktionieren. Selbst in einer Fußballkneipe nicht, in der Schlagersänger Heinz als Gast anzudocken versucht, eine Runde Alkohol mit »Prost Männer« schmeißt, und doch am Ende abgewiesen und rausgeworfen wird. Er möchte zu ihnen gehören, aber die Männergemeinschaft steht für diese individualisierten Figuren nicht mehr zur Verfügung. Allerdings wird in dieser Szene auch deutlich, dass die organisch-sozialen Orte, an denen lebendige Gemeinschaft zelebriert wird, keinesfalls Momente utopischen Glücks zeigen, sondern eher als Horte anachronistischer, unattraktiver Werte inszeniert werden und das Begehren nach ihnen diskreditiert wird.[10] Selbst der Topos des auf seinen Arbeitsreisen Affären pflegenden Vertreters, dessen Frau und Kind im Suburbia-Reihenhaus warten, findet kein glückliches Finale. Eine Remaskulinisierung der über ihre Arbeitsverhältnisse als Opfer diskursivierten Männer gelingt also auch in den lebensweltlichen Bereichen nicht. Die larmoyante Klage über eine verloren gegangene stabile und noch nicht so offensichtlich in ihrer Konstruiertheit und Fragilität erkennbare Form von Männlichkeit ist zurecht als regressive Erzählung beschrieben worden. Insbesondere für die filmischen Erzeugnisse, die dieses Narrativ bedienen, wurde in unterschiedlichen Analysen formuliert, dass es um die Bestärkung männlicher Macht und Konsolidierung herkömmlicher Hierarchien im Gender-System ginge. (vgl. Mädler 2008 306ff.; Kappert 2002).

Wie aber auch räumlich im transformations- und bewegungsschwangeren Ruhrgebiet von *Autopiloten* keine Gemeinschaft, keine identitätsschwangere, traditionsorientiert-konservative Lösung zur Verfügung gestellt wird, bleibt auch Männlichkeit ein reflexives, von allen habituellen Selbstverständlichkeiten losgelöstes Projekt. Eine feste Verankerung in traditionellen sozialen Lebenswelten ist auf keiner dieser Ebenen mehr erreichbar, obwohl Momente von biederem Kleinfamilienglück in Form von Heimkehr und Ankünften am Ende aufscheinen. Es ist offen, wo das Ruhrgebiet den Glanz, von dem Bernd Begemann und Schlagersänger Heinz in ›Wir werden uns umsehen‹ singen, finden wird.

FILM

Autopiloten
Deutschland 2007
Regie: Bastian Günther

LITERATUR

Augé, Marc (1994): Orte und Nicht-Orte. Vorüberlegungen zu einer Ethnologie der Einsamkeit. Frankfurt a.M.

Augé, Marc (1997): Orte und Nicht-Orte der Stadt. In: Haus der Architektur (Hg.): Spaces of Solitude. Graz, S. 12-25.

a42.org (2004): ruhrstadt. Nürnberg.

Banham, Reyner (2001): Los Angeles: the architecture of four ecologies. Berkeley.

Betzelt, S. (2006): Flexible Wissensarbeit: AlleindienstleisterInnen zwischen Privileg und Prekarität. ZeS-Arbeitspapier Nr. 3/2006.

Boeri, Stefano (1997): Territoriale Intimität und einsame Geschwindigkeit. In: Haus der Architektur (Hg.): Spaces of Solitude. Graz, S. 34-37.

Bormann, Regine (2002a): Identitätsspuren. Online unter: www.ruhr-2030.de/pdf/identitaetsspuren.pdf [Stand: 15.06.08] (47 Seiten)

Bormann, Regine (2002b): Jenseits der Stadt. Online unter: www.ruhr-2030.de/pdf/jenseits-der-stadt.pdf [Stand: 15.06.08] (28 Seiten)

Bormann, Regine (2002): Exopolis. Online unter: www.ruhr-2030.de/pdf/exopolis.pdf [Stand: 15.06.08] (15 Seiten)

Blotevogel, Hans Heinrich (2002): Die Region Ruhrgebiet zwischen Konstruktion und Dekonstruktion. In: Westfälische Forschungen 52, S. 452-488.

Bremer, Stefanie; Sander, Henrik (2006): Heimat: Autobahn. Essen.

Danielzyk, Rainer (2007): Gibt es noch das Ruhrgebiet? – Innen- und Außensichten. In: Ditt, Karl; Tenfelde, Klaus (Hg.): Das Ruhrgebiet in Rheinland und Westfalen. Koexistenz und Konkurrenz des Raumbewusstseins im 19. und 20. Jahrhundert. Paderborn u.a., S. 377-385.

Davy, Benjamin (2004): Die Neunte Stadt. Wilde Grenzen und Städteregion Ruhr 2030. Wuppertal.

Dimendberg, Edward (2006): The Kinetic Icon: Reyner Banham on Los Angeles as Mobile Metropolis. In: Urban History, 33, 1, S. 106-125.

Goch, Stefan (1997): »Der Ruhrgebietler« – Überlegungen zur Entstehung und Entwicklung regionalen Bewusstseins im Ruhrgebiet. In: Westfälische Forschungen, 47, S. 584-620.

Kappert, Ines (2002): Krisendiskurs ›Mann‹: Ermächtigung auf Umwegen (Fight Club, American Psycho). In: Baisch, Katharina et al (Hrsg.): Gender Revisited. Stuttgart.

Lobato, Ramon (2008): Crimes against urbanity: The concrete soul of Michael Mann. In: Continuum: Journal of Media & Cultural Studies. Vol. 22, No.3, June 2008, S. 341-352.

Mädler, Kathrin (2008): Broken Men. Sentimentale Melodramen der Männlichkeit – Krisen von Gender und Genre im zeitgenössischen Hollywoodfilm. Marburg.

Marrs, Kira (2007): Zwischen Leidenschaft und Lohnarbeit. Ein arbeitssoziologischer Blick hinter die Kulissen von Film und Fernsehen. Berlin.

Meuser, Michael (2005): Die widersprüchliche Modernisierung von Männlichkeit. Kontinuitäten und Veränderungen im Geschlechterverhältnis. Online unter: http://db.genderkompetenz.info/w/files/gkompzpdf/genderlecturemeuser.pdf [Stand: 05.04.2008] (17 Seiten)

Merriman, Peter (2004): Driving Places. Marc Augé, Non-Places, and the Geographics of England's M1 Motorway. In: Theory, Culture & Society. Vol. 21 (4/5), S. 145-167.

Merriman, Peter (2007): Driving Spaces: a cultural-historical geography of England's M1 motorway. Oxford.

Sander, Henrik (2002): Herbstakademie Stadtraum B1. Auf der Suche nach einer Metropole. In: Planerin, 02/2002.

Sander, Henrik (2004): Städtebau zwischen 5 und 160 km/h. In: Huber, Felix; Koch, Michael; Sander, Henrik (Hg.): Stadt der Geschwindigkeit. Wege zur städtebaulichen Integration von Verkehrskorridoren. S. 5-6.

Schulze Bäing, Andreas (2002): Liminale Bänder. Online unter: www.ruhr-2030.de/pdf/liminale-baender.pdf [Stand: 15.06.08] (27 Seiten)

Waitz, Thomas (2008): Leere der Bilder – Bilder der Leere. Jem Cohens Film »Chain« und das Regressive im Sprechen vom »Nicht-Ort«. Online unter: http://thomaswaitz.de/downloads/publikationen/Leere-der-Bilder_-_Bilder-der-Leere.pdf [Stand: 01.09.2008] (17 Seiten)

Zinganel, Michael; Zillner, Christian (2005): Stadien der Auflösung. Ephemere Stadien oder die Auflösung des Stadions in der Eventgesellschaft. In: Marschik, Matthias et al (Hg.): Stadion. Geschichte, Architektur, Politik, Ökonomie. Wien, S. 365-394.

ANMERKUNGEN

1   Verantwortlich für dieses Projekt, das maßgeblich ein Leitbild des Ruhrgebiets erarbeiten sollte, war die Fakultät Raumplanung der Technischen Universität Dortmund.

2   Möglichkeitsräume werden dabei in ihrer Nutzung, Nutzbarkeit und ihrem Potential gegenüber den Wirklichkeitsräumen, in denen viele Festlegungen und Erschöpfungen zu konstatieren sind, stark gemacht als zweckungebunden, gelegenheitsreich und nicht nutzungsdeterminiert (vgl. Davy 2004: 24).

3   Duisburg, Mülheim an der Ruhr, Oberhausen, Essen, Gelsenkirchen, Herne, Bochum und Dortmund.

4   Es existiert kaum eine Szene, in der er nicht auf Arbeit wartet, sich auf dem Weg zu storytauglichen Orten befindet oder dreht. Eine weitere Arbeitsszene zeigt ihn alleine in seinem kargen Zuhause, dem Computer, an dem er schneidet und das Material online an Redaktionen und Anstalten versendet. Die Arbeitsbeziehungen erscheinen mediatisiert und individualisiert (vgl. dazu z.B. Marrs 2007 oder Betzelt 2006). In Anlehnung an Marrs kann argumentiert werden, dass die hier präsentierte Prekarität als Herrschaftsinstrument und Moment von Leistungspolitik auftaucht. Sie

folgt darin Pierre Bourdieu, der Prekarität als »Teil einer neuartigen Herrschaftsform« sieht, die auf »einer zum allgemeinen Dauerzustand gewordenen Unsicherheit« betrachtet (Bourdieu 2002: 111 zitiert nach Marrs 2007: 183). Der Mechanismus von Herrschaft durch Prekarität besteht in der auf Dauer gestellten Unsicherheit, so dass Existenzgefährdung, Stress und psychische Anspannung der Beschäftigten permanent werden. Dem folgend diagnostiziert Marrs die Existenz einer Ökonomie der Unsicherheit für den deutschen Film- und Fernsehmarkt. Zeitlich befristete Anstellungen, häufige Arbeitsplatzwechsel und der konstante Druck, Anschlussprojekte zu generieren, führe bei Filmschaffenden zu Existenzdruck und Existenzängsten (vgl. Marrs 2007: 183ff).

5   Ein ruhrstadt-Reader vermerkt dazu, dass der überdurchschnittlich hohe Anteil an Bundesautobahnen mit 12,9% im Verhältnis zum Gesamtstraßennetz, also ihre große Verfügbarkeit, zur Generierung eines stadtähnlichen Raums führt, der mit hoher Geschwindigkeit durchquert wird und als zusammengehöriger Raum wahrgenommen wird. (a42.org 2004: 24).

6   Auch in der leitbildfernen Realität spielt diese Imagination eine zentrale Rolle. Von Danielzyk wie Blotevogel wird eine jüngere durch Mobilität geprägte Generation für eine wachsende Regionalidentifikation verantwortlich gemacht, die sich antizyklisch zur Dimension als Struktur- und Verflechtungsregion auf montanindustrieller Basis ent-

wickelt (vgl. Danielzyk 2007: 382; Blotevogel 2002: 488).

7   Eine andere Szene zitiert mit gänzlich anderen Lichtverhältnissen den das afroamerikanische LA thematisierenden Film *Killer of Sheep* von Charles Burnett. Warmes Nachmittagssonnenlicht setzt zwei eng umschlungen, langsam Tanzende von den sie unglücklich rahmenden Verhältnissen ab. Für kurze Momente ist die Atomisierung der Figuren negiert und es entsteht in beiden Filmen ein Moment von Glück.

8   Dies kommt auch Vorstellungen nahe, die Schulze Bäing zu den ›Redfields‹ entwirft. Sie seien nicht »bloße transferische Räume, die einzig und allein der Raumüberwindung zwischen den Städten und über die Region hinaus dienen, sondern täglich genutzte Aufenthaltsräume«.(Schulze Bäing 2002: 20). Hybrid nennt Stefano Boeri Autobahnen, Tankstellen und Raststätten, an denen sich perfekte Funktionalität einerseits und Urbanität und Vertrautheit andererseits finden ließen. Er spricht ferner von einem Schmelztiegel, da sich Durchreisende und Stammkunden mischten. Letztlich müsse man von Autobahnen als Orten sprechen.

9   Auch wenn man einzuschränken ist, dass den Figuren bei Weitem keine Anthropologie der Kälte mitsamt der Momente von »Distanz, Beweglichkeit, Aufenthaltslosigkeit« zu eigen ist, welche Thomas Waitz in Anlehnung an Plessner und zur Kritik des regressiven Sprechens vom Nicht-Ort aufwirft (Waitz 2008: 9-10). Als regressiv bezeichnet Waitz das Sprechen vom

Nicht-Ort, weil es das Konzept von organischer Gemeinschaft wieder als Utopie einführt. Dass das Sprechen über Gemeinschaft in diesem rein begehrenden Sinne tatsächlich problematisch ist, kann eine Herleitung des Begriffes aus der Stadtkritik von Ferdinand Tönnies zeigen, der den Übergang der Gemeinschaft zur Gesellschaft in den Städten der aufblühenden Moderne beklagte. Nicht mehr der Wesenwillen, der aus den inneren Antrieben der natürlichen Ordnung entspringt, dominiert in der Gesellschaft, sondern der Kürwillen, welcher kalkuliert. Dies kann als strukturell antisemitisch interpretiert werden.

10 Eine spätere Szene zeigt, wie der Wunsch nach Gemeinschaft in der Figur des Schlagersängers eine Veränderung erlebt. Wieder am Bierstand befindlich, ist er in eine Kommunikation mit einigen anderen verwickelt, verliert aber das Interesse daran, einer von ihnen zu sein und entzieht sich, indem er sein Hörgerat auf leise dreht.

Wolfgang Welt

Liebe und Haß

Geschichte, Gegenwart und
Zukunft der Wanner Vorgruppe[1]

Vorgruppe von links nach rechts:
Omo, W. Hemprich, W. Hayduk, V. Stiege
(Fotos: Ulrich Nowikow)

[*] Dieser Text erschien erstmals in Rock Session 6. Wir danken Wolfgang Welt und dem Rowohlt Verlag für den Rerelease.

Der 25. Februar 1981 war ein besonderes, fast historisch zu nennendes Datum im sonst eher provinziellen Kulturleben des Ruhrgebiets. Keine weltbewegende Peymann-Inszenierung oder die Eröffnung eines neuen Museums war zu feiern, nein, als erste New Wave Band des deutschen Industriezentrums hatte die ›Vorgruppe‹ aus Wanne-Eickel (bürokratisch seit einigen Jahren: Herne 2) eine LP veröffentlicht: ›Im Herzen von Nielsen 2‹.

Schon wenige Tage später lobten die Kritiker Alfred Hilsberg und Kurt Thielen, denen vorab eine Kassette zugegangen war, das Debut in *Sounds* bzw. im *Marabo*. Am 11. April zeigte sich auch der Deutschland-Experte des *NME*, Chris Bohn, begeistert von »the very wonderful Herne Townfolk«. Zwar glaubte er, ein wenig Verzagtheit zu erkennen, doch würde die durch lebendigen Zynismus und witzigen Sarkasmus in Schach gehalten.

Bei soviel Zustimmung seitens der Presse konnte nicht überraschen, dass die vom Ein-Frau-Laden ›H'art‹ vertriebene Platte alsbald auf rege Nachfrage stieß, überall in der BRD, nicht nur bei Insidern. Schnell gingen die ersten tausend Exemplare über den Ladentisch. Somit waren schon mal die Produktionskosten von ca. 4000 Mark eingespielt. Allmählich wurde die Scheibe auch in Holland, England und in der Schweiz verkauft. ›H'art‹ erhielt sogar eine Bestellung von einem Sender in Manitoba/Kanada. Bis Ende April konnte die Verkaufszahl verdoppelt werden.

Zu diesem Zeitpunkt verließ Bernd »Omo« Schäumer, einer der Mitbegründer der ›Vorgruppe‹, seine Kollegen. Das letzte gemeinsame Konzert in der LP-Besetzung fand vor einem begeisterten Publikum in der Bochumer Spelunke ›Underground‹ am 26.4. statt. Knapp zwei Wochen danach absolvierte Omo seinen ersten Auftritt ohne seine ehemaligen Mitstreiter. Mit zwei anderen befreundeten lokalen Musikern improvisierte er eine Stunde lang an seinem kleinen Synthesizer (Korg MS-10) in Anwesenheit der Rest-›Vorgruppe‹ im Wanner Saalbau.

Drei Tage später fand in der Mansarde des Bochumer Möchtegern-Journalisten Wolfgang Welt (WoW) ein Gespräch statt, zu dem er auf Bitten von *Rock Session* alle ehe- und damaligen Mitglieder der ›Vorgruppe‹

eingeladen hatte. Es erschienen neben Omo (Ex-Student und Schallplat-
tenverkäufer) der Gitarrist Volker Stigge (»Ich bin noch eingeschrieben
in Anglistik und Pädagogik«), der Drummer »Waldi« Hayduk (arbeitsloser
Abiturient) und der Bassist Wolfgang Hemprich (beim selben Konzern
wie Omo beschäftigt, übrigens zu dem Hungerlohn von 7 DM brutto).
Dabei war auch Christoph (»chb«) Biermann (Student und Miteigner des
Nielsen 2 Labels), der wesentlich am technischen Zustandekommen von
›Im Herzen...‹ beteiligt gewesen war. (Nielsen 2 ist übrigens ein Begriff
aus der Werbebranche für ein Gebiet, das sich etwa mit NRW deckt,
in dessen Zentrum Wanne-Eickel liegt, got it?) Bei Zigaretten, Bier und
Mett-Schnittchen unterhielten sich die sechs von 8 bis 1 über die Entstehung, Gegenwart und Zukunft der ›Vorgruppe‹.

Aus Platzmangel kann die vor allem gegen Schluß kontrovers ge-
führte Diskussion nicht auch nur annähernd vollständig wiedergegeben
werden. Der unerfahrene Interviewer und Transskribent (er hatte vorher
lediglich mal eine halbe Sunde lang Cliff Richard auf den Zahn gefühlt!)
mußte für diesen Artikel vieles zusammenfassen oder gar unterschla-
gen, z.B. Frauengeschichten. Einiges wird wortwörtlich zitiert. Die Unterscheidung von Wesentlichem und Unwichtigem fiel ihm schwer. Er
möchte sich für eventuelle Unkorrektheiten und Mißverständlichkeiten
entschuldigen, vor allem bei der ›Vorgruppe‹ selbst.

Kindheit

Omo und Volker (beide Jahrgang 60) waren vom 1. Schuljahr bis zum
abschließenden Abitur auf dem Wanner Jungengymnasium (»Da war
auch der Heinz Rühmann drauf«) in einer Klasse, die auch der erste
Sänger der Gruppe, Detlef »Pompf« Ritz besuchte, bis er pappen blieb.
Omos Vater ist Schlosser, Volker lebt als Einzelkind im Hause seiner
begüterten Eltern (»Als ich zwei war, habense gedacht, das schaffense
nich mehr, so einen großzuziehn wie mich. Ich hab mit 15 mein erstes
Stück Fleisch gegessen«). Omo (»Ich esse Fleisch«) lernte auf dem Weg
zur Schule Waldi kennen, der eine Klasse tiefer war. (»Der Omo wollte

mich aussem Bus schmeißen. Wann dat war, weiß ich nich mehr«) Omo:
»Das Jahr? Keine Ahnung. Ich weiß nur, dasses 'n Freitag war.«

Waldi stammt aus Gleiwitz/Oberschlesien und sprach mit drei Jahren deutsch und polnisch. Der Sohn eines Chemie-Arbeiters (»Asbest
oder sowas«) wurde aber nach der Umsiedlung kein Außenseiter, weil
er immer der beste im Fußball war. Einer seiner Klassenkameraden war
neben dem sitzengebliebenen Pompf Matthias »Eddie« Brauckmann, der
spätere erste Bassist der ›Vorgruppe‹.

Aus Wolfgang Hemprich, dem ältesten Mitglied der Kapelle, war während des Gesprächs nicht viel rauszuholen. Nach einem arbeitsreichen
Tag im Plattenladen nickte er im Verlauf des Gesprächs im Schaukelstuhl
ein und wachte erst kurz vor der Abfahrt wieder auf. Soviel lässt sich
nachvollziehen: Er wurde 56 in Gelsenkirchen geboren, von wo aus er
bald mit seinen Eltern nach WE zog. Der Vater verdiente immer gut.

Erste Musik

WoW: »Was habte ihr denn damals so in eurer Jugend gehört?«
Volker: »Alles, watt die andern auch damals gehört haben, ›Supertramp‹,
›Genesis‹, ›Queen‹, ›Nazareth‹, ›Slade‹, ›T.Rex‹, ›Doors‹ auch.«
Omo: »Wir waren damals schon *bored teenagers*!«

Waldi stand mehr auf Disco-Musik und ›Santana‹. Der etwas ältere
Wolfgang hörte Mitte der siebziger Jahre lieber Underground-Musik
(»›Can‹, ›Amon Düül‹, ›Gong‹ und solche Sachen«).

Punk

WoW: »Wie und wann kam denn dann der Sprung zum Punk?«
Volker: »Ich ging ja bei Omo ein und aus. So Ende '76 brachte sein Bruder Michael, der beim Bund in Hamburg war, die erste ›Clash-LP‹ mit,
und wir warn begeistert. Hier konnte man ja so was nich kriegen. Das
Ruhrgebiet war schon immer 'ne Provinz. Ich hab aber auch noch die
alten Sachen ab und zu gehört. Die hab ich dann später doch verkauft,
bis auf so Sachen wie ›Magma‹.«
Omo: »Ich hab alles kritiklos aufgenommen. ›Adverts‹ und so weiter.«

Omo versöhnte sich damals mit Waldi, mit dem er seit jener Rauferei
im Schulbus nichts mehr zu tun gehabt hatte, und er konnte auch ihn
für Punk begeistern.

Wolfgang: »Ich kannte die Jungs ja damals noch nich. Als ich bei einem
Bekannten die ›Dub Housing‹ von ›Pere Ubu‹ das erste Mal gehört hab,
hab ich gemerkt, dass es was anderes gibt.«

Auf 'ner Party (»Wir haben uns überall eingeladen, das war die große
Feten-Zeit«) lernten Volker, Omo und Waldi ihren späteren Bassisten
erstmals kennen. »Unser Sänger Pompf hatte 'n Schwung Platten un-
term Arm, die er verkaufen wollte. Der Wolfgang hat ihm den Sampler

›Business Unusual‹ mit ›Throbbing Gristle‹ und ›Cabaret Voltaire‹ abgenommen. War 'n harter Sampler für damalige Verhältnisse.«

Entstehungsgeschichte

WoW: »Tja, und wie kam's dann zu der ›Vorgruppe‹?«
Volker: »Wir hatten vor, 'ne Band zu machen, noch nich konkret musikalisch, im Frühjahr 79.«
Omo: »Da hab ich mir gedacht, ich muß berühmt werden. Ich hab ›Sex Pistols‹ und was anderes gehört und gemerkt, daß ich das auch kann.«

Waldi war mittlerweile ein hervorragender Fußballspieler (Omo: »Der stand eher in der Zeitung als ich!«) und mit dem DSC Wanne-Eickel westdeutscher Jugendmeister geworden. (»Ich hab mir sowieso immer gedacht, entweder Fußballer oder Schlagzeuger. Bis 77/78 hatte ich auch den Traum von der Bundesliga, aber dieser Verein...bei manchen meinste wirklich, das sind Nazis, Disziplin und so«). Dann fiel Omo der Name ein (»Beim Kacken oder Wwww...was weiß ich«). Den fanden die so genial, daß sie ihn nicht ungenutzt lassen wollten. Zunächst klebten sie überall Schildchen mit ›Vorgruppe‹ auf. So waren sie in WE schon populär, bevor sie je einen Ton zusammen gespielt hatten.

Es geht voran

Volker hatte sich zuerst eine akustische Gitarre schenken lassen und später eine elektrische mit einem Miniverstärker. Waldi kaufte sich für fuffzig Mark auf'm Flohmarkt ein Kinderschlagzeug. (Wolfgang hatte nach seinem 10. Lebensjahr zwei Jahre Gitarrenunterricht und konnte sich erst wesentlich später 'ne elektrische Gitarre leisten, aber er war damals ohnehin noch kein Mitglied der Geister-›Vorgruppe‹). »Wir wußten auch noch gar nich, wer was spielen sollte. Wir hatten ja alle keine Ahnung.« Pompf beschränkte sich auf den Gesang, Eddie griff zum Baß.

WoW: »Du hast vorhin gesagt, du hast ›Sex Pistols‹ gehört und daraufhin beschlossen, Musik zu machen, Omo. Nun sind die ›Sex Pistols‹ ja sehr synthi-lastig gewesen.«

Omo: »Ich hatte mal dieses, mal jenes Instrument probiert. Erst als ich einen Synthi gehört hab, war ich total fasziniert.«

WoW: »Walter Carlos?«

Omo: »Wer ist datt denn?«

Wolfgang: »Der hatt doch den Soundtrack zu *Clockwork Orange* gemacht.«

WoW: »Der heißt ja jetzt Wendy und iss 'ne Frau.«

Wolfgang: »Sag bloß. Iss das der von *Shining*?«

WoW: »Die. Aber erzähl weiter, Omo.«

Omo: »Ich hab nach'm Abi bei Hertie in der Parfümerie gearbeitet und hatte dann genug Geld zusammen, mir einen zu kaufen.«

Waldi: »Das war wie Weihnachten.«

Omo: »Ich hab auch nich lange geguckt. Das war schon total gut im Musikgeschäft. Also ich mein, ›Ich will 'n Synthie haben‹. Hatte auch schon 'n Namen, ›Den will ich haben. Ich hab dann auf 'ne Taste gedrückt und gesagt, ›Klingt gut‹, und der Verkäufer meinte, ›Wills'n nich mal ausprobieren?‹ und ich, ›Nee, nee, pack ma ein.‹«

So hatten im Herbst 79 alle ihre Instrumente zusammen, die sie so beherrschten wie ein Blinder die Zeichensprache. Omo wußte damals »weder, wie man den Verstärker in das Instrument steckt noch umgekehrt. Ich wußte auch nich, daß man überhaupt 'n Verstärker braucht.«

Auch die anderen hatten keinen Schimmer. Sie fanden in Recklinghausen einen »psychedelischen« Proberaum. Sie probten 10, 15 mal (»Die ersten fünf kannste vergessen – eh wir mal die Steckdosen gefunden hatten...«) bis zu ihrem ersten offiziellen Auftritt. (Vorher waren mal bei einem ›Mittagspause‹-Gig Rufe nach der ja durch die Graffiti bekannt gewordenen ›Vorgruppe‹ laut geworden, und sie sprangen auf die Bühne und legten unbekümmert los). Ihren ersten gebuchten und natürlich unbezahlten Auftritt hatten sie als Vorgruppe der ›Fliegenden Onkel Band‹ am 15.2.80 in der Jugendkunstschule Wanne-Eickel, und bekamen Höflichkeitsapplaus.

Single

Von Anfang an hatten sie vor, 'ne Platte zu machen, (»Wir haben dann einen kennengelernt, der hatte in Wanne 'n 4-Spur-Studio, Uli Galonska«).

WoW: »Wie fühlt man sich denn so, wenn man das erste Mal 'n Studio betritt? Geht einem da einer ab oder watt?«
Omo: »So ungefähr. Wenne die Rohabmischung das erste Mal hörst, Totale Härte.«

Die Jungs hatten durch Omos Bruder (»Ein früher Aussteiger«), der nun in Berlin lebte, zu dem dort ansässigen ›Monogam‹-Label Kontakt bekommen. Es preßte die drei Songs ›Menschenkinder‹, ›Liebe oder Haß‹ und ›Langer Abend‹ auf eine Single und brachte sie in die einschlägigen Läden. Sensationell spielte John Peel in seiner BFBS-Show ›Menschenkinder‹, allerdings siedelte er »the Worgruppe« in »Börlinn« an. Hilsberg fand die Texte »nicht weit weg von Banalität, aber darin schon fast genial«, Chris Bohn stellte sie in seiner Kolumne über ›Mania D's ›Track 4‹: »the sort of pop Soft Machine used to make before they got serious«. Die Abbildung des Covers nahm fast eine halbe *NME*-Seite ein.

Dies und das

Es folgten einige Auftritte. Doch gab's auch erste Probleme. Eddie stieg aus privaten Gründen aus. Beim »Monogam-Festival« am 17.Juni 80 in der alten Reichshauptstadt spielten sie ohne Baß. Sie engagierten daraufhin Wolfgang, den sie mal wieder getroffen hatten und der schon immer mit ihnen spielen wollte (»Und sei's das Tamburin«). Konzerte mit ›Mania D‹, ›Abwärts‹ und ›KFC‹ folgten.
Waldi: »Wir waren oft frustriert. Irgendwas lief immer falsch.«
WoW: »An wem habter euch denn damals orientiert? Hattet ihr irgendwelche Vorbilder?«
Volker: »Django Reinhard.«
WoW: »Aber dem ham doch 'n paar Finger gefehlt.«

Volker: »Och, wußt ich noch gar nich. Welche denn?«

WoW: »Musse ma in dem Jazz-Buch von Joachim Ernst Behrendt nachgucken. Da steht das bestimmt drin.«

Omo: »Hasse dat nich hier? Musse sofort morgen bestellen.«

Waldi: »Für mich ist der ideale Musiker einer, der aus'm Busch kommt und trommelt.«

Wolfgang: »Schnarch...«

Omo: »Ich hab keine Lieblingsmusiker, nur eine Lieblingsgitarristin.«

WoW: »Wen denn?«

Omo: »Wieviel gibt es denn?«

WoW: »Ich kenn nur die von den ›Liverbirds‹, Suzi Quatro. Und Joan Baez.«

Waldi: »Juliane Werding?«

Omo: »Der Christoph weiß das.«

Chb: »Cosey Fanni Tutti!«

WoW: »Wo spielt die denn?"

Omo: »Bei ›Throbbing Gristle‹«

WoW: »Ich hab zwar die ›D.o.A‹, aber wie die im einzelnen heißen, weiß ich auch nich.«

Chb: »Außerdem ist der Omo sowieso in die verliebt. Der Omo hat ma gesehn, wie der Genesis O-Porridge Cosey Fanni Tutti geküßt hat. Da war der Omo am Ende.«

Nachts da wird die Katze grau
über nasse pflasterstrßen
schlendern schuhe ganz gelassen
durch den absatz knallen steine
auf den steinen knallt der absatz
spiegelbild der nachtlaterne
autos taumeln in die ferne
häuser wo getränke fließen
müssen jetzt auch nun bald schießen
nachts da wird die katze grau
sie haut dich mit der tatze blau
dann blutest du wie himbeerbrause
sputest dich ganz schnell nach hause

Mich hat geträumt oder
Nachts um zwei ist die Welt noch in Ordnung
ich sah parkuhr'n in der wüste
und am südpol baugerüste,
einen urwald ohne bäume.
ja so waren meine träume;
dann flogen wir zum andren stern,
hatten alle monster gern;
wir fickten und wir zeugten kinder,
daran konnt uns keiner hindern.
die kinder waren pudelnackt,
und brauchten keine hosenträger,
plötzlich dann um kurz vor acht
da lag ich auf dem bettvorleger;
ging durch alle wohnungsräume,
trauerte um meine träume
guckte nun aus dem fenster,
war'n es wirklich nur gespenster?
so ging ich dann zur straßenbahn
mein raumschiff war wohl nur
ein wahn
sah parkuhr'n in der straßenwüste
urwald voller baugerüste...

Auch der Sänger Pompf stieg aus, wollte andere Musik machen, wurde seitdem nicht mehr gehört und tauchte in der alternativen Szene unter.

LP

Christoph Biermann kannte die Band seit ihren Anfängen. Er hatte Omo in einem Plattenladen kennengelernt, wo chb jobbte. Sie kamen ins Gespräch. Kurz und gut, chb wurde ein Fan der ›Vorgruppe‹ und setzte sie auf eine Stufe mit dem von ihm angebeteten VFL Bochum. So, wie er von diesem zumindest jedes Heimspiel verfolgte, blieb er der ›Vorgruppe‹ auf den Fersen. Er schrieb wiederholt enthusiastische Artikel über sie in dem damals prosperierenden Stadt-Magazin *Marabo*, dessen Musik-Redakteur er knapp 19jährig geworden war. Als die Band eine LP plante, griff er auf sein reichliches Taschengeld zurück (sein Vater ist HNO-Arzt), warf es mit Volkers Ersparnissen und einem Zuschuß von Klaus Uschmann zusammen, pikanterweise damals Redakteur von *Marabos* hartbekämpfter Konkurrenz *Guckloch*. Zu jenem Zeitpunkt war Uschmann nicht nur ein kenntnisreicher New Wave-Experte, sondern auch Konzertveranstalter, dem Herne gar nicht genug danken kann für die Leute, die er dahin geholt hat.

chb war es, der in der *Marabo*-Redaktion auf den Begriff ›Nielsen 2‹ kam, als er dem Anzeigenleiter über die Schulter sah. Am Jahreswechsel 79/80 ging man also in ein 8-Spur-Studio in Herne und nahm an vier Tagen die 13 Songs auf. Das Ergebnis konnte sich hören lassen und lag für deutsche Verhältnisse weit über dem Durchschnitt. Den Vertrieb, immer eine schwierige Sache, übernahm Carola Radau, die gerade aus einem Großhandel ausgestiegen war, um ihren Spezialladen ›H'art‹ am Rande der Bochumer Innenstadt aufzumachen, wo man auch längst vergriffene Sachen noch kriegen kann, aber das nur am Rande. chb lernte sie über ihren Freund kennen. Sie mochte die Musik und »wollte immer schon mal so was machen«.

WoW: »Wie läuft der Vertrieb denn so?«
Omo: »Ich mein, da könnte mehr gemacht werden.«

Chb: »Das kannse nich sagen. Da gibt's so 'n Kernpublikum, die kaufen alles, dann so 'n zweiten Ring, die alles hören und sich ›Fehlfarben‹, ›Abwärts‹, ›KFC‹ und vielleicht noch ›Wirtschaftswunder‹ kaufen. Die Rock-Fans holen sich garantiert erst ›KFC‹. Die machen wesentlich populärere Musik als ihr – ob das nun 'n Schweinetrupp is oder nich.«

Omo: »Ich find auch total schrecklich, daß sich von 2000 Käufern nur 4 gemeldet haben.«

WoW: »Watt wollten die denn? 'n Autogramm?«

Omo: »Nee, ein Auftritt war dabei, in Frankfurt, aber erst im Herbst. Die andern wollten die Platte.«

WoW: »Du meinst also, jetzt is Sense?«

Omo: »Ich bin ja ma gespannt, ob mehr Leute die Platte kaufen, wenn dieses Machwerk rauskommt.«

WoW: »Kommt drauf an, was ich draus mache.«

Omos Weggang

WoW: »Aber jetzt zu deinem Ausstieg, Omo. Warum bist du abgehaun?«

Volker: »Das konntest du doch am Samstag hörn.«

WoW: »Du meinst Omos Solo-Konzert?«

Omo: »Ich hab mich echt gefragt, warum die ganzen Auftritte? Die ganze Arbeit vorher und nachher. 10 Stunden unterwegs für einen Auftritt. Und die Leute. Die raffen das nich. Die sehn gar nich, was dahinter steckt. Und dann das regelmäßige Proben.«

WoW: »Aber das letzte Konzert war doch gut mit der Gruppe. War das was wie Opas letzte Nummer?«

Waldi: »Da wollte der Omo es uns noch mal zeigen.«

WoW: »Und jetzt? Wie findet ihr, was er jetzt macht?«

Waldi: »Du setzt dich nicht mehr mit den Leuten auseinander, Omo, du beeinflußt die nur noch.«

Omo: »Ja, is logisch. Genau das machen ›Throbbing Gristle‹ und ›Residents‹. Genau das!«

Chb: »Wohin denn? ›Throbbing Gristle‹ is klar. Die präsentieren masochistische Todessehnsüchte und wollen den Leuten einen vorn Latz haun.«

WoW: »Das hat der Omo aber nich gemacht.«

Waldi: »Meine Freundin hat sich gefühlt wie'n Versuchskaninchen.«

WoW: »Das findet der Omo natürlich ganz toll!«

Omo: »Ja sicher, genau richtig. Vor allem genau da, in der Atmosphäre und in der Umgebung, in Wanne-Eickel. Das hätt ich irgendwoanders gar nich so gemacht.«

WoW: »Wie fandest du's denn, Volker?«

Volker: »Ich hatte meine eigenen Vorstellungen, bei der Besetzung. Etwas härter als ›Kraftwerk‹.«

Omo: »War rein technisch nich möglich.«

WoW: »Siehst Du da eine Verwandtschaft?«

Omo: »Ich find ›Kraftwerk‹ toll.«

Volker: »Ich hab da keine Beziehung zu gehabt.«

Omo: »Dann versteh ich nich, warum du ›Cabaret Voltaire‹ und ›Throbbing Gristle‹ hörs.«

Waldi: »Wenn du ›Throbbing Gristle‹ gut findest, wirst du genauso ausgemistet wie die, die du ausmistest, wenn man an normale Leute denkt.«

Omo: »Die kaufen Marius Müller-Westernhagen.«

WoW: »Was wolltest du denn erreichen?«

Omo: »Total abwandelbare Musik.«

WoW: »Warst du denn zufrieden mit dir?«

Omo: »Zufrieden mit den Leuten, die blieben, und denen, die rausgingen. Die dazwischen sind furchtbar, die den Arsch nicht hochkriegen.«

Weiter

WoW: »Und wie soll's mit der ›Vorgruppe‹ weitergehn? Seid ihr zuversichtlich? Oder niedergeschlagen?«

Volker: »Jetzt is ja der Eddie wieder eingestiegen für den Omo, als zweiter Gitarrist. Der is ganz enthusiastisch, ein ganz anderer Typ, ruhiger, zerstreut. Ich seh da 'ne positive Entwicklung. Wir wollen auch 'ne Live-Kassette rausbringen und im Herbst 'ne neue LP machen.«

WoW: »War der Omo so was wie 'n Hemmschuh?«

Volker: »Eigentlich schon. Nich in menschlichen Sachen. Aber Omos Geschmack is anders. Es is für ihn besser und für uns.«

Chb und Omo blätterten zu nun schon vorgerückter Stunde in einem modernen Aufklärungsbuch und kicherten über die Position ›Fünf Pfennig für den Tanz‹.

Volker: »Wir ham einen Stellungswechsel vorgenommen, um beim Thema zu bleiben.«

Waldi: »Das is wie Freundschaft! Die wird irgendwann langweilig und dann geht jeder seinen Weg.«

WoW: »Nich wie Liebe. Doch. Liebe geht auch ma zu Ende, oder auch nich.«

Volker: »Das is ja sowieso die Frage, ›Liebe oder Haß?‹, die wir uns schon lange stellen.«

Marc Degens

Drill

Das Bild, welches ich als Kind und Heranwachsender von meinem künstlerischen und persönlichen Werdegang entwarf, ist von zahlreichen Irrtümern wie ein Reisfeld durchtränkt. Ich glaubte, daß ein vollentwickelter, ausgereifter Mensch all jenes augenblicklich in Taten umsetzt, was ihm seine despotische Stimmung gerade souffliert; ganz gleich, ob er für ein verlängertes Wochenende die strapaziöse Busreise nach Birma antritt oder sich Nacht für Nacht in einer ollen Kaschemme ersäuft. Weiterhin dachte ich, daß der kultivierte Adel bildende Künstler mit Einladungen, etwa den dieses Jahr argen, allerdings schneelosen Winter doch bitteschön in dem südafrikanischen Landsitz derer *von Prützow* zu verbringen, überhäuft. Außerdem, daß sich Maler, Schriftsteller, Dichter, Komponisten und nicht zuletzt auch Bildhauer in geschmackvollen Straßencafés versammeln und dort über Stile, ästhetische Fragen oder Modetrends diskutieren und sich gegenseitig gleich den Blumen und Bienen befruchten.

Mittlerweile nun stehe ich vor der Schwelle des dreißigsten Lebensjahres, der Zeit also, ab der man nur noch kegeln und altern kann, und sehe ein wenig enttäuscht die fehler- und amateurhaften Pinselstriche meines verklärt gemalten Portraits *Ich in der Zukunft*: Reisen kostet sehr viel Geld; sogar eine Kaffeefahrt in die Soester Börde übersteigt meine finanziellen Möglichkeiten, die nicht meine schöpferische Arbeit, sondern allein mein verhaßter und entehrender Teilzeitjob stellt. Als ein im Ruhrgebiet verschrieenes Weichei vertrage ich noch nicht einmal ein Glas Bier, und selbst der Lungenzug einer ultraleichten Filterzigarette löst in mir wehenartige Keuchanfälle aus. Der Adel siecht langsam dahin und wird unsere Generation nur in der Kinematographie überleben, und sogar die illustren Künstlercafés scheinen meiner naiven, kindlichen Phantasie entsprungen zu sein. Wenn, dann gehe ich ins *Kinkerlitzchen*, ein biederes Kaffee- und Kuchenstübchen im Scholvener Industriegebiet, in dem ein Freund von mir ab und an kellnert und mich dann kostenfrei bedient.

Jener Freund nennt sich selber Künstler, obwohl seine Kunst einzig darin besteht, in allen McDonald's-Filialen jeweils ein Plastiktablett in den dortigen Mülleimer zu versenken. Über vierzig braune Servierbretter sind so bereits durch seine Hände auf die Abfallberge gelangt, drei Tabletts entsorgte er in den Neuen Ländern, zwei in Paris. Mich befremdet sein Schaffen ein wenig, doch seine Rede versteht es immer wieder, mich von seinen ernsthaften Absichten zu überzeugen.

»Dennis, wenn mich meine Enkel eines Tages fragen, was ich damals, also heute, gegen die sich ausbreitende Eßdiktatur tat, dann stehe ich auf und verkünde stolz: Ich habe ein Zeichen gesetzt und damals in jedem bundesdeutschen McDonald's ein Tablett in den Müll geschmissen! Und das ist doch wohl wahrhaft passiver Widerstand, solche Aktionen erfordern mehr Zivilcourage als das Malen eines Ölschinkens. Ja, wären die Menschen in der Weimarer Republik so mutig und entschlossen wie ich gewesen, dann hätte es Hitler und die NS-Diktatur nie gegeben!«

Obwohl ich meinem Freund in dem letzten Punkt widersprechen muß, komme ich nicht umhin, sein Werk tatsächlich als eine Kunst irgendwo zwischen Fluxus und Food Art anzusiedeln. Und da selbst die Presse regelmäßig über seine Artistik berichtet, habe ich mich schon des öfteren gefragt, ob meine bildhauerische Betätigung, meine Arbeit mit Hammer und Meißel, nicht einer untergegangenen Epoche zuzurechnen ist. Jedenfalls schrieb über mein Schaffen noch niemand eine Zeile!

Einzig darin, daß mein Freund und ich keinen wirtschaftlichen Erlös aus unserer Kunst erzielen, waren wir uns viele Jahre hindurch ähnlich. Am Karfreitag klagte ich einem Bekannten mein finanzielles Leid. Dieser veröffentlichte kürzlich im Selbstverlag zwei kleine Bändchen mit autobiographischen Erzählungen: *Der süße Duft der Onanie* und *Hunde die bellen, scheißen nicht.* Nicht nur die Titel mißfielen mir.

Literatur soll entweder belehren oder unterhalten, am besten beides. Schriften, die nur um den eigenen Bauchnabel oder in seinem Fall um den eigenen Penis kreisen, gehören in das Tagebuch – und nicht ins Licht der Öffentlichkeit. Aber ich weiß, daß ich mit dieser Meinung einsam wie eine vom Ozean umspülte Sandbank dastehe. Jener selbsternannte Wortkünstler gab mir jedenfalls einen gutgemeinten Rat. Er schlug mir vor, in einer Tageszeitung eine Kunstkontaktanzeige aufzugeben. Mit dieser sollte es mir doch wohl gelingen, auf meine Bildhauerei aufmerksam zu machen und Käufer anzulocken.

Nach einer schlaflosen, alle Vor- und Nachteile abwägenden Nacht entschloß ich mich am nächsten Morgen beim Ausführen meiner beiden Hunde tatsächlich seinen Rat zu beherzigen und eine Anzeige aufzugeben. Schnurstracks suchte ich die hiesige Inseratenabteilung der *Westdeutschen Allgemeinen Zeitung* auf und trug einer Mitarbeiterin, die ich bereits von einem früheren Besuch her kannte, mein Anliegen vor. Ich bat sie um Hilfe und gemeinsam formulierten wir über eine halbe Stunde hin und her, bis wir uns schließlich auf folgenden Text einigten:

Kunstinteressiert? 27j. Bildhauer verkauft kosteng. monument., realist. Skulpturen (Arme, Beine, sonst. Gliedmaßen). Auch Auftragsarbeiten. Tel. 0209/206381.

Dieses kostspielige Inserat erschien daraufhin am Dienstag unter der Rubrik *Vermischtes* in der auflagenstärksten Tageszeitung des Ruhrgebiets. Voller Zuversicht nahm ich sogleich einen unbezahlten Kurzurlaub von meinem Job in der Geflügelfabrik und harrte drei Tage und drei Nächte lang vor dem Telefon aus. Ich verließ das Zimmer nur, um mit meinen beiden Doggen Lucky und Dog Gassi zu gehen, ansonsten blickte ich ununterbrochen auf den Fernsprecher und vergewisserte mich alle zehn Minuten, daß das Telefon auch wirklich funktionierte und der Hörer ordnungsgemäß auf der Gabel ruhte.

Doch niemand rief an.

Eine Mengsel aus Zorn, Niedergeschlagenheit und Zynismus breitete sich mit jeder weiteren Minute des vergeblichen Wartens mehr und mehr in mir aus, mein Gott, anscheinend hatte ich das schöne, viele Geld für die Anzeige vollkommen sinn- und zweckfrei verschwendet. Wäre mir in dieser Zeit der Schrift erstellende Bekannte über den Weg gelaufen, dann hätte ich wohl meine anerzogene Güte wie eine schmutzige Unterhose abgelegt und ihn augenblicklich in den Schwitzkasten gepfercht. Als ich längst schon wieder arbeitete und der Inseratsposten in der Gehirnschublade *Ärgerliche Ausgaben, inklusive Glücksspiel* als Anekdote auf ein angemessenes Gespräch wartend vor sich hin staubte, bekam ich doch noch einen Anruf. Ich meldete mich artig.

»Kirchner?«
»Jau. Sach mal, bisse der Bildhauer mit der Anzeige?«

Die männliche, herb-derbe Stimme hatte ich noch nie gehört. Da gerade eine Grippe meinen Körper und Geist schwächte, brauchte ich eine ganze Weile, bis mir der Grund seines Anrufes endlich einleuchtete.

»Hallo, bisse noch dran?«
»Mhm.«
»Also bisse nun der Bildhauer?«
»Ja.«
»Prima.«

Er sagte, daß er meine Anzeige gelesen habe und an einer Skulptur interessiert sei und meine Arbeiten deshalb gerne begutachten würde. Ich gab ihm meine Adresse und wir verabredeten sogleich ein Treffen. Pünktlich wie die Maurer klingelte es eine Stunde später an meiner Tür. Ich erwartete einen schrulligen, aber dennoch geschniegelten, blaublütigen Herrn im Nadelstreifenanzug, doch als ich die Wohnungstür öffnete, stand ein muskulöser, verschwitzter Kerl in einem speckigen Overall vor mir.

»Hei, sorry, dat mit dem Arbeitsdress, aber komm grad erst vonner Baustelle. Drüben, anne Kurt-Schumacher-Straße. Ham da nen Altbau auf Vordermann zu bringen. Ich komm mal rein, nee.«

Meine beiden Hunde, die sonst jeden Besucher kläffend anfallen, verkrochen sich in die hinterste Ecke der Wohnung und gaben keinen Muckser mehr von sich. Ich bat den Interessenten herein und fragte, ob er etwas trinken wolle.

»Danke. Hab selber.«

Er zog einen Flachmann aus seiner Hosentasche und nahm einen tiefen Schluck.

»Bahh, tut dat gut. Wat issen mit dir los? Bis ja ganz rot umme Nasenspitze?«
»Erkältung. Hier in Gelsenkirchen ist ja das ganze Jahr Schnupfenwetter.«
»Musse Fotze lecken. Hilft immer.«

Diesen Ratschlag kannte ich noch nicht, obwohl mir meine Großmutter eigentlich alle bewährten Hausrezepte verraten hatte.

»Ich bin der Jupp.«
»Hallo, Jupp. Mein Name ist Dennis.«
»Hei, Dennis. Wo issen die Kunst?«

Zu jener Zeit befanden sich zwei Skulpturen in meiner Wohnung. Zum einen das gerade vollendete Werk *Das kaputte linke Knie Gottes*, zum anderen ein Bronzeabguß der fast schon amorphen Arbeit *Rücken mit einsamer Warze*. Ich zeigte ihm die unübersehbaren Werke und erklärte einige Zusammenhänge. Von Anfang an schien ihn nur die monumentale, vierhundert Kilo schwere Skulptur *Das kaputte linke Knie Gottes* zu interessieren.

»Sieht toll aus, echt. Weisse, Bildhauerei is ja die Königsdisziplin der Künste. Und ich bau mir grad den Hobbykeller aus und will da ne Plastik oder Statue reinstellen. Nix Abstraktes, dat kann ja jeder machen. Nee, wat richtig Tolles, Realistisches!«
»Ja, dann bietet sich diese Arbeit an. Übrigens spielt sie auf Thomas von Aquin an.«
»Ach, nee. Auf de Gottesbeweise? Bin ja eigentlich evangelisch, doch sein ontologischer Beweis hat wat für sich. Nee, find ich klasse.«

Wir kamen ins Gespräch, und ich bemerkte, daß ich mein Gegenüber vollkommen falsch eingeschätzt hatte. Sein Kunstsinn und seine überzeugend vorgebrachten Urteile beeindruckten mich. Während viele schwarzverhangene Intellektuelle gerade einmal Rodin kannten, schien er mit den Werken der bedeutendsten Bildhauer seit der Antike aufgewachsen zu sein.

»Hasse ne Ahnung, wat sich dieses Jahrhundert alles getan hat? Der Duchamp brachte ja alles ins Chaos. Jeder Kerl, der nen Meißel halten konnte, kloppte auf einmal auf Steinen herum. Und inne Museen steht der ganze Plunder. Beuys und der ganze Scheiß. Nee, für mich muß Kunst Natur widerspiegeln. Ich mag Formen, die ich anfassen kann. Wenn meine Blagen an dem Gottesknie hochkrabbeln, dann darf et nich umfallen. Dat Ding gefällt mir. Wenn dun Knie meißelst, dann musset auch aussehen wien Knie. Und dat tut et.«
»Stimmt, ich hab dafür auch viele Bücher studiert. Recherche ist für die bildenden Künste ja das A und O.«
»Weisse Bescheid. Dat meiste heutzutage is doch Murks. Claudel war die letzte Große ihres Fachs. Hätte se dem Rodin nicht ständig am Pimmel rumgelutscht, wäre se richtig groß rausgekommen. Dabei war dafür doch Rilke zuständig. Nee, deine Sachen sind spitze.«

Sein Lob schmeichelte mir ungeheuer, er war praktisch der erste, der meine Arbeit richtig zu schätzen und in ihre gesamtkonzeptionellen Bahnen einzuordnen wußte.

»Wat soll dat Teil kosten?«

Am liebsten hätte ich es ihm geschenkt, doch ich war auf das Geld angewiesen. Dabei hatte ich mir noch nie Gedanken über Preise für meine Werke gemacht, es war bis dahin auch ein vollkommen überflüssiger Gedanke: Eher hätte ich durch die Prostitution meines Körpers als durch den Verkauf einer Skulptur Geld verdient.

»Weisse wat, ich gib dir zweitausend Eier, und die Sache is gebongt.«

Zweitausend Eier, bei dieser Summe versagten fast all meine körperlichen Funktionen. Mein Gott, für diese Summe hätte ich ihm ein maßstabgetreues Abbild des Hermanndenkmals gemeißelt. Sprachlos willigte ich ein. Er gab mir das Geld bar in die Hand und plauderte munter weiter. Er zeigte mir Fotos von seiner Familie und dem Hobbykeller. Früher wollte er auch Bildhauer werden, doch nach der Mittleren Reife entschied er sich für den richtigen Bau – irgendwie sind diese Tätigkeiten ja auch seelenverwandt.

Nachdem sein Schnapsvorrat aufgebraucht war, ging er. Am nächsten Tag wollte er mit einem Kollegen vorbeikommen und die Skulptur abholen. Zur verabredeten Zeit trafen sie bei mir ein. Scheinbar mühelos wuchteten sie *Das kaputte linke Knie Gottes* auf den Hänger. Der Kumpel war sein Vorarbeiter und interessierte sich brennend für die Kunst und Kultur aus osmanischer Zeit. Trotzdem kaufte er für eintausenddreihundert Mark den Bronzeabguß *Rücken mit einsamer Warze*.

Das Geld war wirklich echt, meine beiden Kunden stiegen in den Wagen und fuhren davon. Noch eine ganze Weile schaute ich ihnen nach, alles schien so traumhaft.

Thomas Groetz/Johannes Springer/Christian Werthschulte

»Punk ist das Hier und Jetzt des Nullpunkts«

Eine Collage über Beuys, Punk und die
Gelsenkirchener Fußgängerzone

Klaus Tesching und Jürgen Kramer stammen aus dem Ruhrgebiet, der eine aus Gladbeck, der andere aus Gelsenkirchen. Gemeinsam ist Ihnen, dass sie an der Düsseldorfer Kunstakademie bei Joseph Beuys studiert haben und anschließend im Umfeld der bundesdeutschen Artpunk-Szene aktiv waren. Klaus Tesching bewegte sich im Umfeld der Wuppertaler Galerie ›Art Attack‹, mit ihm sprach Thomas Groetz. Jürgen Kramer brachte das Fanzine *Die 80er Jahre* heraus, erfand den Begriff der Neuen Welle und machte Gelsenkirchen kurzzeitig zum angesagten Spot auf der popmusikalischen Landkarte. Mit ihm trafen sich Johannes Springer und Christian Werthschulte in einem Café in der Gelsenkirchener Altstadt.

Thomas Groetz: Wie bist du dazu gekommen, an der Düsseldorfer Akademie Kunst zu studieren?

Klaus Tesching: Ich bin zuerst mündlich von Joseph Beuys in seine Klasse aufgenommen worden, nachdem ich ihn zusammen mit einem Freund im April 1971 besucht hatte. Dann kam von Beuys eine schriftliche Bestätigung für die Aufnahme in seine Klasse, nachdem ich zwischenzeitlich eine offizielle Ablehnung der Akademieleitung erhalten hatte, mit der Androhung, sollte ich zum Studium antreten, würde es als Hausfriedensbruch gewertet und entsprechend geahndet. Am 15. Oktober des

Jahres – Studienbeginn – habe ich Beuys in der Akademie aufgesucht, was an diesem Tag zur Besetzung des Sekretariats der Akademie durch Beuys, einer Gruppe seiner Studenten inklusive mir und Studenten anderer Professoren, führte.

T.G.: Warum wolltest du bei Beuys studieren?

Jürgen Kramer: Das war ein Missverständnis, weil ich dachte, die Artefakte von Beuys hätten etwas mit dem existentiellen Weltbild des absurden Theaters und Samuel Becketts zu tun. In meiner Jugend war ich sehr beeinflusst durch den Existenzialismus in Form von *Warten auf Godot*. Und aufgrund dessen wollte ich Bühnenbild studieren.

K.T.: Ich wollte eigentlich zu Gerhard Richter, weil ich 1969 oder 1970 eine Ausstellung von ihm im Museum Gelsenkirchen-Buer gesehen habe. Toll! Beuys kannte ich nur durch die Wochenzeitung *Der Spiegel* und durch die negativen Erzählungen unseres Kunstlehrers am Vestischen Gymnasium in Bottrop. Aber so wusste ich schon ein wenig über Beuys. Ich fühlte, dass er so dachte wie ich. Als ich mit einem Freund nach Düsseldorf in die Akademie gefahren bin, um mir den ›Laden‹ einmal anzusehen, traf ich auf Beuys. Der wollte meine Arbeiten sehen. Ich hatte keine dabei. Dieses Treffen mit Beuys hatte mich schwer beeindruckt. Einen solchen Typen hatte ich vorher noch nicht gesehen. Also bin in der nächsten Woche oder so wieder nach Düsseldorf und habe meine Sachen gezeigt. Er sagte: »Ich nehme Dich.« Ich habe mich dann bei der Akademie beworben und bekam eine offizielle Absage, von Beuys aber eine persönliche Zusage.

J.K.: An der Kunstakademie Düsseldorf war ein berühmter Bühnenbildner, Theo Otto, der allerdings schon ein Jahr vor meiner Bewerbung verstorben war. Die Bühnenklasse war verwaist. 1965 gab es hier in Gelsenkirchen eine der ersten großen Pop-Art Ausstellungen im Museum. In Essen gab es 1968 eine große Ausstellung mit dem Namen ›When Attitudes Become Form‹, die Werke aus der ›Arte Povera‹ präsentierte. Nach dem Probesemester an der Kunstakademie bin ich zu Beuys gegangen und habe angefangen Freie Kunst zu studieren.

K.T.: Ich habe mich nach seiner schriftlichen Zusage, dass er mich in seine Klasse aufnimmt, bei ihm im Raum 20 zu Semesterbeginn am 15. Oktober 1971 eingefunden. Er kam gegen 10 oder 11 Uhr. Ich gehörte zu der Gruppe der von der Akademie abgewiesenen Studenten. Er notierte unsere Namen in einer kleinen rotschwarzen China-Kladde und zog mit uns ab zum Sekretariat, um unsere Studienbücher zu erstreiten. Der Rest ist Geschichte. Wir besetzten das Sekretariat. Beuys gelang es, uns nach Verhandlungen mit dem Kultusministerium offiziell in seine Klasse aufzunehmen.

J.K.: Ich bin 1969 ein wenig in die Aktivitäten von Jörg Immendorff reingeraten, der ja mein Studienkollege war. Als ich das erste oder zweite Mal zur Akademie kam war sie von der Polizei geschlossen. Der Zugang wurde verweigert, weil Immendorff ein Fest feierte und die Kunstakademie die Öffnung über Nacht nicht gut geheißen hatte.

Johannes Springer/Christian Werthschulte: War es ungewöhnlich für einen Gelsenkirchener, in Düsseldorf an der Kunstakademie zu studieren? Kannten Sie dort schon jemanden?

J.K.: Nein, Kontakte hatte ich keine, aber ich habe mich eingelebt. Mein Vater war Bergmann. Das spielte für mich und mein Interesse am gesellschaftskritischen Ansatz des Marxismus allerdings keine Rolle. Ab dem vierzehnten Lebensjahr hab ich mich immer für philosophische Fragestellungen interessiert. Ich habe während meines Studiums fünf Jahre in Düsseldorf gewohnt. Das war 'ne prima Zeit. Ich hab fast nur gezeichnet, es existieren noch an die tausend Zeichnungen von damals. Im Prinzip hat mich da nur die eigene künstlerische Arbeit interessiert und die Auseinandersetzung mit dem, was künstlerisch in dieser Zeit international in der Diskussion war: die ›Arte Povera‹. Das war damals natürlich unheimlich radikal. Und die Radikalität war in jedem Bereich etwas, das mich besonders angezogen hat. Es war also eine grundsätzliche Unzufriedenheit mit dem Status quo, der sich sowohl im gesellschaftskritischen Sinne Luft machte als auch im existentiellen.

T.G.: Wie war die Atmosphäre in der Beuys-Klasse, woran erinnerst du dich?

K.T.: Ich habe mit Walter Dahn verschiedene Arbeiten gemeinsam gemacht, unter anderem Malereien, deren Oberflächen wir mit Feuer verbrannt haben. Man kann sie als frühe Arbeiten im Sinne von Punk bezeichnen, das war 1971/72. Wir gossen im Raum 20 der Akademie zum Beispiel einmal Blei in primitive Tonformen und machten ein Feuer, um Kastanien zu rösten. Anatol – Polizist und nebenbei Student bei Beuys – war davon mehr als aufgebracht und wollte uns, als er in den Raum kam, versohlen. Shorty Verhufen – ein Mitstudent – stellte mich 1971 Johannes Stüttgen vor – ein Meisterschüler von Beuys – der seit kurzem eine Anstellung am Grillo-Gymnasium in Gelsenkirchen hatte und des öfteren die Klasse besuchte. Mit dem ebenso in Gelsenkirchen lebenden Jürgen Kramer hatte ich Briefkontakt und bestellte dessen Mail-Art.

Von der Ab- und Anwesenheit einer Lehrperson

J.S./C.W.: Nach dem Studium sind Sie zurück nach Gelsenkirchen gegangen und haben als Kunsterzieher am Gymnasium gearbeitet.

J.K.: Ja, ich war damals politisch radikalisiert und wollte eigentlich an eine Hauptschule, um Arbeiterkinder zu unterrichten. Dann hat sich aber leider doch das Gymnasium gemeldet. Ich hab' mir dort als Lehrer die Haare schwarz oder rot gefärbt. Als Kunsterzieher hat man ja auch eine gewisse Narrenfreiheit.

J.S./C.W.: Und das war dann während der New-Wave-Zeit? Haben Sie ihr Fanzine *Die 80er Jahre* neben der Lehrertätigkeit gemacht?

J.K.: Ja, mit der Nummer 7/8 habe ich auch das Kollegium versorgt. Der Direktor fand das immer ganz spannend. Ansonsten hatten wir da internationale Vertriebswege, haben Hefte nach Tokio versandt oder auch nach London zu ›Rough Trade‹.

T.G.: Was passierte eigentlich mit der Beuys-Klasse nach seiner Entlassung? Wie ging es mit deinem Studium weiter? Du hast ja außer bei Beuys auch bei Fritz Schwegler studiert.

K.T.: Nachdem Beuys im Oktober 1972 fristlos entlassen wurde und sich ein Klassenverbund zur Betreuung der Studenten gebildet hatte, gingen die Beuys-Studenten, die ein Lehramt anstrebten, zu Heerich, Richter, Hüppi und anderen, so dass sich mit der Zeit die Klasse leerte.

Wir – d.h. die Klasse Beuys – hatte haben im Zuge von Raumumstrukturierungen durch die Akademieverwaltung zwei neue Räume erhalten und mussten Raum 13 dafür aufgeben. Raum 13 war der Raum, in dem Anatol ein Blockhaus errichtet hatte. Neu waren also die Räume Nr. 2 und 43. Fritz Schwegler – neu als Professor im Orientierungsbereich hat mich über meinen Mitstudenten Rüdiger Bernd (jetzt Rüdiger Wich) angesprochen ihn aufzusuchen, er wäre an meiner Arbeit interessiert. Wochen später habe ich dann Schwegler kontaktiert. Von da an, also ca. 1976 bin ich des öfteren in seiner Klasse gewesen, wo ich Norbert Wehner und später Claus Richter und Etienne Szabo kennen lernte. Zu Norbert Wehner hatte ich sofort einen guten Draht, ich besuchte ihn öfter in seiner Wohnung und verbrachte die Wochenenden mit ihm zusammen. Über ihn lernte ich Katharina Fritsch kennen, sowie Milan Kunc und Moritz Reichelt. Wir fuhren 1978 gemeinsam nach Wuppertal, weil dort eine Vorführung mit neuesten Punk-Filmen aus London stattfinden sollte, in der Wohnung bzw. Galerie von Moritz Reichelt. Hier begegneten sich Milan Kunc, Moritz Reichelt, Etienne Szabo, Uli Maier und viele andere. An diesem Abend waren ca. 30-40 Personen zugegen.

T.G.: Wie bist du damit umgegangen, dass Beuys und Schwegler von ihrem Ansatz her sehr unterschiedlich, wenn nicht gar konträr waren? Katharina Fritsch operiert ja häufig mit der Warenförmigkeit von Kunst und steht damit in einer Tradition, die bis zu Marcel Duchamp zurückgeht. Beuys zog, soweit ich weiß, jedoch die echte Mona Lisa der Mona Lisa mit dem Schnurrbart vor.

K.T.: Was bei Schwegler lief, was Katja Fritsch machte, interessierte in der Beuys-Klasse nicht wirklich. Die Beuys-Studenten waren ganz anders drauf. Bei Schwegler war Farbe und eine naive Formensprache angesagt, elektronische Popmusik, eine ironisch-eulenspieglerische Weltsicht á la Kindergarten, die sich auch bei ›Kraftwerk‹ und einem Künstler wie Martin Kippenberger festmachen lässt. Schwegler war eher spielerisch, manufakturell. Und Norbert Wehner wollte ja so etwas machen wie Andy Warhol, nur nicht platt seine ›Factory‹, sondern ›Büro‹. Wir wussten damals nicht, dass Warhol inzwischen auch auf Büro machte. Auf jeden Fall ging es ums Produzieren im Sinne der Massenkultur. Ein Phänomen wie ›McDonald's‹ war die Richtung, die uns total beeindruckt hat, so etwas interessierte uns. Gleichzeitig wollten wir chaotisch und primitiv vorgehen. »Da-da-da, ich lieb dich nicht, du liebst mich nicht« (damals noch nicht erfunden) beschreibt hundertprozentig unser Zeitgefühl.

J.S./C.W.: Sie scheinen ja sehr von futuristischen Gedanken als auch vom Industrial beeinflusst worden zu sein, was sich sowohl in der Zeitschrift als auch musikalisch niedergeschlagen hat.

J.K.: Wir hatten einen sehr guten Kontakt zu ›Throbbing Gristle‹ und die fanden das Magazin auch gut und hatten uns ein Statement geschrieben, das wir dann zitiert haben. ›Throbbing Gristle‹ waren natürlich DIE Industrial-Band. Sie haben ja auch immer so ein kleines Heftchen unter dem Titel *Industrial Music* herausgebracht. Ansonsten war es unendlich wichtig, ›Independent‹ zu sein und selber Platten zu produzieren, um unabhängig von Vorgaben der Musikindustrie zu bleiben und sein eigenes Label aufzubauen.

J.S./C.W.: Ich stelle es mir ein wenig schwierig vor, ein Label in einer Stadt wie Gelsenkirchen zu starten, wo es niemanden gibt, den man um Rat fragen kann. Gerade wenn man selber ja eher Kontakte nach Übersee hat.

J.K.: Wir hatten schon noch mehr Zuträger. Es gab da noch den ›Zensor‹, den Burkhard Seiler, der eine Importfirma mit Plattenladen in Berlin hatte. Der hat die verwegensten LPs herangeschafft und in einem kleinen

Katalog zusammengestellt. Da ist man dann mit allen möglichen Dingen, z.B. auch mit Diamanda Galas konfrontiert worden. In Berlin gab es auch noch eine andere Richtung, die direkt aus der Kunst kam, das war der Vertrieb von Ursula Block, die Ehefrau des Galeristen René Block, der Beuys vertrieben hat. Die hatte einen Plattenvertrieb für experimentelle Avantgarde-Musik, der sich ›Gelbe Musik‹ nannte. Den gibt es heute noch. Darüber sind wir in Kontakt mit internationalen, künstlerisch beeinflussten Positionen gekommen. So wuchs ein Netzwerk heran.

Die neue Welle und ihr Nullpunkt

J.S./C.W.: Ist es eigentlich richtig, dass Sie mit *Die 80er Jahre* erst den Begriff der ›Neuen Welle‹ geprägt haben?

J.K.: Den gab's ja vorher nicht, das ist ja nur eine Übersetzung von ›New Wave‹. Die NDW, die später aufkam, hat damit ja gar nichts zu tun. Auf der Nummer drei stand vorne groß drauf »Die neue Welle« – da waren die ›Residents‹ drin oder ein Hinweis auf die ›Pop Group‹. Ich habe das Heft auch verschickt, u.a. an Boyd Rice in San Diego.

J.S./C.W.: Wurden Sie auch von Leuten aus Hamburg wie Alfred Hilsberg wahrgenommen?

J.K.: Wir haben unsere Exemplare ja auch an Musikzeitschriften geschickt, wie z.B. die *Sounds*, bei der Hilsberg gearbeitet hat. So kam er dann auch in Kontakt mit *Die 80er Jahre*. Zu der Zeit habe ich als ›Das 20. Jahrhundert‹ Musik mit Günter Eifert und Sylvia James gemacht.

J.S./C.W.: Es gibt in der *Sounds* auch diesen Artikel, in dem Silvia James zu Wort kommt und ›Materialschlacht‹ erwähnt wird und dann ein Unterschied zwischen den Artpunks des Ruhrgebiets und den ›normalen‹ Punks gemacht wird. Gab's da dann irgendwelche Konflikte?

J.K.: Ne, soweit ich weiß nicht.

J.S./C.W.: Von außen wurde Gelsenkirchen häufig als Punkhochburg wahrgenommen. Diedrich Diederichsen hat ja über die ›Salinos‹ geschrieben...

J.K.: ...Es gab da ja die ›Pappschachtel‹ in Buer...

J.S./C.W.: Genau. Hatten Sie den Eindruck, dass es irgendwas gab, was diese Szene zusammengehalten hat? War das tatsächlich so eine Art ›Artpunk‹, die gerade hier einen Ausdruck gefunden hat und von Ihnen, Ihren Fanzines und Ihren Bandprojekten beeinflusst war?

J.K.: Was Achim Weber betrifft, das ›Küchentheater‹ und die ›Salinos‹, ›Das 20. Jahrhundert‹ und *Die 80er Jahre* ist der unterschwellige Einfluss immer Beuys gewesen. Von ihm gibt es den Satz: »Ich möchte lieber mit dem Küchentheater Revolution machen als mit ...«. Beuys kannte das Haus von den ›Salinos‹ und dem ›Küchentheater‹ in Buer. Für mich spielte neben Beuys zusätzlich noch die ›Free International University‹ mit ihren Diskussionsabenden eine Rolle. Dort fanden Punkkonzerte statt, wo z.B. ›Materialschlacht‹ aufgetreten sind.

J.S./C.W.: Ist es nicht ein ziemlich ungewöhnlicher Fall, dass gerade in Gelsenkirchen eine Artpunk-Szene entsteht?

J.K.: Wenn man Kunst nicht als allein der Hochkultur zugehörig begreift, dann kann Kunst sich überall manifestieren. Besonders dann, wenn ein geistiger Vater da ist, der sagt, dass jeder Mensch ein Künstler sei. Durch den Glücksfall verschiedener Verbindungen oder Leuten ist diese Saat eben hier in Gelsenkirchen auf fruchtbaren Boden gefallen. Es gibt allerdings vielleicht ein gegenüber dieser Zufallsgeschichte unterschwellig wirkendes Prinzip, das Gelsenkirchen besonders anfällig macht für Äußerungen von Kunst, die sich mit dem Nihilismus auseinandersetzen. Seit einem Vierteljahrhundert, seit den Zechenstilllegungen, ist eine Nullpunktsituation in Gelsenkirchen gegeben. Es geht nicht mehr um Körperarbeit, sondern um intellektuelle und geistige Prinzipien. Diese Situation wird von New Wave in der Musik aufgegriffen.

J.S./C.W.: Das war aber doch in Gelsenkirchen viel verständlicher zu machen als z.B. in Düsseldorf.

J.K.: Die Metropolen täuschen sich über ihre Möglichkeiten. Die haben nicht den Vorteil, den wir haben, nämlich den Nullpunkt am eigenen Leibe zu erfahren. Insofern hinken die Metropolen der Provinz hinterher.

K.T.: Ich war mit Norbert Wehner öfters im ›Ratinger Hof‹ in Düsseldorf und auf den verschiedenen Künstlerpartys. Die Punk-Welle erlebte ich als Befreiung von Normen, alles wurde möglich. Also strebte ich an, was direkt und einfach war, vor allem Milan Kuncs naiv-kritischer Ansatz hat mir gefallen und Walter Dahns gestische Reduktion und wilde Kraft in der Malerei. Er konnte so wunderbar ›schmieren‹.

T.G.: Aus der Wuppertaler Galerie-Keimzelle resultierten wenig später bekanntlich einige der für den deutschen Punk und New Wave wichtigen ›Firmengründungen‹ wie das ›Büro‹ und ›Ata Tak‹.

K.T.: Norbert Wehner, der in der Ackerstrasse in Düsseldorf wohnte, gründete sein ›Büro‹ zunächst an der Kunstakademie und begann dann seine Arbeit für ›Art Attack‹, wie sie sich zuerst nannten, bzw. später dann ›Ata Tak‹. Norbert wurde Büroleiter für ›Ata Tak‹ am Fürstenwall 64. Das ›Büro‹ an der Kunstakademie war ein ›Modellbüro‹ in der Klasse von Fritz Schwegler. Es war so eine Art deutsches Office á la Andy Warhol. Wir haben da vieles erdacht, was später dann real umgesetzt wurde. Da gab es auch die Idee von konzeptionellen Auflage-Objekten von Mitstudenten, um das ›Büro‹ zu finanzieren. Da Katharina Fritsch zu Norberts Kreis gehörte, war es selbstverständlich, dass auch sie Arbeiten für das ›Büro‹ konzipierte. Norbert machte in seinem Büro unter anderem die ersten künstlerischen Arbeiten für Katharina Fritsch: das Bestellformular mit dem Auto mit Anhänger und die Blumenvase. Ein weiterer Schwegler-Student, der zu dem Freundeskreis gehörte, war Klaus Richter. Er jobbte in der Galerie Hans Mayer und versorgte uns mit Neuigkeiten aus New York und der internationalen Kunstszene. Norbert Wehner, der zuvor eine Lehre in der Düsseldorfer Papierfirma

Zanders hinter sich hatte, war jedoch die treibende Kraft, die die Leute zusammenbrachte.

T.G.: Das ›Büro‹ war also eine wichtige Schnittstelle, an der sich die zeitgenössische Pop-Musik und die Bildende Kunst begegneten, bzw. einander durchdrangen. Kann man das so formulieren? Was war der gemeinsame Nenner dieser beiden Welten damals? Was passierte noch alles in dem ›Büro‹? Und woraus bestand die ›Büro‹-Einrichtung?

K.T.: Stilistisch hatte man es mit glatten Flächen und Pastellfarben zu tun, wie es in der Schwegler-Klasse dann Standard wurde.

J.K.: In Wuppertal habe ich in der Galerie ›Art Attack‹ 1978 meine erste Ausstellung gemacht. Die Verbindung habe ich über die Kunstakademie hergestellt, wo ich ein Plakat von ›Art Attack‹ gesehen habe, auf dem sie annoncierten, dass sie Künstler für Ausstellungen suchten. Wir, also ich, Moritz Reichelt und Frank Fenstermacher, hatten uns musikalisch verständigt. Die beiden kamen dann immer nach Gelsenkirchen und wir haben dann gemeinsam den Proberaum von Achim Weber benutzt. ›Weltende‹ hieß unsere Gruppe, mit der wir improvisierte Musik gemacht haben.

J.S./C.W.: Am Anfang kamen Reichelt und Fenstermacher ja nach Gelsenkirchen, aber als ›Der Plan‹ entstand, wie haben Sie dann noch partizipiert?

J.K.: Ich habe sie ein paar Mal in Düsseldorf besucht, nachdem sie ihr Label ›Ata Tak‹ gegründet hatten. Das hatte allerdings eher mit meinem Interesse an Moritz Reichelts Malerei zu tun. Zu ›Der Plan‹ möchte ich folgendes sagen. Wir hatten in einer der ersten Ausgaben von *Die 80er Jahre* eine kleine Anzeige der ›Residents‹. Diesen Kontakt haben dann Frank Fenstermacher und Moritz Reichelt übernommen und sind dann auch in die USA gereist, wo sie mehr über ›Ralph Records‹, das Label der ›Residents‹, in Erfahrung bringen wollten. Ich denke, die ›Residents‹

und ›Der Plan‹ korrespondieren inhaltlich miteinander. Sie haben den gleichen Grad an Absurdität.

T.G.: Wer war noch alles an ›Ata Tak‹ beteiligt?

K.T.: Moritz Reichelt, Frank Fenstermacher, Ulli Maier, Norbert Wehner etc. Milan Kunc machte Plattenentwürfe, Ulli Maier machte alles für den ›Ata Tak‹-Film, der in Spanien gedreht wurde, Norbert managte alles und Moritz Reichelt und Frank Fenstermacher waren gemeinsam mit dem ›Pyrolator‹ (Kurt Dahlke) vor allem für die Musik bei ›Ata Tak‹ zuständig.

T.G.: Was war das besondere an ›Ata Tak‹?

K.T.: Die Geburt eines Mainstreams aus dem Geiste der Anti-Kunst, des Dada etc. mit den damaligen Mitteln für die damalige Generation.

T.G.: An welche Ausstellungen bei ›Art Attack‹ in Wuppertal erinnerst du dich?

K.T.: Etienne Szabo machte eine Soloausstellung mit Copy-Art. Wo wohl seine tollen Arbeiten geblieben sind?

T.G.: Wie sahen diese Arbeiten aus?

K.T.: Es waren Collagen aus Illustrierten-Fotos, die dann auf dem Kopierer erst in eine Endform komprimiert wurden.

J.S./C.W.: Und wieso ist das auseinander gegangen zwischen den Bands aus Gelsenkirchen und denen aus Düsseldorf?

J.K.: Als sich herausstellte, dass in der New Wave der Kommerz eine immer größere Rolle spielte, hat mich das nicht mehr interessiert. Gleichzeitig hat sich für mich der eigene künstlerische Ausdruck in der Form von bildender Kunst als wichtiger herausgestellt. 1982 habe ich mich nach der letzten Nummer zurückgezogen, danach habe ich gemalt und 1984 meine erste große Ausstellung mit Katalog gehabt – im Museum in Gelsenkirchen. Für mich war es wesentlich als Maler zu arbeiten und nicht, zu musizieren oder Connections herzustellen. Andere sind dann ja eigene Wege gegangen.

T.G.: Hast du auch die Ausstellungen von Mucha oder von Jürgen Kramer gesehen?

K.T.: Von Mucha schon. Von Jürgen nur Fotos und Zeichnungen, aber keine Ausstellung.

T.G.: Hast du später auch die von Johannes Stüttgen geleitete Kunst-AG am Grillo-Gymnasium besucht und an den Aktivitäten der ›Free International University‹-Sektion in Gelsenkirchen teilgenommen?

K.T.: Nein.

»Beuys hat dem Volke zu dienen«

J.S./C.W.: Was für ein Ort war die ›Free International University‹?

J.K.: Auf dem Schulhof des Grillo-Gymnasiums im Zentrum Gelsenkirchens sind zwei Baracken als Aushilfsklassen gebaut worden. Eine Baracke hat Johannes Stüttgen, der dort Kunstlehrer war, für seine Kunst-AG bekommen. Und mit der Kunst-AG ist sozusagen ein Rädchen im Getriebe der gesamten Bewegung der FIU entstanden. Es gab da eine Zweigstelle mit Shelley Sachs in Südafrika, außerdem eine in England und an anderen Orten. Das lässt sich sehr gut im Buch *Der ganze Riemen* von Johannes Stüttgen nachvollziehen, einem tausendseitigem Werk über Beuys. Dort ist ein ganzes Kapitel über das Grillo-Gymnasium Gelsenkirchen enthalten. Mit der FIU kam dann gleichzeitig auch die ›Fluxus-Zone West‹ ins Spiel. Die wurde von Beuys künstlerisch gegründet. Manche sagen, er hat damit nichts zu tun, aber er hat bei den ersten Konzerten 1962-63 mitgemacht. Damals fand an der Kunstakademie Düsseldorf ein großes Fluxus Festival statt und Beuys hat sich dort auch eingefunden, weil er dort Lehrer war. Daraus ist dann mit Beuys' Engagement die ›Fluxus Zone West‹ entstanden.

J.S./C.W.: Also hatte Beuys auch eine Verbindung zu Gelsenkirchen?

J.K.: Jaja, sowieso. Seit den 50er Jahren. Er hatte Verwandte in Gelsenkirchen und interessierte sich für den Bergbau.

J.S./C.W.: Und was wollte man mit der FIU?

J.K.: Ich nenne mal eine Aktion der FIU als Beispiel. Die FIU machte regelmäßig Demonstrationen über die Einkaufsmeile hier in Gelsenkirchen. Eine Demonstration bestand daraus, dass sich alle Teilnehmer Mützen der Fremdenlegion aufgesetzt hatten und ein Transparent trugen, auf dem »Die Wüste wächst« stand. Das ist ein Zitat aus einem Nietzsche-Gedicht: »Die Wüste wächst, weh dem, der Wüsten birgt.« An dieser Stelle thematisiert Nietzsche den nihilistischen Zustand. Daher die Assoziation mit der Fremdenlegion.

T.G.: Eine weitere wichtige Sache war die McDonald's-Aktion von Milan Kunc 1979 in Wuppertal. Was passierte dabei und wie wurde diese ›konsumistische Demonstration‹ von der Bevölkerung aufgenommen?

K.T.: Wir zogen durch die Straßen mit den von Milan gefertigten Schildern die einen Big Mac mit Hammer und Sichel zeigten. Die Leute in der Fußgängerzone waren fassungslos. Aus der McDonald's-Filiale kam sofort der Leiter heraus und hat uns vertrieben, er reagierte ausgesprochen aggressiv. Später gab es Diskussionen mit Passanten. Auf jeden Fall hat das eine sehr verwirrte Bevölkerung in Wuppertal zurückgelassen! Es gab dann unter uns Freunden gleich Vorschläge für andere Aktionen in der Öffentlichkeit, um die Passanten zu irritieren – zum Beispiel die Idee, mit Telefonen herumzulaufen.

T.G.: Ich glaube, du hast dann zusammen mit Norbert Wehner und Ulli Maier eine ›Telefonaktion‹ am Benrather Schloss gemacht. Wie lief diese Aktion ab?

K.T.: Wir gaben Passanten einfach ein Telefon in die Hand und baten diese, das Telefon weiterzugeben.

J.S./C.W.: Und wie haben es die Gelsenkirchener aufgenommen, dass da ein paar Fremdenlegionäre über die Bahnhofsstraße liefen?

J.K.: Ich weiß nicht mehr, ob die gesagt haben: »Die sollen doch lieber arbeiten gehen.« Die Gelsenkirchener sind allem Fremdartigen sehr aufgeschlossen. Das sind nicht Leute, die nur mit dem Kopf schütteln, das ist meistens nicht der Fall. Wenn man es schafft, den richtigen Ton zu finden, kann man sich mit Gelsenkirchenern über jedes Problem gut unterhalten.

T.G.: Gab es noch weitere ähnliche Aktionen damals?

K.T.: Ja, einige, die Milan Kunc und Ulli Maier gemacht haben. Milan hatte dazu fast immer einen Försteranzug an. Ich kann mich jedoch an Genaueres nicht mehr erinnern.

J.S./C.W.: Das ist ja schon etwas Besonderes. Vieles von dem was an von Kunstakademien entsteht, wird ja eher als Quatsch abgetan. Beuys wird ja auch häufig nur als der Verrückte mit der Butter und den Fettklumpen beschrieben.

J.K.: Der Gelsenkirchener denkt über Beuys: »Mein Gott, das ist ein kluger Kerl, der macht mit so einer einfachen Fettecke Tausende von Mark. Der verdient Respekt.«

T.G.: Bei Beuys war die Stimmung ja im Gegensatz zu dem, was du eben beschrieben hast, ernster und ›gewichtiger‹, d. h. bedeutungsgeladen. Er hatte eine moralische Botschaft.

K.T.: Die Beuys-Klasse war eher ›Blut und Boden‹, orientiert an den Künstlern der Romantik wie Caspar David Friedrich und Philipp Otto Runge, an den Opern-Arien der Maria Callas. Das war also eine ›dramatische‹ Weltsicht mit anthroposophischem, handwerklichem und moralischem Anspruch. Politik fand in der Beuys-Klasse interessanterweise nicht statt, bis auf Rüdiger Bernd, der ähnlich wie Jörg Immendorff streng maoistisch-marxistisch war. Er trug einen orangenfarbenen Overall mit dem Schriftzug ›Marxist‹.

J.K.: In meiner Jugend stand für mich immer die Frage im Raum: ›Marx oder Beckett?‹ Ich hatte dann im Zuge der Notstandsgesetze und was da alles verabschiedet wurde, einen Arbeitskreis von zehn, zwölf Leuten gebildet und wir haben dann kleine Aktionen gemacht, gegen die BILD-Zeitung und so. Das war die eine Seite, die andere Seite war mein persönlicher Hang zum Existenzialismus. Marxismus und Existentialismus waren schon bei Sartre nicht so genau zu trennen.

T.G.: Spielte hier nicht Jörg Immendorff eine besondere Rolle, oder war das früher?

J.K.: Das Politische kam erst später. In den 70er Jahren habe ich fünf Jahre an einer wissenschaftlichen Arbeit über eine politische, zum Teil kommunistische Künstlerorganisation der Weimarer Republik gearbeitet. Da stellte sich bei mir die Frage nach dem Verhältnis von Form und Inhalt bei engagierter oder politischer Kunst.

J.S./C.W.: Und wie haben Sie sich die Frage beantwortet?

J.K.: Damals aus einem politischen Bewusstsein heraus, dass es nicht darum geht, einen Realismus zu verfolgen...

J.S./C.W.: ...Sie haben ja auch mal geschrieben »Mich langweilt der lokalpatriotische Realismus«...

J.K.: Hab' ich das? Da war ich bestimmt alkoholisiert. Aber es stimmt. Der ›lokalpatriotische Realismus‹ kennt keine Utopie, keine Schwärmereien, keine Träume. Aber das sind die Momente, die auf eine Zukunft hinaus wollen. Der Realismus kommt nicht über das Nächstliegende hinaus. Die Kunst muss operativ sein, also in den politischen Kampf eingreifen. Das hat die KPD in der Weimarer Republik auch sehr gut durch verschiedene kleinere Künstlerorganisationen geschafft, die Demonstrationen mit Propagandawaren oder Figuren und Figurinen bestückt haben.

J.S./C.W.: Und Sie fanden es attraktiv, etwas ähnliches zu machen?

J.K.: Ja, Immendorff hat z.B. die Straßenmalerei belebt, indem er sich in Düsseldorf mit verschiedenen anderen Genossen auf Plätze begeben und Pflastermalerei gemacht hat.

K.T.: Immendorff besaß als Drehpunkt zu Sigmar Polke und über seine neue Galerienverbindung (Michael Werner, Köln) eine immense Bedeutung. Er hat die ›Jungen Wilden‹ wie Walter Dahn ermutigt und ihnen eine Plattform in seinem Atelier gegeben. Immendorff war eine authentische Figur, die den Spagat zwischen Kunst und Kommerz beherrschte. In schwarzem Leder und als politisch integre Linksposition war er Orientierung für viele, denen Beuys zu anthroposophisch war. Außerdem war Beuys 1971 schon 50 und Immendorff nur wenig älter als wir.

J.K.: Dann haben wir bei einer Mieterinitiative zusammen mit den Kindern und den Erwachsenen, die das wollten, die Wände bemalt. Ich glaube, das war ein Protest gegen Mieterhöhung oder so was. Das war in den 70ern vor dem deutschen Herbst. Der veränderte alles.

J.S./C.W.: Sie waren ja auch an der ›Gruppe Revolutionärer Künstler Ruhrkampf‹ beteiligt. Worum ging es Ihnen da?

J.K.: Um es mit Mao zu sagen: »Dem Volke dienen.« Jedenfalls haben wir das versucht. Es gab da so 'ne Ruhrkampfschrift, die erste, in der auf den ersten beiden Seiten nur ein Satz stand: »Es gibt nur zwei Arten von Kunst. Kunst, die dem Volke dient oder Kunst, die der herrschenden Klasse dient.« Das muss so ungefähr 1968 gewesen sein. Ausgehend von der Initialzündung '68 politisierte sich das Düsseldorfer Milieu. Ich hab die Gruppe zusammen mit Felix Droese gegründet und die anderen sind letztendlich durch Weitersagen und durch Einladungen dazugestoßen. Das waren Erinna König, Henning Brandis, Jörg Immendorff und einige andere. Alle waren Studenten der Kunstakademie. Wir hatten die Anschauung, dass das Proletariat die Welt in Richtung auf eine klassenlose Gesellschaft umgestalten muss und daher der Adressat für revolutionäre Strategien ist.

J.S./C.W.: Und das sah man im Ruhrgebiet verankert?

J.K.: Damals war das alles sehr einfach, indem man sich die Begriffe von Marx und Engels angeeignet hat. Wir hatten hier in Gelsenkirchen im sozialistischen Arbeitskreis, den ich mit anderen gegründet habe, ein Wochenendseminar mit Leo Kofler. Der hat uns vertraut gemacht mit Herbert Marcuse und den Denkern, die dann auch vom SDS rezipiert wurden.

J.S./C.W.: Es ist ja ungewöhnlich, dass man so eine Gruppe in Gelsenkirchen gründet.

J.K.: Ungewöhnlich?

J.S./C.W.: Naja, weil es hier schließlich kein studentisches Milieu gibt.

J.K.: Aber Arbeiter.

T.G.: Was gehörte noch alles zu diesem Zeitgefühl? Kam das ›Chaotische und Primitive‹ durch den Impuls des Punk?

K.T.: Ja, hundertprozentig! Und es war der Ansatz: Ich will Freiheit und Spaß in einer einfachen, direkten Form! Und suche eben keine Welterrettung, in einen langwierigen Aufklärungsgsprozess der Bevölkerung, wie Beuys das vorhatte.

J.K.: Bei Punk ist die vorherrschende Meinung, dass er aus der Arbeiterklasse kommt, eine Protestbewegung gegen die Unterdrückung ist und sich in »No Future« in irgendeiner Weise eine kapitalistische Krise formuliert. Ich bin da anderer Meinung. »No Future« war ein Lebensgefühl von Sinnlosigkeit und Perspektivlosigkeit des Menschen überhaupt. Jegliche Perspektive ist zum Scheitern verurteilt, was ein Motiv im Existentialismus ist. Aber der Punk, der dann diese Wut in einem sinnlosen Dasein zu hängen, nach außen getragen hat der hat sich dann mit ›Sham 69‹, mit ›Clash‹ usw. natürlich auch ein bisschen politisch geäußert. Gleichzeitig entstand in England die New Wave. Und die war eher artifiziell und hat mich interessiert. Punk hat das eigentlich nie so sehr getan, weil es mir auch zu aggressiv war. Und diese bloße Haltung, seine Wut zu formulieren, reichte mir nicht.

Ich wollte wissen, wie eine existentielle Haltung aussieht, wenn man sie komplex künstlerisch oder musikalisch formuliert. Das haben dann einige New Wave-Gruppen gemacht. Dieses Endgültige, dieses Nihilistische, was sich da ausdrückte, das war für mich nie vorher in einer Jugendbewegung dagewesen und ich wollte das irgendwie vermitteln. Mein *Jahrbuch Sans Titre*, das ist *Die 80er Jahre* Nummer 7/8, hat auf den ersten Seiten als Schallplatte in der Form zerschnitten lauter Zitate über den Nihilismus von Nietzsche bis zu den Anarchisten. Und das war für mich eigentlich die Einsicht in das, was in der Gegenwart wichtig ist.

T.G.: Kann man die politische Kunst als eine dritte Spielart der damaligen zeitgenössischen Kultur betrachten? Die anderen beiden konträren Kulturen, die du bisher beschrieben hast, waren ja die warenförmige, affirmative, Pop-Art-inspirierte auf der einen Seite und die romantische, metaphysisch-geistig ausgerichtete auf der anderen Seite, für die Beuys paradigmatisch steht. Diese beiden Strömungen bzw. die Reibung zwischen diesen hat meiner Meinung nach die westliche Kultur des 20. Jahrhunderts wesentlich bestimmt. Wie steht es heute mit diesen beiden Kulturbegriffen? Hat nicht der warenförmig ausgerichtete den existentialistischen verdrängt? Und welche Bedeutung hat Musik, vor allem Popmusik in diesem Zusammenhang? Kann man sagen, dass Punk eher existentiell ausgerichtet und die elektronisch bestimmte New Wave das Warenförmige, Affirmative in den Vordergrund gestellt hat?

K.T.: Ich denke die Begriffsbildung ›politische Kunst‹ hilft in diesem Zusammenhang nicht, da alles politisch gesehen werden kann. Ich bin schon einverstanden mit dem von dir genannten Widerstreit von ›formausgerichteten‹ Strömungen wie: Pop, Kubismus, Klassizismus, Renaissance und ›formauflösenden‹, chaotischen Strömungen wie: Punk, Expressionismus, Romantik und Barock. Auf jeden Fall hat sich historisch gezeigt, dass beide Strömungen sich beständig abwechseln, quasi antithetisch auftreten und durch ihr Aufeinandertreffen die Dinge im Fluss halten. Ferner haben wir dann auf der einen Seite den ›Mainstream‹, die offizielle Weltsicht und dagegen die Avantgarde, New Wave oder Post-Irgendetwas, das gegen den Mainstream gesetzt ist, aber mit der Zeit selber zum Mainstream wird. (siehe Beuys' Hauptstrom-Stempel). Beuys ist zum Beispiel inzwischen Mainstream und das hat er mit der Nutzung seines Hauptstrom-Stempels ja schon angedeutet und nun auch erreicht. Was er nicht gewollt hat, ist eine Reduktion seiner Arbeiten und Ideen zum ›Bubblegum‹ des Mainstream, indem man seinem Werk die Zähne zieht, d.h. auf reines Unterhaltungsniveau bringt durch eine rein naive optische Betrachtung (z.B.: »Ach, wie hübsch ist diese goldbraune Farbe der Butter«) und es dabei belässt.

J.K.: New Wave war eine musikalisch-künstlerische Einsicht. Aber eben eine negative. Im Unterschied zu vorherigen politischen und gesellschaftlichen Engagements, wo es eine positive Haltung war, die sich da ausdrückte. Die Kreativität diente dazu, eine negative Haltung auszudrücken. Und mich haben die Gruppen besonders interessiert, die genau das getan haben. Die waren dann zum Teil dadaistisch, Boyd Rice von ›NON‹ oder auch die New Yorker Bands wie ›Teenage Jesus and the Jerks‹ wehrten sich dagegen, dass New Wave ein Teil der Musikindustrie wurde. Ich hatte damals Kontakt mit ›Half Japanese‹, die mir ihre selbstproduzierten Singles und Hefte geschickt haben. Später habe ich Videos gesehen, in denen sie sich ganz unmittelbar ausdrückten, indem sie einfach 'n Instrument griffen und einen Klang erzeugten. Und das war ja 'ne Haltung, die man in der Avantgarde sowieso musikalisch verfolgt hat.

J.S./C.W.: Ist das nicht vielleicht ein Widerspruch? Eine Kunstrichtung erklärt den Nihilismus zum Gegenstand, vernetzt sich dann aber gleichzeitig global, um schöpferisch und kreativ zu sein.

J.K.: »Jeder Mensch ist ein Künstler« soll ja nicht heißen, dass jeder jetzt einen Pinsel schwingt, oder so. Sondern einfach nur, dass man an dem Ort, an dem man steht, sein Vermögen einsetzen soll, kreativ zu sein. Das würde den Rahmen der normalen Industriearbeit sprengen.

J.S./C.W.: Aber ist das nicht schwierig, weil Kreativität nicht per se außerhalb verdinglichter Lohnarbeit existiert? Konnte man in den frühen 80ern absehen, dass Kreativität als Schlüsselqualifikation für neue Formen von entfremdeter Arbeit gelten könnte?

J.K.: Dieses Bewusstsein war damals nicht vorhanden, weil man aus dem Bauch heraus produziert hat. Es gab ein Lebensgefühl der Nullpunkt-Situation, das unmittelbar da war. Wir hatten kaum Ahnung, wer wir eigentlich waren. Die Selbstreflexion setzte erst später ein. Darüber hinaus kann man sich natürlich fragen, in welchem Zusammenhang mit Lohnarbeit und Kapital das stand, was sich dort künstlerisch formulierte. Die Selbstwahrnehmung setzte erst mit der Weiterentwicklung der musikalischen Ausdrucksformen ein.

In Düsseldorf hatte ich immer den Eindruck, dass sie nur musikalische Interessen haben und nicht gleichzeitig auch die Absicht, eine Bewegung ins Leben zu rufen. Der ›Ratinger Hof‹ war eine wichtige Sache, ich hab dort auch ›Wire‹ und so gesehen. Ich war da ja auch in der Disko tätig – die Besitzerin war ja auch eine Schülerin von Beuys. Auch was ›Ata Tak‹ und ›Der Plan‹ betrifft, hatten die zwar einen eigenen Ausdruck gefunden und durch die Malereien von Moritz Reichelt auch bildlich eine Welt entwickelt, aber es fehlte insgesamt der Versuch, das Musikalische auch gesellschaftlich zu reflektieren. Es gab da in Düsseldorf die verschiedenen wichtigen Gruppen, aber ich fürchte, es war nicht das Bewusstsein da, dass hier eine Kulturbewegung im Gange ist.

K.T.: Zurück zu deiner Frage: Ist Punk existentiell? Ja! Punk war im 20. Jahrhundert der Kernansatz von Kunst. Jeder Mensch ist ein Künstler, das hat Joseph Beuys gesagt. Jeder kann direkten Zugang zu den Dingen gewinnen ohne Lernprozesse und Vermittler, wenn er nur offen und ›jungfräulich‹, d.h. naiv ist. »Lasset die Kindlein zu mir kommen«, sagte Jesus. Beide denken in dieselbe Richtung (siehe dazu auch Immendorffs frühe Malereien von Babys). Beuys ergänzte zur Fehleinschätzung von ›Schule‹ und kanonisiertem Vorgehen wie folgt: »Der Fehler fängt schon an, wenn sich einer Keilrahmen und Leinwand kauft«. Oder siehe den Ansatz der Reformation in Deutschland: Nicht über die Kirche und die Priester und den Papst, sondern durch persönlichen Kontakt und Versenkung (Martin Luther und Meister Eckehart). Darin sind sich der Punk, die Moderne seit van Gogh und Joseph Beuys einig.

Was Beuys bei den Punks vermisste, war die mangelnde Idee für eine Zukunft. Die Punks lebten ›No Future‹, das war kein Ansatz für Beuys, sondern der blanke Horror. Er fand, dass den Punks und den Rockern die geistige Dimension fehlte. Bei den Hippies fehlte es Beuys am Verständnis des Kapitalismus. Er wollte den Kapitalismus-Begriff umkrempeln und Marx auf die Beine stellen. Für den Idealisten war der Geist der Erzeuger der Materie und Materie ist geronnener Geist. Punk gründet sich auf einem direkten Zugang zur Musik ohne Vermittler und Lernprozesse, ist also unmittelbar. Pop und New Wave sind vermittelt durch Formwissen, intellektuell gefiltert und in einer musikhistorischen Entwicklung verankert, d. h. sie fußen auf historischen Vorlagen. Dagegen ist Punk das Hier und Jetzt des Ichs.

J.S./C.W.: Wie haben Sie sich das Modell einer Kulturbewegung denn vorgestellt? Was hätte als gesellschaftliches Moment denn dabei sein müssen, damit Ihnen Punk besser gefallen hätte?

J.K.: Auf jeden Fall das Netzwerk, das sich eh entwickelt hat. Da gab es verschiedene, auch amerikanische, Initiativen, ein netzwerkübergreifendes Netzwerk zu bilden. Ein selbstverwaltetes Netzwerk wäre zum Beispiel eine gesellschaftliche Form von Zusammenarbeit, die hätte ausgebaut werden können, wenn da nicht der Kapitalismus gewesen wäre, der viele in der Musik letztendlich korrumpiert hat, so dass sie nur noch Kommerz machten und nicht mehr an diese Alternative selbstproduzierter Platten und Fanzines dachten.

J.S./C.W.: Dann haben Ihnen Modelle wie ›Crass‹ also besser gefallen, wo die politische Komponente noch viel stärker betont wurde?

J.K.: Nein, im Gegenteil. Bei ›Crass‹ wird es ja vordergründig. Bevor jemand Agitation und Propaganda in der herkömmlichen Form bringt, liegt dem noch das Vermögen der Kreativität vorgeordnet. Dort muss man ansetzen. Wenn man Gesellschaft als das Zusammensein von Individuen versteht, dann ist die Veränderung dieses Zusammenseins eine gesellschaftliche Veränderung. Darum geht es.

J.S./C.W.: Und in welche Richtung?

J.K.: In Richtung Freiheit.

J.S./C.W.: Als freie Assoziation?

J.K.: Warum nicht?

Jürgen Kramer – Bierfilz (1979)

Klaus Fiehe

Boggi

Ende der 80er Jahre half ich gelegentlich in der Redaktion einer Musik-
zeitschrift aus, deren Räumlichkeiten sich im dritten oder auch vierten
Stock eines länglichen, vermutlich ehemaligen Verwaltungsgebäudes befanden. Das Haus lag im östlichen Dortmunder Ortsteil Körne, ganz in
der Nähe der großen Schrebergartenanlage dort. Die hier produzierte
Zeitschrift hörte auf den Namen *Shark*, zu deutsch ›Hai‹. Mein Job bestand darin, eingereichte Artikel zu redigieren oder aber eigene kurze
Geschichten über weitgehend zweitrangige Bands jener Zeit zu verfas-
sen. Die vermeintlichen thematischen Highlights des recht breit ange-
legten musikalischen Spektrums griff sich nämlich der Chefredakteur. Er
war ein hagerer, blasser und auffallend großmäuliger Typ namens Uwe
Deese, der nahe der damals recht berüchtigten Brückstraße in der Dortmunder Innenstadt mit seiner aus dem Saarland stammenden Freundin
ein Appartement bewohnte.

Deese hat meiner Erinnerung nach den bis heute gebräuchlichen
Komparativ des gern benutzten Begriffes »Kult« erfunden – »Megakult«.
Genau so – ›Megakult‹ – nannte er später auch eine von ihm ins Leben
gerufene Agentur, die den Werbeetat großer Spirituosen- und Tabakkon-
zerne erfolgreich in Pop- und Rock-Events schleuste. Als Chefredakteur
war Uwe Deese ein durchaus gefragter Mann; viele Agenten, Verleger
und Vertreter größerer und kleinerer Plattenfirmen suchten ihn in sei-

nem Büro auf und mussten auf dem Weg dorthin an einer ganzen Reihe von Schreibtischen vorbei, an denen Redakteure, Layouter und Sekretärinnen ihren Job versahen. Fast alle Besucher absolvierten diesen Weg nach meiner Erinnerung etwas unbeholfen und zögerlich. Von einem Smalltalk hier hangelten sie sich zum nächsten dort – niemand, so mein Eindruck, sollte sich übergangen oder gar ignoriert fühlen. Lediglich eine Ausnahme ist mir in Erinnerung. Ein stattlicher Kerl mit dunklem, lang herab fallendem und leicht welligen Haar, etwa ein Meter neunzig groß und einhundert Kilo schwer, betrat eines Tages die Redaktion und bewegte sich mit großen, raumgreifenden Schritten und kerzengerader Haltung direkt auf Deeses Büro zu, in dem er alsbald verschwand. Niemanden der sonst Anwesenden hatte er dabei auch nur eines Blickes gewürdigt. Minuten später öffnete sich Deeses Bürotür und der stattliche Fremde schritt genauso majestätisch von dannen wie er gekommen war. Ich erkundigte mich nach seinem Namen und bekam nahezu zeitgleich von allen Seiten eine kurze, zweisilbige Antwort zugerufen: »Boggi«.

Dem *Shark* war keine sonderlich lange Lebenszeit beschieden, der Geschäftsführer erhängte sich irgendwann. Den ehemaligen Chefredakteur Uwe Deese sah ich Jahre später auf einem sogenannten ›Megakult-Event‹ an der Seite des Ex-Fußballers Toni Polster in einer nur mäßig gefüllten Kölner Diskothek. Einen der Layouter traf ich Jahre später in einem asiatischen Lebensmittelladen auf der Dortmunder Kaiserstraße. Weitere Erinnerungen wollen sich nicht recht einstellen – bis auf eine: Boggi. Er kreuzte in den folgenden zwanzig Jahren immer wieder meinen Weg, mittel- oder aber unmittelbar. Sein Domizil in der Wittener Innenstadt, eine alte Villa, habe ich eine Zeit lang regelmäßig angefahren und mich dabei ebenso regelmäßig verfahren. So wie auch heute. Es ist ein Tag im Juni, die Wohnhäuser in Witten sind mit zahlreichen unterschiedlichen Landesflaggen geschmückt – in der Schweiz und in Österreich findet aktuell die Fußballeuropameisterschaft statt. Auf Höhe eines Matratzenladens auf der Sprockhöveler Straße bemerke ich, dass ich Witten bereits in Richtung Bochum verlasse. Ich wende und befinde mich nach einer Weile am Hauptbahnhof Witten. Von hier aus ist mir der Rest des Weges bekannt. Ich fahre den Wagen einige Meter weiter auf den Parkplatz des ›Wittener Saalbaus‹, einem schmucklosen Bau für

Veranstaltungen aller Art, und gehe die Straße einige Meter weiter hoch bis zur Villa. Ich klingele, Boggi öffnet und führt mich in sein Büro.

In all den Jahren hatte ich stets geglaubt, Boggi sei ein gebürtiger Südländer, ein Grieche vielleicht oder ein Jugoslawe. Tatsächlich aber stammt er aus Waldenburg nahe Breslau im ehemaligen Schlesien. Er wird dort 1951 als Bogdan Kopec geboren. Die Familie mütterlicherseits ist deutschstämmig. Sein Vater, ein Pole, stirbt, als Bogdan zwei Jahre alt ist. Ende der 50er Jahre verlässt die Familie Polen und siedelt nach und nach in den Westen über. Als Bogdan 1961 mit seiner Mutter als so genannter ›Spätaussiedler‹ nach Bochum kommt, leben hier schon eine ganze Reihe von Verwandten. Bogdan, sein älterer Bruder und seine Mutter bekommen eine 1-Zimmer-Wohnung zugewiesen, sie befindet sich innerhalb einer Aussiedlersiedlung im Bochumer Stadtteil Werne in der Strasse ›Im Streb‹. Die Mutter findet eine Anstellung bei der Post, später arbeitet sie im Bochumer Elektrofachgeschäft ›Graetz‹. Bogdans anfängliche Schulbesuche gestalten sich schwierig, die polnische Sprache ist ihm, der in Waldenburg eingeschult worden ist, noch wesentlich geläufiger – einundzwanzig Mitschüler etwa sind für ein polnisch sprechendes und denkendes Kind zwanzig eins. Die Lehrer geben den Rat, eine Förderschule zu besuchen. Der wird befolgt, Bogdan Kopec besucht eine entsprechende Schule in Altenhundem im Sauerland, eine Klosterschule mit Internatscharakter. »Das ging ratz fatz«, erinnert sich Boggi bezüglich seiner Deutschkenntnisse. Nach zwei Jahren kehrt er nach Bochum zurück und besucht eine Volksschule. Es gibt keinerlei Integrationsprobleme, aus Bogdan wird bereits nach wenigen Tagen ›Boggi‹, so rufen ihn fortan seine Schulkameraden. Einzig eine gelegentlich auftauchende Form der Unbescheidenheit seitens deutscher Schüler ist Boggi in Erinnerung: Ein Junge, sagt er, habe ihm einmal ein selbst gemaltes Bild gezeigt, und dieses – ohne einen Kommentar abzuwarten – mit den Worten »Ist das nicht toll?« gleich selbst kommentiert. Solcherlei Selbstbeweihräucherungen sind ihm völlig fremd. Und sie sind ihm zuwider.

Bogdans Mutter mag die Welt in ihrer kargen Freizeit wie viele andere in jener Zeit auch: heil und romantisch verklärt. Samstags geht sie ins

Kino und Bogdan darf sie begleiten. Auf dem Programm stehen Heimatfilme mit Peter Alexander und Connie Froboess. Der erste Plattenspieler kommt ins Haus. Auf den Singles befinden sich Lieder von Chris Howland, Gerhard Wendland, Freddy Quinn und anderen Schlagergrößen der Zeit. Schlagermusik, die Mutter mag sie, und Boggi mag sie auch. Eine der größten Erfindungen jener Zeit, erinnert Boggi sich, ist diese: Ein Plattenspieler, mit dem man zehn Singles hintereinander abspielen kann. Er, der in den 80er Jahren die weltweit respektierte Heavy-Metal-Landschaft des Ruhrgebiets prägen wird wie vielleicht kein Zweiter, wird Anfang der 60er Jahre alsbald konfrontiert mit der Musik der ›Beatles‹, der ›Kinks‹, der ›Who‹, der ›Rolling Stones‹. Und? Bogdan Kopec mag diese Musik nicht. Insbesondere die Tatsache, dass viele Menschen seiner Umgebung die Lieder nachsingen, empfindet er als schlicht grotesk. »Sie alle konnten kein Englisch«, erinnert er sich, »ihr Verhalten wirkte auf mich schlicht peinlich.«

Als Bogdan Kopec Mitte der 60er Jahre die Hauptschule verlässt, braucht er eine Lehrstelle. Er möchte eine Tätigkeit im Bereich Malen, Zeichnen, Grafik ausüben. Das erstaunt den zuständigen Berater beim Arbeitsamt, der ihm bedeutet, eine solche Tätigkeit erfordere ein Studium oder aber den Besuch einer Privatschule. Beide Möglichkeiten übersteigen allerdings die finanziellen Möglichkeiten der Familie. Bogdan Kopec, schlägt der Mann am Ende vor, solle doch eine Lehrstelle als Anstreicher anstreben. Doch Kopec winkt ab, das will er nicht. Seine Mutter ist inzwischen wieder verheiratet, aus ihrer neuen Verbindung gehen insgesamt drei Kinder hervor. Der Stiefvater ist es, der Bogdan schließlich eine Lehrstelle besorgt. Beim Tanken nämlich erfährt er, dass die Bochumer Firma ›VW Tiemeyer‹ noch Lehrlinge einstellt. Hier tritt Bogdan Kopec eine Lehre als Autoschlosser an. Die Zustände in der Werkstatt vergleicht er rückblickend mit denen des berüchtigten Knastes Alcatraz: Als Lehrling im so genannten ersten Jahr habe er nichts weiter getan als Motoren abzuwaschen und Öl zu wechseln. »Du warst eine komplett rechtlose Person«, erinnert Boggi sich. Fortgeschrittene Lehrlinge hätten Neuankömmlinge schikaniert und drangsaliert, es habe auch schon mal Rangeleien und Tritte in den Hintern gegeben. Der Anfangslohn habe 67 Mark betragen, mit jedem weiteren Lehrjahr sei die Summe um 10 Mark gestiegen. Das Geld, erinnert sich Boggi, habe er komplett zuhause abgeben müssen.

1967 ist Bogdan Kopec im zweiten Lehrjahr, als die neuen Lehrlinge kommen und ihm erstmals die Gelegenheit bieten, jetzt auch seinerseits nach unten austeilen zu können. Als es etwa eines Abends gilt, die außerhalb der Werkstatt stehenden Wagen wieder hinein zu schieben, will Kopec von seinem Recht als Älterer Gebrauch machen und den Wagen lenken. Schieben muss ihn eigentlich der Neu-Lehrling Heinz Mikus, der allerdings sitzt bereits am Lenkrad. Es kommt zu einer handfesten Auseinandersetzung zwischen den beiden, doch schon in den Tagen darauf wendet sich die anfängliche Abneigung ins Gegenteil: Die zwei werden Freunde. Und sind es bis heute...

Heinz Mikus trägt wie einige andere in der Werkstatt stets eine Pudelmütze. Das wundert Bogdan Kopec, insbesondere im Sommer sind die Temperaturen in der Halle oft kaum erträglich. Als Mikus ihm gegenüber bei einer Gelegenheit einmal die Mütze liftet, erschrickt Kopec bis auf die Knochen: »Heinz trug eine Matte, die bis zum Arsch runter reichte«, erinnert er sich. Auch Boggi lässt sich die Haare wachsen. Der Leitung von ›VW Tiemeyer‹ ist das nicht recht. Sie stellt allen Langhaarigen ein Ultimatum: »Haare ab oder Verlust der Lehrstelle.« Heinz Mikus verschwindet in der folgenden Nacht, die Polizei greift ihn später in Bayern auf und bringt ihn zurück. Kopec lässt sich die Haare schneiden – widerwillig.

Heinz Mikus ist Musiker, er spielt Gitarre und hat eine Band, mit der er Kopec zwischenzeitlich bereits bekannt gemacht hat; Boggi ist auch einer Einladung in den Proberaum der Band gefolgt und hat hier eine für ihn völlig neue Welt kennen gelernt: »Hier standen Arbeiterjungen mit ihrer Gitarre und spielten richtige Lieder. Ich hatte immer geglaubt, man müsse studieren, um so etwas machen zu können.«

Bisher hat Bogdan Kopec einen Großteil seiner Freizeit mit immerzu neu frisierten Mopeds verbracht. Ein Freund nämlich, Sohn eines LKW-Fahrers, ist versiert darin, alle nur denkbaren Schrottplatzteile stets wieder neu zusammen zu montieren. Nun aber erwacht sein Interesse an Musik – er kauft sich eine Gitarre und versucht sich im Proberaum der Band von Heinz Mikus. Ohne Erfolg allerdings: »Ich hatte einfach kein Rhythmusgefühl.«

Doch Boggi bleibt der Band erhalten, zunächst als Fan und reiner Bewunderer. Im Repertoire der fünf Musiker Reinhold Immich, Jürgen Fischer, Horst Stabenow, Walter Scheuer und Heinz Mikus befinden sich Titel der ›Beach Boys‹ und der ›Shadows‹. Hinzu kommen im weiteren Verlauf welche von Jimi Hendrix und ›Cream‹. Zu Auftritten in der Umgebung geht die Band zu Fuß, das Equipment wird mit den Händen getragen. Bogdan Kopec erinnert sich an einen Kurzauftritt im Dortmunder Beatschuppen ›Lucky Star‹, auch in diesem Fall habe man den Weg dorthin zu Fuß angetreten, um dort vorzuspielen. Dieses so genannte Vorspielen war damals üblich, der Wirt des jeweiligen Ladens entschied nach drei oder vier gespielten Liedern, ob die Band für einen Abend füllenden Auftritt zurückkommen dürfe. Hier nun, im Dortmunder ›Lucky Star‹, sei die eigentliche Band des Abends um Längen perfekter gewesen, erinnert sich Boggi, sie habe fast ausschließlich Titel der ›Beach Boys‹ gespielt. Die eigene Band, mittlerweile ›Magic Power‹ genannt, habe daraufhin entschieden, für ihr Kurzset ausschließlich auf Songs von Jimi Hendrix zu setzen: »Die Resonanz im Publikum war katastrophal. Auch der Wirt fand's total scheiße. Doch es geschah etwas Seltsames: Niemand von uns knickte ein. Wir sind alle stolz wie Oskar zur Tür raus.«

Boggi wird kurz darauf offiziell Manager der Wittener Band ›Magic Power‹. Seine Aufgabe besteht darin, in den jeweiligen Clubs das Bier zu holen, das Essen zu organisieren und die Gage von durchschnittlich 50 Mark zu kassieren. Einer dieser Clubs hört damals noch auf den Namen ›Zum Appel‹, der Inhaber ist ein Mann namens Kurt Appel. Ende der 70er Jahre etwa geht der Laden in neue Hände und wird fortan als Diskothek ›Zwischenfall‹ für lange Zeit eine Art Mekka der überregionalen Gothic-Szene darstellen. Es existiert heute noch.

Bogdan Kopec schafft seine Gesellenprüfung deshalb nicht, weil das Arbeiten mit Dieselmotoren und auch andere Arbeitsfelder bei Tiemeyer während der Lehrjahre keine hinreichende Rolle gespielt haben, er wird nie im Leben als Autoschlosser arbeiten. Stattdessen heuert er, der mittlerweile in Witten lebt, im dortigen Blankstahlwerk ›Geissler‹ an. Als erstes Bandmitglied war er in den Besitz eines Führerscheins gekommen. Er kauft einen Bus für die Band, der umgehend mit einem riesigen Bandlogo versehen wird. Zum Verständnis: Der Bandbus hat in jener Zeit für die entsprechenden Bands einen Status, der durchaus mit dem einer heutigen MySpace-Seite vergleichbar ist, sie womöglich sogar übertrifft. Als die Band ›Magic Power‹ 1970 Namen und Personal wechselt und zu ›Faithful Breath‹ wird, ist der überlegene Kontrahent vor Ort die Band ›Franz K.‹ um die beiden Josefus-Brüder. Kennt man heute vielleicht auch kaum noch ihre Lieder (›Bock Auf Rock‹), so ist das damalige Gefährt der Gruppe hier und da womöglich noch in Erinnerung: Es war ein Leichenwagen. »Wir mussten damals kontern,« sagt Boggi, »und wir taten das mit einem LKW Hanomag Diesel, der war drei mal so groß.«

Gab es weitere Bands vor Ort? Boggi schüttelt den Kopf, einzig die Formation ›Baumstam‹ ist ihm in Erinnerung. »Die Schüler- und Studentenbands hatten kaum eine Chance bekannter zu werden. Wir Arbeiterjungen hatten einfach mehr Geld für Instrumente, Plakate, Busse und alles weitere. Insofern ist unser damaliger relativer Erfolg immer auch ein wenig erkauft gewesen.« Tatsächlich zieht mit Beginn der 70er Jahre der so genannte »Progressive Rock« auf, insbesondere bei den Keyboards kommt es zu rasanten Neuerungen etwa im Bereich der Synthesizer, deren Anschaffung jeweils viel Geld verschlingt. Exakt im Bereich des Progressive Rock tummelt sich die von Bogdan Kopec gemanagte Gruppe ›Faithful Breath‹, die 1973 in Eigenregie ihr erstes Album veröffentlicht. Jedes Exemplar steckt in einer Hülle mit eigenhändig beklebtem Cover.

Bogdan Kopec heiratet 1974 im Alter von 23 Jahren und wird bald darauf Vater. Um die später vierköpfige Familie zu ernähren, geht er bis 1985 mehr oder weniger bürgerlichen Berufen nach. Er arbeitet als Gärtner, er mietet ein Büro in der Herbeder Strasse in Witten und vermietet elektrische Schreibmaschinen. Er arbeitet als Plakatkleber für die Wittener Firma Eckel und kennt bald jeden Bauzaun und Tunnel zwischen Dortmund, Duisburg und Köln. In seinem heutigen Büro hängt ein altes

Veranstaltungsplakat von ›Led Zeppelin‹, die 1973 in der Essener Grugahalle spielen. »Hab' ich geklebt damals«, sagt Boggi.

Neben seiner Arbeit managt Kopec weiterhin die Gruppe ›Faithful Breath‹. Er fährt mit seinem klapprigen Bus bei Jugendämtern vor und spricht mit Veranstaltern vor Ort. Er telefoniert und schafft es sogar, der Band eine Kurztour durch New Yorker Clubs zu organisieren. Die Gruppe muss anlässlich ihrer Einreise finanzielle Bonität nachweisen, kann dies aber nicht, da niemand ein größeres Guthaben vorzuweisen hat. Boggi weiß Rat: Eine Bekannte, Andrea Dell, frisiert gekonnt die Unterlagen der Musiker und ihres Managers und beseitigt damit alle Probleme. Frau Dell wird später eine der wichtigsten Mitarbeiterinnen von Bogdan Kopec, nachdem dieser 1981 den ›Kopec Musikverlag‹ gründet.

Auf die Idee einer Verlagsgründung ist Bogdan Kopec nicht von alleine gekommen: Den Stein gewissermaßen ins Rollen bringt mit Stefan Josefus ausgerechnet ein alter Rivale aus der Gruppe ›Franz K‹. Der nämlich stellt einen Kontakt zwischen Bogdan Kopec und dem Schlagersänger Peter Orloff her. Auf dessen Label ›Aladin Records‹, einem so genannten Sublabel des Kölner Schallplattenriesen ›EMI‹, soll das neue ›Faithful Breath‹-Album erscheinen. Doch der Deal platzt, Kopec zieht mit den Bändern seiner Gruppe weiter zu Günter Körber, dem Inhaber des norddeutschen Labels ›Sky Records‹, bei dem auch Michael Rother eine Zeit lang Platten veröffentlicht hat. Körber lässt sich nicht lumpen und zahlt Kopec einen so genannten Vorschuss auf die Bandübergabe. Erstmals macht Kopec so etwas wie ein gutes Geschäft, auch das Orloff-Label ›Aladin‹ hatte nämlich einen Vorschuss überwiesen, der allerdings nie wieder zurück gefordert worden war. Günter Körber weist Kopec in das Verlagswesen ein, und der sieht natürlich die Chance, zusätzlich zu den schmalen Tantiemen aus Plattenverkäufen und Gagen für Liveauftritte an Geld zu kommen. Die erste und zunächst einzige Band im ›Kopec Musikverlag‹ ist ›Faithful Breath‹. Eine Reihe von Personal- und Stilwechseln haben der Band zuletzt zu schaffen gemacht, die Formation ist ins Straucheln geraten. Bogdan Kopec erinnert sich, dass er just zu jener Zeit eher zufällig den Wittener Plattenladen ›Kutsch‹ betritt und sich beiläufig nach Neuheiten erkundigt. Mit den jeweils ersten Alben der

Gruppen ›Motörhead‹ und ›Van Halen‹ zieht er wieder von dannen; beide Alben, so unterschiedlich sie auch sind, lösen bei ihm und seiner angestammten Band ob ihrer Wucht und Härte Fassungslosigkeit und Begeisterung gleichzeitig aus. Der Wittener Freundeskreis betritt Heavy-Metal-Terrain. Das Genre selbst ist jung, aber es wächst und breitet sich aus.

Im sauerländischen Lüdenscheid entsteht das Magazin *Musikszene*, kurze Zeit später – ebenfalls noch in Lüdenscheid – das bis heute einflussreichste Metal-Magazin *Metal Hammer*, dessen Redaktion später nach Dortmund und dann weiter nach München zieht. In Dortmund gründen andere Enthusiasten ein weiteres Magazin – *Rock Hard*. Die Protagonisten der Szene hören auf Namen wie Jürgen Wigginghaus, Manfred Eisenblätter und Axel Tubeauville. Tubeauville wird nachhaltiger als andere zum Lehrmeister für Bogdan Kopec, was die Szenestrukturen der sich entwickelnden Metal-Szene betrifft. In Essen betreibt er einen Plattenladen und führt auch ein kleines Plattenlabel – ›Shark Records‹. Tubeauville hilft, managt und vermittelt, seine Kontakte reichen nach Belgien und Holland, er etabliert das von dort stammende *Aardschock* Fanzine im Ruhrgebiet und veranstaltet Konzerte; mit ›Sepultura‹ aus Brasilien und der aufstrebenden Düsseldorfer Formation ›Warlock‹ um die Sängerin Doro Pesch. In Berlin sitzt ein Mann namens Kurt Walterbach und leitet dort die Geschicke des Heavy-Metal-Labels ›Noise Records‹. Walterbach sucht jemanden, der sich um den Merchandise-Zweig des Geschäfts kümmert und zusätzliche Promotion-Aufgaben wahrnimmt. Er sucht jemanden, dem er vertrauen kann, jemanden, der mit Geld umgehen kann, und schnell stößt er bei seiner Suche auf einen zuverlässigen Familienvater aus Witten im Ruhrgebiet, der sich im Genre Heavy Metal zügig einen Namen erworben hat – Bogdan Kopec. Der folgt dem Ruf und geht nach Berlin. »Mein eigentlicher Plan war, dass ich mich kurz einlebe und dann die Familie nachhole«, sagt Boggi.

Mit Erstaunen allerdings registriert Boggi recht schnell eine wachsende Zahl von Anrufen in seinem Berliner Office, deretwegen er ganz sicher nicht den neuen Job angenommen hat. Die Bands des Walterbach-Labels bombardieren ihn mit telefonischen Hilferufen; meist geht es um vermeintlich lapidare Dinge wie den Transport der Anlagen zu

Auftritten. »Mietet euch einen Transporter«, rät Boggi, doch es stellt sich heraus, dass niemand innerhalb der jungen Bands, deren Mitglieder teilweise gerade von der Schule kommen, über einen Führerschein verfügt. »Bittet Freunde, euch zu fahren«, rät Boggi insbesondere der jungen Essener Thrash-Band ›Kreator‹ – ohne Erfolg. Kopec fühlt sich in Berlin nicht sonderlich wohl, die Chemie zwischen ihm und Walterbach stimmt nur bedingt.

Er geht zurück nach Witten und benennt 1986 den ›Kopec Musikverlag‹ in ›Drakkar Promotion‹ um. Sein Entschluss steht fest: Von nun an will er sich unter diesem Dach um das brach liegende Management, Tourneebooking und den nicht zu unterschätzenden Merchandise-Bereich aufstrebender Heavy-Metal-Bands kümmern. Seine erste Band ist ›Kreator‹ aus Essen, kurze Zeit später stoßen die Bands ›Sodom‹ aus Gelsenkirchen, ›Rage‹ aus Herne, ›Running Wild‹ aus Hamburg und seine alten Freunde von ›Faithful Breath‹ hinzu, die freilich unter neuem Namen segeln – ›Risk‹ heißt ihr Unterfangen nun, neben Heinz Mikus spielt auch Peter Dell in der Band, Ehemann der Finanzexpertin Andrea Dell. ›Drakkar Promotion‹ – der Name ist augenscheinlich gut gewählt: Den alten Wikingern nämlich galt Drakkar als ihr vermutlich wichtigstes Fortbewegungsmittel, der ›Drachenkarren‹ war nichts anderes als ein Schiff.

Bogdan Kopec eröffnet ein Büro in der Wittener Theodor-Heuss-Straße und ist kurze Zeit später im Besitz eines Kommunikationsgerätes, das er als absoluten Meilenstein seiner eigenen und der Karriere seiner Bands bezeichnet – das Telex. Boggi: »Das Ding mit den Lochstreifen, eine Schreibmaschine mit Telefonleitung, wenn du so willst. Damit kamst Du raus in die Welt, auch ohne selber englisch sprechen zu können. Ich selber etwa konnte es zu dem Zeitpunkt nicht, war aber in der Lage, mit der Hilfe von Übersetzern bis in den hintersten Winkel der USA kommunizieren zu können...«

In den kommenden Jahren arbeitet ›Drakkar Promotion‹ mit bis zu 13 Bands gleichzeitig, insbesondere der frühe Schulterschluss mit der Essener Band ›Kreator‹ hat etliche der weiteren Bands ganz automatisch angelockt. ›Kreator‹ verkaufen von ihren Alben weltweit 200.000 Exemplare, ›Running Wild‹ aus Hamburg bringen es auf 100.000 Exemplare allein in Deutschland, das ›Agent Orange‹-Album der Gelsenkirchener Formation ›Sodom‹ ist insofern ein geschichtsträchtiges Werk, als es das erste Thrash-Metal-Album überhaupt in den deutschen Album-Charts ist. Bogdan Kopec verschafft seinen Bands jährlich geschätzt 600 Live-Auftritte, anfangs fährt er bei etlichen Anlässen noch selbst mit. Er begleitet so zum Beispiel die komplette US-Tournee von ›Kreator‹. Eine andere Tournee der Band ›Rage‹ um Sänger Peavy durch Russland wird überschattet von einem schweren Verkehrsunfall. Der Bandbus kollidiert mit einem LKW, einer der Roadies erleidet einen Schädelbruch. Doch »Ulsch«, so rufen ihn alle, überlebt. Er kommt aus dem Wittener Ortsteil Bommern, ist selbst ein versierter Gitarrist und verfügt über eine höchst formidable Blues-Stimme. Sein voll tönendes Organ findet sich bereits 1984 auf der Hitsingle ›Pure Lust Am Leben‹ der Bochumer Ska- und Reggae-Band ›Geier Sturzflug‹.

Nach und nach überlässt Boggi den strapaziösen Reisejob als Tourmanager einem jungen Musiker aus Dortmund, der mit seiner Elvis-Tolle so gar nicht in die martialisch gekleidete Heavy-Metal-Szene passen will. Tourmanager Gerald Wilkes freilich ist zuverlässig, das alleine zählt. Dass er seine eigenen musikalischen Ambitionen mit der Lünener Band ›The Raymen‹ eher im galoppierenden Psycho-Rock'n'Roll sucht, stört niemanden. ›Raymen‹-Sänger Hank Ray hat mir bei anderer Gelegenheit erzählt, Wilkes habe ihn jeweils mit neuen Heavy-Metal-Bands versorgt, die er, Hank Ray, dann im Eiswagen gespielt habe. Der singende Eisverkäufer Hank Ray aus Lünen – mit Thrash Metal lockte er die Kids vom Schulhof an seinen Bus...

Die steigende Popularität neuer Bands im Heavy Metal-Bereich ist zumindest mittelbar auch ein Verdienst von Bogdan Kopec, der insbesondere über die Vorprogramme seiner längst etablierten deutschen Bands immer wieder interessante neue internationale Namen auf deutsche Bühnen bringt: Gruppen wie ›Voivod‹ aus Kanada, ›Sepultura‹ aus Brasilien oder ›Biohazard‹ aus den USA absolvieren unter der Regie von ›Drakkar Promotion‹ ihre ersten Europatourneen; während ›Sepultura‹ dabei ihren Platz im Vorprogramm der ›Sodom‹-Shows finden, werden

›Voivod‹ und ›Biohazard‹ als Support für ›Kreator‹ auf die Reise geschickt. In den Redaktionen der einschlägigen Fachpresse geht Kopec ein und aus. Von besonderem Interesse für ihn ist häufig die Arbeit der so genannten Layouter, rührt sie doch an jene Tätigkeit, die Bogdan Kopec einst einmal hatte ausüben wollen: die des Malers und Zeichners. ›Vergrößere den Bandnamen, mach' mehr Palmen ins Bild, betone die Skyline stärker...‹ So und so ähnlich dirigiert er die Arbeiten der Layouter, die im Falle von ›Kreator‹ etwa allein sieben Tourneen durch die USA bildlich-graphisch gestalten müssen.

1992 erweitert Kopec sein Tätigkeitsspektrum erneut. Über die beim Kölner Label EMI unter Vertrag stehende Band ›Running Wild‹ aus Hamburg lernt Kopec den EMI-Mann Wolfgang Funk kennen und schätzen. Eher scherzhaft und darüber hinaus ziemlich betrunken beschließen die beiden eines Nachts, irgendwann einmal gemeinsam ein Plattenlabel zu führen, um es den Großen der Branche auch auf diesem Parkett einmal so richtig zu zeigen.

Die Gelegenheit dazu kommt recht schnell, als sich Thomas Stein, Kopf der Münchener Plattenfirma BMG/Ariola und später Juror der Castingshow ›Deutschland sucht den Superstar‹, an Bogdan Kopec wendet und ihm ein so genanntes ›Joint Venture‹ anbietet. Steins Idee: Kleine Plattenfirmen binden sich an große, behalten dabei aber ihre Eigenständigkeit und auch die Nähe zur entsprechenden Szene, profitieren im Bedarfsfall aber von den Vertriebswegen des großen Bruders. Boggi: »Ich rief Wolfgang Funk an, beschrieb ihm das Modell und fragte ihn: ›Traust du dich?‹ Er traute sich.« Funk verlässt die Kölner EMI und geht nach Witten. Es entsteht die ›Drakkar Promotion Musikverlag GmbH‹ sowie das Plattenlabel ›G.U.N. Records‹. Bogdan Kopecs Situation seinen Bands gegenüber wird durch die neue Konstruktion schwierig. Er nämlich muss als Manager und Verleger von ›Rage‹, ›Sodom‹, ›Kreator‹ und anderen Gruppen deren Interessen gegenüber der Plattenfirma durchsetzen; mithin also sich selbst gegenüber. Kopec nämlich ist mit 25% an ›G.U.N. Records‹ beteiligt, ebenso wie Wolfgang Funk, die restlichen 50% des Labels gehören der BMG in München. Die Bands aber stört das nicht, sie vertrauen ihrem ›Boggi‹, mit dem sie seit den frühen Tagen der

Zusammenarbeit auch nie nur ansatzweise irgendetwas Schriftliches vereinbart haben. Zumal Boggi auch weiterhin auf junge Acts der lokalen Umgebung setzt: So erscheint auf ›G.U.N.-Records‹ u.a. eine Platte der Punkband ›Die Präsidenten‹. Deren Protagonisten sind die Söhne von Bogdan Kopec und seinem alten Freund Heinz Mikus. Die Situation freilich ändert sich mit dem Erfolg einer jungen Göttinger Studentenband namens ›Guano Apes‹. Die Gruppe um Sängerin Sandra Nasic verkauft nahezu aus dem Stand über eine Million Alben. Damit nicht genug: Funk und Kopec fliegen nach Helsinki und nehmen dort eine Gruppe namens ›HIM‹ in Augenschein. Die beiden handeln auch in diesem Fall zügig: Die Gruppe unterschreibt beim G.U.N.-Label, der Rest ist eine reine Erfolgsgeschichte – auch für Bogdan Kopec. Der allerdings wird zunehmend konfrontiert mit Unzufriedenheiten aus den Reihen seiner Metal-Bands. Einige der Bands fragen sich, warum ihr eigener Erfolg mit inzwischen durchschnittlich 20.000 – 50.000 verkauften Alben nicht ähnlich grandios ausfällt wie der von ›HIM‹ und den ›Guano Apes‹. Das ehemalige Aushängeschild ›Kreator‹ ist live zudem kaum noch auf dem englischen und amerikanischen Markt unterzubringen. Aus komplett anderer Richtung wird Kopec von Wolfgang Funk bedrängt, die »Metal-Geschichte« an den Nagel zu hängen, sie sei nicht mehr zeitgemäß. Diesen Druck mag Kopec nicht: Er zieht sich eine Woche lang auf die griechische Insel Mykonos zurück und beschließt dort, seinen 25%-Anteil an ›G.U.N.‹ der BMG zu verkaufen. Er trennt sich von Wolfgang Funk, der mit seinen Leuten die Wittener Villa verlässt und sich in Bochum niederlässt. Und er legt seinen Metal-Bands freundschaftlich nahe, sich allesamt neue so genannte Deals zu suchen. Nur wer absolut nicht fündig werde, sagt er, solle erneut vorstellig werden.

Nach dem Verkauf seiner Anteile an die BMG zieht Bogdan Kopec sich aus dem Booking- und Management-Geschäft zurück und gründet die ›Drakkar Entertainment GmbH‹, Label und Verlag mithin. Seine Nase für Erfolg versprechende unbekannte Acts verlässt ihn auch unter dieser neuen Flagge nicht: Es gibt in der Reihe seiner Angestellten einen Mann namens Hartdegen, von dem kurioserweise niemand den Vornamen weiß; Klaus-Dieter, heiße er, wird spekuliert, alle aber rufen den Kollegen Hartdegen nur kurz ›CD‹. Mit exakt einer solchen, einer

CD also, tritt Hartdegen eines Tages vor Kopec und bittet ihn, sich die doch bitte einmal genauer anzuhören. Aufgetrieben hat Hartdegen den Tonträger in einer Kiste, die im Keller der Wittener Villa liegt und Tonträger beinhaltet, die man von der Musikmesse Midem in Frankreich mit nach Witten genommen hat. Bogdan Kopec ist von dem, was er da hört zutiefst beeindruckt, eine solche Fusion aus Metal-Musik und klassischem Gesang ist ihm bisher nicht unter gekommen. Hier beginnt im Grunde die Erfolgsgeschichte der finnischen Band ›Nightwish‹, die im Folgenden über das ›Drakkar‹-Label 1,5 Millionen Tonträger verkaufen und fünf so genannte Gold-Awards einheimsen wird. Ein weiteres Skandinavienmärchen schließt sich kurze Zeit später an: Das ›G.U.N.‹-Label um Kopecs ehemaligen Partner Wolfgang Funk empfiehlt Kopec eine Band, die nicht recht ins eigene Label-Raster passen will – die finnische Metal-Formation ›Lordi‹. Kopec greift auch hier zu und veröffentlicht zunächst zwei Alben der Band, die sich durchschnittlich verkaufen.

Das dritte, zweifach vergoldete Album freilich erfährt Rückenwind durch den ›Lordi‹-Auftritt beim europäischen Grand Prix-Festival in Athen, welches die theatralisch agierenden Schockrocker zudem auch noch als Sieger verlassen. Das darauf einsetzende Medienecho hat Bogdan Kopec in seiner langen und wechselvollen Laufbahn so noch nicht erlebt: »Unvorstellbar«, sagt er. Alle nur denkbaren TV-Stationen drängeln sich in den Tagen nach Athen in den Räumen der Wittener Villa, die örtliche Tageszeitung teilt ihren Lesern mit, ein Sohn der Stadt habe den Preis nach Witten geholt. Genau so verfährt auch eine Hagener Lokalzeitung, sie preist Bogdan Kopec als Sohn der Stadt Hagen. Tatsächlich lebt Boggi inzwischen eben dort in Hagen in zweiter Ehe mit seiner Lebensgefährtin – wenn er nicht gerade auf Mykonos weilt…

Kurz nach seinem dort auf der griechischen Insel gefassten Entschluss nämlich, die Anteile der Firma ›G.U.N.‹ wieder zu verkaufen, kehrt er abermals auf die Insel zurück. Ein harmloser Urlaub soll es werden. Drei Tage vor dessen Beendigung allerdings tritt ein Freund auf Kopec zu und weist ihn auf ein Haus hin, das auf der Insel zu verkaufen ist. Kopec besichtigt das Anwesen und verliebt sich darin. Er besorgt sich die Telefonnummer des Eigentümers, eines Österreichers, und ruft ihn an. Der

Mann am anderen Ende der Leitung teilt ihm mit, das Haus sei verkauft. »Eigentlich ist das Gespräch damit beendet,« erinnert sich Boggi. »Doch in dem Moment tue ich etwas, was ich sonst nie tue. Ich bin niemand, der lange mit Taxifahrern quatscht oder sich auf Small Talks in Lebensmittelläden einlässt. Doch hier verlängere ich das Gespräch und frage, wie lange der Mann denn das Haus auf Mykonos besessen habe.«

»Ach, Sie meinen das Haus auf Mykonos,« sagt daraufhin der Österreicher, der offenbar just ein weiteres Haus in Österreich verkauft hat. »Das habe ich eigentlich einem Engländer zugesagt, aber wissen Sie was: Ich mag den nicht recht...« Die beiden beginnen ein Verhandlungsgespräch, Kopec will das Haus sofort innerhalb der drei Tage, die er noch auf der Insel ist, kaufen und teilt dem verdutzten Österreicher mit, er habe derzeit noch nicht die fragliche Kaufsumme parat. Der Österreicher bricht ob solcher Forschheit in schallendes Gelächter aus und weist die Hausverwalterin vor Ort an, Kopec die Schlüssel des Hauses zu überbringen. Dies geschieht am folgenden Tag. Seitdem verbringt Kopec nahezu jede freie Minute auf Mykonos, wo man ihn inzwischen kennt wie den berühmten bunten Hund. Mit Hingabe betreibt er insbesondere das, was ein Mitarbeiter des Bochumer Arbeitsamtes ihm vor mehr als vierzig Jahren offensichtlich nicht nachhaltig ausreden konnte: Bogdan Kopec malt und wird, wenn dieses Buch erscheint, bereits auf eine erste Ausstellung mit seinen Werken[1] verweisen können. Terminiert ist sie für den 17. November in den Räumlichkeiten der Sparkasse Witten; dass sich dort viele alte Freunde und Wegbegleiter Kopecs einfinden und sich viele Geschichten kreuzen werden, darf getrost vermutet werden.

Vor wenigen Tagen noch kam mit der Post ein Paket zu mir nach Hause, darin zwei frühe Alben der Gruppe ›Faithful Breath‹. Der Absender Jürgen Weritz hat eine Zeit lang in eben dieser Band getrommelt und schreibt: »Ist es nicht erstaunlich, dass von ›Faithful Breath‹ auch heute noch berichtet wird, mehr als 22 Jahre nachdem sich die Gruppe aufgelöst hat? Ein polnisches Musikmagazin hat jetzt in seiner aktuellen Ausgabe dieser Band einen vierseitigen Bericht gewidmet, und bei Ebay

---

1   Eine Auswahl findet sich unter www.kopec-arts.de.

wurde Anfang September eine LP der ›Faithful Breath‹ für sage und schreibe 480 Euro versteigert...«.

Der Erhalt der zwei ›Faithful-Breath‹-Tonträger war übrigens alles andere als purer Zufall. Bogdan Kopec hatte unmittelbar nach einem abschließenden Telefonat zwischen uns beiden Jürgen Weritz von Mykonos aus offensichtlich mit dem ihm eigenen Nachdruck gebeten, die Dokumente an mich zu schicken. Zwei Tage später waren sie da.

Typisch Boggi!

Jörg Albrecht, geb. 1981 in Bonn, aufgewachsen im Ruhrgebiet, lebt in Berlin, promoviert zu Abbrüchen in Literatur und Hörspielen; zwei Romane: *Drei Herzen* (2006); *Sternstaub, Goldfunk, Silberstreif* (2008). mit Matthias Grübel bildet er die Band ›phonofix‹ für gemeinsame Konzerte und Hörspiele; Theaterarbeiten solo und mit dem Theaterkollektiv ›copy&waste‹ u.a. am ›Maxim Gorki Theater‹ Berlin, den Münchner Kammerspielen und in Zusammenarbeit mit dem Berliner HAU; zur Zeit arbeitet er am intermedialen Textprojekt *Dirty Control* und an einer Genealogie des German Werwolf; *www.fotofixautomat.de*

Christoph Biermann, geb. 1960, aufgewachsen in Herne, lebt als Sportjournalist in Köln. Er hat diverse Bücher über Fußball geschrieben.

Marc Degens, geb. 1971 in Essen, lebt als Schriftsteller in Eriwan, Armenien. Herausgeber des Online-Feuilletons *satt.org.* Zahlreiche Einzelveröffentlichungen, zuletzt: *Hier keine Kunst* (2008).Die Erzählung »Drill« stammt aus dem Kurzgeschichtenband *Der Weg eines Armlosen in die Top Ten der Tennisweltrangliste* (1996). »Mein Poppott« wurde eigens für diesen Band geschrieben, eine gekürzte Fassung erschien im Juli 2008 in der Zeitschrift *Merkur.*

Thomas Ebke, geb. 1980 in Gelsenkirchen, studierte Philosophie, Anglistik/Amerikanistik und Germanistik in Jena und Potsdam; z.Zt. Promotion in Philosophie zum Vergleich zwischen Helmuth Plessner und Georges Canguilhem; Publikationen (u.a.): »Schwebe der Körper, Stammeln der Sprache. Strategien literarischer und sexueller Subversion bei Julia Kristeva und Gilles Deleuze«. In: *Arcadia. Internationale Zeitschrift für Literaturwissenschaft.* Band 41/Heft 2 (2006), S. 365-395.

Klaus Fiehe, geb. 1957 in Hamm (Westfalen). Studium der Germanistik an der WWU Münster. Saxophonist u.a. für ›Geier Sturzflug‹, ›The Bollock Brothers‹. Seit 1986 Autor und Moderator für verschiedene ARD-Hörfunksender, seit 1994 Moderator bei *1LIVE* in Köln (›Raum Und Zeit‹, ›1LIVE FIEHE‹), außerdem seit 2008 bei *Byte.FM*. Seit 1996 DJ für elektronische Musik. Diverse Beiträge und Kolumnen u.a. in *INTRO*, Mitglied des SC Preußen Münster. Lebt mit Susanne und den Stieftöchtern Anna und Julia in Solingen.

Thomas Groetz, geb. 1965, lebt in Rangsdorf bei Berlin. Studium der Kunstgeschichte, Philosophie und Ethnologie. Seine Promotion erschien 2002 unter dem Titel *Kunst >< Musik. Deutscher Punk und New Wave in der Nachbarschaft von Joseph Beuys.* Neben weiteren Publikationen zahlreiche Beiträge in Ausstellungskatalogen und Zeitschriften, sowie im Rundfunk. Aktuell vor allem als bildender Künstler aktiv: zahlreiche Ausstellungen und Ausstellungsbeteiligungen, 2008 u.a. in Stuttgart, Mailand, Basel, Berlin, Oldenburg und Los Angeles.

Thomas Hecken, vertritt seit 2007 eine Professur für Neugermanistik an der Ruhr-Universität Bochum. Veröffentlichungen zuletzt u.a.: *Gegenkultur und Avantgarde 1950-1970. Situationisten, Beatniks, 68er* (2006). *Populäre Kultur. Mit einem Anhang ›Girl und Popkultur‹* (2006). *Theorien der Populärkultur. Dreißig Positionen von Schiller bis zu den Cultural Studies* (2007).

Marcus S. Kleiner, geb. 1973, Medien- und Kulturwissenschaftler. Studium der Philosophie, Soziologie und Literaturwissenschaft. Soziologische Promotion, medien- und kommunikationswissenschaftliche Habilitation. Gegenwärtig Lecturer für Medienwissenschaften an der

Universität Siegen. Zwischen 2001 und 2006 diverse wissenschaftliche Tätigkeiten an Hochschulen in Bonn, Dortmund und Duisburg-Essen. Lehraufträge an den Universitäten Düsseldorf, Magdeburg, Klagenfurt. Mitbegründer und Mitherausgeber der Kulturbuchreihe *quadratur* (1999-2004). Seit 1998 freiberufliche Arbeit als Medienberater, Projektmanager, Veranstalter, Texter, PR-Redakteur, Publizist und Hörspielautor. Publikationen u.a.: *Soundcultures. Über elektronische und digitale Musik* (2003), *Medien-Heterotopien. Diskursräume einer gesellschaftskritischen Medientheorie* (2006), *Pop in R(h)einkultur. Oberflächenästhetik und Alltagskultur in der Region* (2008), *Im Widerstreit vereint. Kulturelle Globalisierung als Geschichte der Grenzen* (2009).

Till Kniola, geb. 1971, studierte Ethnologie, Ur- und Frühgeschichte sowie Allg. Sprachwissenschaft in Münster und London. Von 2002 bis 2007 war er künstlerischer Leiter im ›Kulturbunker Mülheim‹ in Köln. Er ist Veranstalter mehrerer Konzertreihen und darüber hinaus in sehr unterschiedlichen Kontexten als Kurator und DJ für elektronische und Neue Musik tätig. Seit 1992 ist er Herausgeber des Musikmagazins *aufabwegen* sowie Betreiber des gleichnamigen Labels für elektronische Avantgardemusik. Till Kniola schreibt für diverse Musikmagazine. Seit Januar 2008 ist er Geschäftsführer von ›ON – Neue Musik Köln‹, einem Netzwerk zur Vermittlung Neuer Musik.

Jürgen Kramer, geb. 1948 in Gelsenkirchen. Jugendeinfluss Samuel Beckett. 1966 ff Episoden mit Karl Marx und Befreiungsbewegungen. 1969-1974 Studium der Freien Kunst an der Düsseldorfer Kunstakademie bei Joseph Beuys, Meisterschüler. Während des Studiums zeichnerische Passion ins Unbehauste. ›Vietnamausschuss‹, ›Gruppe revolutionärer Künstler‹ (Ruhrkampf) mit Jörg Immendorf, Felix Droese, Erinna König u.a. Intensiver Kontakt zur ›Free International University‹ (FIU) in Gelsenkirchen. Arbeiten und Dokumentationen zu revolutionärer Kunst. Ab 1978 Redaktion und Herausgeber von *Die 80er Jahre.* Wurde gefördert durch und förderte die New Wave und No Wave. Seit 1984 zahlreiche Ausstellungen u.a. in Düsseldorf, Hamburg, Essen, Gelsenkirchen, Kassel. Seit Mitte der 90er-Jahre Protest gegen die unkünstlerischen Modetrends des Kunstmarktes mit den Mitteln einer »heiteren« (Nietzsche) Kunst und Malerei. Arbeit am Paradigmenwechsel.

Reinhard Krause, geb. 1959 in Essen; Fotodesign-Studium in Dortmund bei Prof. Hans Meyer-Veden and Prof. Pan Walther. Freelance-Fotograf für Magazine and Zeitungen. Seit dem Mauerfall 1989 Arbeit für die Nachrichtenagentur Reuters. Mit Beginn der Zweiten Intifada 2000 bis Arafats Tod 2004 Chef des Fotodienstes von Reuters in Israel und den Palästinensergebieten. Seit 2004 Chef des Fotodienstes von Reuters in China. World Press Photo Award 2000, First Price General News Letzte Veröffentlichung: *Die 80er. Fotos aus dem Ruhrgebiet* (2008). *http://www-reinhard-krause.de*

Rolf Lindner, aufgewachsen in Bottrop, Studium der Soziologie, Publizistik und Psychologie an der FU Berlin, Professor für Europäische Ethnologie an der Humboldt-Universität zu Berlin mit den Arbeitsschwerpunkten Stadtforschung, Cultural Studies (Popkultur; Subkultur) und Historische Anthropologie. Publikationen, die die Leser/innen interessieren könnten: *Berliner Blätter. Ethnographische und ethnologische Beiträge. Themenheft: Subkultur-Popkultur-Underground* (Begleitheft zur Ausstellung »Zentralorgane des Underground – Szeneblätter von 1968-1980« (Wintjes-Sammlung)). Heft 15, Oktober 1997. *Die Stunde der Cultural Studies* (2000). *Walks on the Wild Side. Eine Geschichte der Stadtforschung* (2004).

Hartmuth Malorny, geb. 1959 in Wuppertal. Zur Zeit tätig als Sonderreiniger in Dortmund. Einige Veröffentlichungen. Lebt noch. Nähere Infos unter: *www.h-malorny.de*

Jörg-Uwe Nieland, wiss. Mitarbeiter an der Universität Duisburg-Essen und der »Forschungsgruppe Regieren«; aktuelle Projekte zu den Bereichen Politischer Kommunikation und Regierungstätigkeit, Extremismusforschung sowie Populärkultur; Veröffentlichungen (Auswahl): *Interaktives Fernsehen* (mit G. Ruhrmann, 1997). *Politik, Medien, Technik* (hrsg. mit H. Abromeit und Th. Schierl, 2001). *Neue Kritik der Medienkritik.* (hrsg. mit G. Hallenberger, 2005). *Regieren und Kommunikation* (hrsg. mit K. Kamps, 2006). *Das Spiel mit dem Fußball.* (hrsg. mit J. Mittag, 2007).

Norbert Nowotsch, geb. in Herten-Langenbochum, Lehre und Tätigkeit als Industriekaufmann in Marl; Studium Bildhauerei, Umweltgestaltung, audiovisuelle Medien sowie Medienwissenschaft, Soziologie, Kunstwissenschaft in Münster und Osnabrück. Freie Video-, Autoren- und Redaktionstätigkeiten seit 1972. Seit 1980 Konzeptionen und Produktionen für freie und angewandte Medien- sowie Ausstellungsprojekte. Seit 1987 Professor für Mediendesign am Fachbereich Design der FH Münster. Liest, schreibt und hört Musik, seit er es kann. Veröffentlichungen (Auswahl): »Die Ungleichheit von Inhalt und Form – Zum Gestaltungskonzept der Ausstellung«. In: Kenkmann/Spieker/Walter (Hrsg.): *Wiedergutmachung als Auftrag* (2007). *Die Koppelung von physischen und virtuellen Anteilen in medialen Inszenierungen* (2007). »Das Hier ist auch nicht mehr dort wo es früher war« In: Ludewig (Hrsg.): *Sie befinden sich HIER!* (2008).

Katja Peglow, geb. 1982 in Potsdam. Studiert Gender Studies und lebt als freie Journalistin im Ruhrgebiet. Schreibt für Pop-Anthologien, Netzmagazine und Pornohefte für Mädchen.

Achim Prossek studierte Geographie und Literaturwissenschaft in Marburg und Hamburg, 2001-2004 Wissenschaftlicher Mitarbeiter an der Universität Duisburg-Essen, seit 2004 an der Fakultät Raumplanung der Technischen Universität Dortmund. Arbeitsschwerpunkte: Stadt- und Regionalforschung, Raumbildproduktionen, Raumwahrnehmung. Aufsätze zur Literatur, zu den medialen Raumbildern und zum (kulturell-symbolischen) Strukturwandel des Ruhrgebiets. Jüngste Veröffentlichung: *Bild-Raum-Ruhrgebiet* (2008).

Christoph Schurian lebt als Journalist, Ausstellungsmacher, Medienberater und Dozent in Bochum. In den 1990er Jahren war er Redaktionsmitglied des Fanzines *VfouL* und engagiert im ›Bündnis Aktiver Fußballfans‹ (Baff). Der 41-jährige war wissenschaftlicher Mitarbeiter der Fußballausstellung ›Der Ball ist rund‹ im Oberhausener ›Gasometer‹ und leitete zwischen 2002 und 2007 die *taz nrw*. Der Rechtsfuß interessiert sich für Fußball und den VfL Bochum. Beim Freizeitligisten ›Blauer Stern Oblomow‹ spielt er im defensiven Mittelfeld.

Dirk Siepe, Jahrgang 1967, ist zwar waschechter Dortmunder, verbrachte aber einen Teil seiner Jugend in Baden-Württemberg und Bayern, wo er 1979 den Punk kennen und lieben lernte. 1983 kam er zurück in die Heimat, spielte in diversen Punkbands und gab das Fanzine *Out Of Step* heraus. 1993 machte er den Musikjournalismus zum Beruf und arbeitete zwischen 1995 und 2003 als Redakteur und Chefredakteur beim *VISIONS*. Seit August 2003 ist er als freier Autor tätig und kehrte nach einem anderthalbjährigen Intermezzo in Köln mit seiner Katze Luzi ins heimatliche Dortmund zurück.

Johannes Springer, geb. 1980 in Gelsenkirchen, studierte in Marburg, Bremen und Nottingham Politik- und Kulturwissenschaft. Seit 2006 Redakteur bei *Skug-Journal für Musik*, gemeinsam mit Jochen Bonz und Michael Büscher Herausgeber des Sammelbandes *Popjournalismus* (2006). Diverse journalistische Tätigkeiten und Buchbeiträge. Zuletzt: Gemeinsam mit Christian Werthschulte »If You Want Realism, Watch Security Camera Tapes‹ An Interview with Guy Maddin«, in: Wolfram Keller, Gene Walz (Hg.): *Screening Canadians: Cross Cultural Perspectives on Canadian Film.* (2008); Gemeinsam mit Hans-Georg Schaefer »Fünf Mann am Tresen, vier auf der Bühne«, in: Radek Krolcyk, Jörg Sundermeier (Hg.): *Bremenbuch* (2008).

Christian Steinbrink, geb. 1979 in Bünde, lebt in Duisburg. Studium der Soziologie, Psychologie und Politikwissenschaft in Marburg und Duisburg-Essen. Arbeitet als Texter und Journalist für Pop und Fußball. Diverse Buch- und Magazinbeiträge, u.a. in *Intro, Zeit.Zuender, 11Freunde.*

Klaus Tesching, geb. 1951 in Gladbeck. Zur Zeit Kurator und freier Künstler, Schüler von Joseph Beuys, Mitarbeit bei den sozial-künstlerischen Gründungen im Umfeld von Beuys: ›Mehr Demokratie eV.‹ und ›Omnibus e.V.‹ Unterrichtstätigkeit an öffentlichen Schulen in NRW. Editor von *www.soziale-plastik.org, www.beuys.org* und *www.kunstwissen.de.* Texte und Artikel zu Kunst und Kultur. Zuletzt Ausstellungen u.a. in New York, St. Petersburg, Aarhus, Münster und Gelsenkirchen.

Maren Volkmann, geb. 1982 in Essen. Studium der Germanistik und Anglistik an der Ruhr-Universität Bochum, seit 2007 Promotion bei Thomas Hecken zum Thema »Musik und Gender in der deutschsprachigen Popliteratur von Frauen«. Arbeitet als Wissenschaftliche Mitarbeiterin und Freie Journalistin. Gründungsmitglied der Band ›Pristine‹.

Wolfgang Welt, geb. 1952 in Bochum, arbeitete in den frühen 80ern als Musikjournalist im Ruhrgebiet. Heute ist er als Schriftsteller tätig. 2006 wurde seine Werkausgabe *Buddy Holly auf der Wilhelmshöhe* im Suhrkamp Verlag veröffentlicht, wo im Februar 2009 sein neuer Roman *Doris* hilft erscheinen wird.

Christian Werthschulte, geb. 1977 in Arnsberg, lebt in Dortmund und arbeitet in Bochum. An beiden Orten schreibt er für Zeitungen, Magazine und den Doktortitel über Pop, British Cultural Studies und kanadische Literatur.